So geht DeFi

Für Einsteiger

CoinGecko

Darren Lau, Daryl Lau, Teh Sze Jin, Kristian Kho, Erina Azmi, Benjamin Hor, Lucius Fang, Khor Win Win

Disclaimer

Bitte beachte, dass es sich bei den Inhalten in diesem Buch nicht um eine Anlageberatung oder um Investitionsempfehlungen handelt. Wir sind von Kryptowährungen überzeugt und hoffen, Dich davon auch überzeugen zu können, aber Du solltest Dir darüber im Klaren sein, dass es keine Erfolgsgarantien in der Krypto-Welt gibt und falsche Entscheidungen sogar zum Totalverlust führen können.

Du solltest zuerst verstehen, wie Kryptowährungen funktionieren, und dir darüber im Klaren sein, ob du es dir leisten kannst, ein damit einhergehendes Risiko einzugehen. Durch die Investition mit Kryptowährungen kannst du Geld verlieren. Anlageerfolge in der Vergangenheit garantieren keine Erfolge in der Zukunft.

Wir übernehmen keine Haftung für deine Aktivitäten in der DeFi-Welt und wollen dich mit diesem Buch lediglich auf den aktuellen Wissensstand bringen und dir ein gutes Wissensfundament ermöglichen.

Bibliografische Information der Deutschen Nationalbibliothek
Die Deutsche Nationalbibliothek verzeichnet diese Publikation in der Deutschen Nationalbibliografie. Detaillierte bibliografische Daten sind im Internet über http://dnb.d-nb.de abrufbar.

Für Fragen, Kritik und Anregungen: DeFi@reading.capital

Die englische Originalausgabe erschien unter
ISBN: 979-8530408434unter dem Titel ***How To DeFi;*** *Beginner*
In Zusammenarbeit mit teaspoonpublishing.com.my

Covergestaltung: Laura Mc Lain
Original-Cover und Layout: Anna Tan
Übersetzung und Autor von Zusatzkapitel: Marco Gries
Lektorat: Ka-und-Jott; Mudjda Gries
Satz und Design: Bernat Bofilles
Verlag und Vertrieb: Reading.Capital VerlagsUG

"DeFi kann einschüchternd und übermäßig komplex sein, aber dieses Buch macht es einfach."

– Seb Audet, Gründer von Zapper

"Wenn ich nichts über DeFi wüsste und von Grund auf lernen müsste, würde ich mit diesem Buch anfangen.“

– Felix Feng, CEO von TokenSets

“Dieses Buch macht es Anfängern leicht, mit DeFi zu arbeiten.”

– Hugh Karp, CEO von Nexus Mutual

“Es gibt viele Inhalte über dezentralisierte Finanzen, aber nichts kommt an die Tiefe und den Umfang dieses Buches heran.”

– Leighton Cusack, CEO von PoolTogether

“Dies ist eine hervorragende Quelle für alle, die eine umfassende Einführung in DeFi wünschen.”

– Kain Warwick, Gründer vonSynthetix

“Dieses Buch beschreibt die neuen Wirtschaftssysteme, die von einer Generation bankenloser Pioniere geschaffen wurden. Es ist die beste Einführung, die man sich wünschen kann.”

– Mariano Conti, Head of Smart Contracts bei Maker Foundation

Inhaltsverzeichnis

Einführung

Seit der Veröffentlichung der ersten Ausgabe von „*So geht DeFi*“ im März 2020 hat sich in der DeFi-Welt so viel getan!
DeFi ist die Abkürzung für *Decentralized Finance* oder auch „Dezentralisierte Finanzmärkte“ und ist derzeit eines der am stärksten und schnellsten wachsenden Segmente im Bereich von Blockchain und Kryptowährungen. Mit zunehmender institutioneller Akzeptanz könnte DeFi in Zukunft in das traditionelle Finanzsystem integriert werden.

Nach bescheidenen Anfängen Ende 2017 gewann DeFi im Sommer 2020 in der breiteren Community an Zugkraft und hat seitdem nicht mehr aufgehört; die Protokolle in diesem Bereich werden ständig erneuert. In dieser zweiten Ausgabe von "So geht DeFi: Für Einsteiger" helfen wir Dir, in die Welt von DeFi einzutauchen, indem wir die Branche in übersichtliche Kapitel unterteilen, die jetzt mit den neuesten Entwicklungen in diesem Bereich aktualisiert wurden (wenn Du die erste Ausgabe von "So geht DeFi" gelesen hast, könnten einige der Inhalte bereits veraltet sein - so schnell geht es voran!)

Wie bereits zuvor werden wir erklären, was DeFi ist, wie wichtig es für die Gemeinschaft ist und die verschiedenen Elemente von DeFi vorstellen, wie dezentralisierte Stablecoins, Börsen, Kredite, Derivate und Versicherungen. In jedem dieser Kapitel werden wir Dir Schritt-für-Schritt-Anleitungen zur Verfügung stellen, um Dich bei der Interaktion mit mindestens einem der DeFi-Protokolle zu unterstützen.

Ebenso werden wir Dir am Ende jedes Kapitels weitere Lektüre empfehlen, falls du tiefer in die Materie eintauchen möchtest.
Das Buch „So geht DeFi: Für Einsteiger“ richtet sich an DeFi-Anfänger. Für die DeFi-Enthusiasten, die tiefer einsteigen wollen, haben wir das Buch „So geht DeFi: Für Fortgeschrittene“ mit einer tiefen gehenden Analyse veröffentlicht. Daher empfehlen wir Anfängern, mit diesem Buch zu beginnen, bevor sie mit der Version für Fortgeschrittene fortfahren.

Wir hoffen, dass der Inhalt dieses Buches Dir helfen wird, dich mit DeFi vertraut zu machen. Wir freuen uns darauf, dass du Dich uns in dieser Bewegung anschließt!

Dein CoinGecko Research Team

Darren Lau, Daryl Lau, Teh Sze Jin, Kristian Kho, Erina Azmi, Benjamin Hor, Lucius Fang, Khor Win Win

1. Mai 2021
(Erscheinungsdatum der englischen Ausgabe)

Teil 1: Der Unterschied zwischen *Centralized Finance* und *Decentralized Finance*

Kapitel 1: Die traditionellen Finanzinstitute

Um Neulingen der DeFi-Welt den Einstieg etwas zu erleichtern, gehen wir zunächst auf die Grundlagen der Funktionsweise traditioneller Finanzinstitute ein. Der Einfachheit halber konzentrieren wir uns hierbei auf die größten Finanzinstitutionen im traditionellen Finanzsystem, die Banken, um dir die potenziellen Risiken des Finanzmarkts aufzuzeigen.

Die Banken

Banken sind die seit Jahrzehnten unangefochtenen Giganten des Finanzmarkts, die Zahlungen ermöglichen, Einlagen entgegennehmen und Kreditlinien für Einzelpersonen, Unternehmen, andere Finanzinstitutionen und sogar Regierungen anbieten. Tatsächlich ist ihre Macht – allein gemessen an den Fakten – so enorm, dass der gesamte Marktkapitalisierungswert der 10 größten Banken der Welt bereits auf einen Wert von 2 Billionen US-Dollar geschätzt wurde. (Eine Billion sind 1.000 Milliarden oder eine Million Millionen, also eine Zahl mit 12 Nullen.) Im Vergleich: Im April 2021 überstieg die Marktkapitalisierung des gesamten Kryptowährungsmarktes die Marke von 2 Billionen US-Dollar. Banken sind ein wichtiger Bestandteil der Finanzindustrie - sie sorgen dafür, dass Geld in der Welt bewegt wird, indem sie Werttransferdienste (Einzahlungen, Abhebungen, Überweisungen) anbieten, Kreditlinien (Darlehen) vergeben und vieles mehr.

Banken werden jedoch von Menschen verwaltet und unterliegen einer Politik, die anfällig für menschenbedingte Risiken wie Missmanagement und Korruption ist.

Rang	Bankinstitut	Land	Marktkapitalisierung
1	ICBC	China	338 Mrd. US-Dollar
2	China Construction Bank	China	287 Mrd. US-Dollar
3	Agricultural Bank of China	China	243 Mrd. US-Dollar
4	Bank of China	China	230 Mrd. US-Dollar
5	JP Morgan Chase	US	209 Mrd. US-Dollar
6	Bank of America	US	189 Mrd. US-Dollar
7	Wells Fargo	US	168 Mrd. US-Dollar
8	Citigroup	US	158 Mrd. US-Dollar
9	HSBC	UK	147 Mrd. US-Dollar
10	Mitsubishi UFJ	Japan	146 Mrd. US-Dollar

Abbildung 1 - Die 10 größten Bankinstitute der Welt

Die weltweite Finanzkrise im Jahr 2008 war ein Paradebeispiel für eine Bankenlandschaft mit einer übermäßigen Risikobereitschaft und bewirkte schlussendlich, dass weltweit Regierungen zu massiven Rettungsaktionen gezwungen waren. Genau diese Krise zeigte uns eindeutig die Mängel und Fehleranfälligkeit des traditionellen Finanzsystems auf und schrie förmlich danach, verbessert zu werden.

Der Ansatz von DeFi ist es, ein besseres Finanzsystem für uns alle zu erschaffen, welches durch die Blockchain-Technologie erst ermöglicht wurde. Hauptsächlich fokussiert sich DeFi daher auch auf die 3 Schlüsselfaktoren des traditionellen Bankensystems:

1. Zahlungs- und Verrechnungssystem (Überweisung)
2. Zugänglichkeit
3. Zentralisierung und Transparenz

1. Das Zahlungs- und Verrechnungssystem

Vielleicht hast du schon mal versucht, einen Geldbetrag zu einer Person oder zu einem Unternehmen im Ausland zu senden. Es kann einige Werktage dauern, bis dieser Zahlungsvorgang, der die Banken auf der ganzen Welt einschließt, abgewickelt wurde, und es sind jegliche Arten von Gebühren zu zahlen.
Erschwerend kommt hinzu, dass es auch Probleme mit der Dokumentation, der Einhaltung der Gesetze zur Bekämpfung der Geldwäsche, dem Datenschutz und vielem mehr geben kann.

Nehmen wir an, Du lebst in den USA und möchtest 1.000 US-Dollar von Deinem Bankkonto in den USA auf das Bankkonto Deines Freundes in Australien überweisen. Dabei fallen in der Regel drei Gebühren an: der Wechselkurs Ihrer Bank, die Gebühr für die Auslandsüberweisung ins Ausland und die Gebühr für die Auslandsüberweisung ins Inland. Außerdem dauert es einige Werktage, bis der Empfänger das Geld erhält, je nachdem, wo sich die Empfängerbank befindet.

Mit Kryptowährungen hingegen hättest du die Möglichkeit, die Mittelsmänner, die den Löwenanteil dieser Transfergewinne tragen, zu umgehen und eine solche Überweisung wesentlich schneller vorzunehmen, da deren Bearbeitung ohne jegliche Fragen und mit relativ günstigeren Gebühren (verglichen zu den Banken) erfolgt. Zum Beispiel würde die Überweisung eines Betrags in Kryptowährungen auf ein beliebiges Konto in der Welt innerhalb eines Zeitraums von 15 Sekunden bis 5 Minuten, abhängig von verschiedenen Faktoren, erfolgen und eine kleine Gebühr erfordern.

2. Zugänglichkeit

Wenn Du dieses Buch liest, hast Du wahrscheinlich eine Bankverbindung und Zugang zu Finanzdienstleistungen, die von

Banken angeboten werden - Du kannst ein Sparkonto eröffnen, einen Kredit aufnehmen, Investitionen tätigen und vieles mehr. Viele andere haben jedoch weniger Glück und haben nicht einmal Zugang zu einem einfachen Sparkonto..

Die Weltbank schätzt, dass im Jahr 2017 1,7 Milliarden Menschen kein Konto bei einem Finanzinstitut besitzen, und mehr als die Hälfte von ihnen kommt aus Entwicklungsländern. Sie kommen hauptsächlich aus armen Haushalten, und einige ihrer Hauptgründe für das Fehlen eines Bankkontos sind Armut, geografische Gründe und Vertrauensprobleme.

Abbildung 2 - Übersicht der Personen ohne Zugang zum Bankwesen

Die Weltbank schätzt jedoch auch, dass zwei Drittel der 1,7 Milliarden Menschen ohne Bankverbindung Zugang zu Mobiltelefonen haben. Daher können *DeFi-DApps* mit einer Internetverbindung das Tor für Millionen von Menschen in der bankenlosen Bevölkerung sein, um auf Finanzprodukte zuzugreifen und Finanztransaktionen durchzuführen, ohne langwierige Verifizierungsprozesse zu durchlaufen, wie sie von traditionellen Banken verlangt werden.

DeFi steht für eine Bewegung, die grenzenlose, zensurfreie und für alle zugängliche Finanzprodukte anstrebt. DeFi-Protokolle diskriminieren nicht und schaffen gleiche Wettbewerbsbedingungen für alle.

3. Zentralisierung und Transparenz

Natürlich kann man nicht leugnen, dass traditionelle und regulierte Finanzinstitutionen, welche die Gesetze und Vorschriften einer Regierung einhalten, wie z. B. Bankinstitute, zu den sichersten Anlagemöglichkeiten für das eigene Geld zählen. Aber selbst die größten Bankinstitute können scheitern. Dies war z. B. bei der *Washington Mutual* (einer ehemaligen größeren US-Bank) mit Einlagen in Höhe von über 188 Milliarden US-Dollar der Fall und auch bei *Lehman Brothers* (die Finanzkrise lässt grüßen) mit einem damaligen Gesamtvermögen von 639 Milliarden US-Dollar. Beide Institute haben die Finanzkrise von 2008 nicht überlebt. Dies war der Anfangspunkt für viele weitere Bankenpleiten, welche sich allein in den USA durch über 500 Zusammenbrüche bemerkbar machten. Die Banken sind einer der zentralen Ausfallpunkte im Finanzsystem. Der Zusammenbruch von Lehman Brothers war der Auslöser für die Finanzkrise 2008. Die Zentralisierung von Macht und Geldern im alleinigen Machtbereich der Banken ist gefährlich und kann jederzeit zu einer weiteren Finanzkrise führen. Ebenso fraglich ist die Transparenz von Banken, welche es so nicht wirklich gibt.

Es gibt keine Möglichkeiten für normale Investoren, vollständig zu erfahren, was Finanzinstitute hinter verschlossenen Türen treiben.

Jedes herkömmliche börsennotierte Unternehmen muss weit mehr Auskunft über die Geschäftsaktivitäten geben, als es eine Bank je tun müsste. Der einzig wirkliche Anhaltspunkt, um die Vertrauenswürdigkeit einer Bank einschätzen zu können, sind und waren die Rating-Agenturen, welche in der Finanzkrise von 2008 ebenso in Kritik gerieten, da sie risikoreiche hypothekarisch gesicherte Wertpapiere mit sogenannten AAA-Ratings (die beste und sicherste Investition) versahen.

Mit DeFi wird es anders sein. DeFi-Protokolle, die auf den öffentlich-einsehbaren Ketten einer Blockchain wie Ethereum aufbauen, sind aus Sicht der Rechnungsprüfung und Transparenz zumeist für jeden einsehbar. Sie werden in der Regel von dezentralisierten Organisationen verwaltet, um sicherzustellen, dass jeder weiß, was vor sich geht, und dass keine einzige dieser Organisationen im Alleingang schlechte Entscheidungen trifft.

DeFi-Protokolle werden in Form von Codezeilen geschrieben - man kann die Codes nicht betrügen, da sie jeden Teilnehmer ohne Diskriminierung gleich behandeln. Die Codezeilen funktionieren genau so, wie sie programmiert sind, und etwaige Fehler werden schnell sichtbar, da sie öffentlich einsehbar sind.

Das bedeutet jedoch, dass nur Menschen, die den Code hinter einem Protokoll verstehen, in der Lage sind, die tatsächlichen Funktionen des Endprodukts zu erkennen. In der Praxis sind die meisten Benutzer nicht in der Lage, den Code zu lesen, und verlassen sich auf andere Faktoren wie den Ruf der Entwickler, Mundpropaganda, die Kommentare anderer Entwickler und die Zustimmung der Gemeinschaft. Mit anderen Worten: DeFi-

Protokolle beruhen auf einer dezentralen Peer-to-Peer-Überprüfung. Die größte Stärke von DeFi ist daher seine Fähigkeit, Mittelsmänner zu entfernen und gleichzeitig ohne Zensur zu arbeiten.

Decentralized Finanze vs. Centralized Finance

Reibungsverluste, Unzugänglichkeit und regulatorische Unsicherheiten sind einige der Hauptprobleme, die das derzeitige Bankensystem plagen. Es ist bedauerlich, dass im gegenwärtigen Finanzsystem nicht jeder das Privileg hat, seine eigene Bank zu sein. Nur die Banken haben staatlich anerkannte Rechte, neben der Zentralbank umfassend in das Finanzgeschehen einzugreifen.

Man braucht sich nur das Rätsel um den Handel mit der GameStop-Aktie (GME) anzuschauen, bei dem eine Reihe von Kleinanlegern zum Jahresbeginn 2021 beschloss, GME-Aktien zu kaufen, weil große Hedgefonds das Unternehmen stark leerverkauft hatten [1]. Börsenhandel-Apps wie Robinhood (vergleichbar mit *Trade Republic* oder *Scalable Capital* in Deutschland) mussten eingreifen und den Handel mit GME-Aktien wegen der "außergewöhnlichen Volatilität" einschränken. Einige mögen dies für bare Münze nehmen, während andere anmerken werden, dass einer der größten Kunden von Robinhood auch das Unternehmen Citadel LLC ist. Citadel ist ein Unternehmen, das in Melvin Capital investiert hat, das durch seinen Short auf GME Milliarden von US-Dollar verloren hatte.

In der DeFi-Bewegung geht es darum, diese Lücken zu überbrücken und die Finanzierung für alle, ohne jede Form von Zensur, zugänglich zu machen. Kurz gesagt: DeFi eröffnet viele Möglichkeiten und ermöglicht es seinen Nutzern, den Zugang zu verschiedenen Finanzinstrumenten zu haben, ohne jegliche Einschränkung hinsichtlich Rasse, Religion, Alter, Nationalität oder Geografie.

[1] Leerverkauf (im engl. auch „Short“) = Eine finanzielle Wette auf fallende Kurse

Natürlich wird es bei einem direkten Vergleich zwischen traditionellen und dezentralisierten Finanzprodukten auf beiden Seiten Vor- und Nachteile geben. Letztendlich muss jeder Nutzer für sich entscheiden, welche Finanzprodukte ihm persönlich lieber sind. In diesem Buch wollen wir dir bei der Entscheidungsfindung und dem Verständnis helfen und führen dich daher durch die Konzepte und Möglichkeiten der dezentralisierten Finanzierung, damit du einschätzen kannst, ob die Verwendung von DeFi-Angeboten auch für dich Sinn macht oder nicht.

In Kapitel 2 werden wir dir einen Überblick über DeFi zusammen mit einigen seiner dezentralen Anwendungen geben, um dir zu helfen, die Funktionsweise von DeFi zu verstehen.

Empfohlene Literatur hierzu

1. Decentralized Finance vs Traditional Finance: What You Need To Know (Stably) https://medium.com/stably-blog/decentralized-finance-vs-traditional-finance-what-you-need-to-know-3b57aed7a0c2
2. The 7 Major Flaws of the Global Financial System (Jeff Desjardins) https://www.visualcapitalist.com/7-major-flaws-global-financial-system
3. Decentralized Finance: An Emerging Alternative to the Global Financial System (Frank Cardona) https://www.visualcapitalist.com/decentralized-finance/
4. How Decentralized Finance Could Make Investing More Accessible (Jeff Desjardins) https://www.visualcapitalist.com/how-decentralized-finance-could-make-investing-more-accessible/
5. What is Decentralized Finance? https://101blockchains.com/decentralized-finance-defi/

Kapitel 2: Was versteht man eigentlich unter Decentralized Finance (DeFi)?

Decentralized **Fi**nance oder **DeFi** steht für die Bewegung, die es den Nutzern ermöglicht, Finanzdienstleistungen wie die Aufnahme und Vergabe von Krediten und den Handel von unterschiedlichen Finanzprodukten zu nutzen, ohne sich auf zentralisierte Einheiten verlassen zu müssen. Die hierbei möglichen Finanzdienstleistungen werden über dezentralisierte Anwendungen (sogenannte *DApps*) bereitgestellt. Ein Großteil dieser Anwendungen baut dabei auf der Ethereum-Plattform auf.

Es ist zwar hilfreich, wenn man versteht, wie genau Ethereum funktioniert, aber man muss kein Ethereum-Experte sein, um die angebotenen DeFi-Tools nutzen zu können Wir werden dennoch im nächsten Kapitel mehr auf Ethereum eingehen.

DeFi ist nicht als alleinstehendes einzelnes Produkt oder Unternehmen zu betrachten, sondern als eine Reihe von Finanzdienstleistungen, welche traditionelle Institutionen wie Banken, Versicherungen, Anleihen und Kapitalmärkte ersetzen soll. DeFi-Anwendungen (also: *DeFi-DApps*) ermöglichen es dir als Nutzer, die Dienstleistungen zu kombinieren, und können dir dadurch mehrere Dienstleistungen eröffnen. Gerade weil man DeFi-DApps hervorragend miteinander verbinden und sie aufeinander aufbauen kann, spricht man hierbei auch vom sogenannten Geld-LEGO.

Damit DeFi-DApps funktionieren, sind Sicherheiten (sogenannte *Collaterals*) erforderlich, welche üblicherweise in *Smart Contracts* (ein digitaler Vertrag mit Regeln, der in einem Computerprotokoll hinterlegt wurde) eingebunden werden. Die kumulativen Sicherheiten, die in DeFi-DApps von Nutzern eingebracht werden, werden üblicherweise als gesperrter Gesamtwert (auch: Total Value Locked) bezeichnet, was als Wachstumsindikator für das DeFi-Ökosystem dient.In unserer früheren Ausgabe haben wir hervorgehoben, dass der Total Value Locked zu Beginn des Jahres 2019 rund 275 Millionen US-Dollar betrug und im Februar 2020 einen Höchststand von 1,2 Milliarden US-Dollar erreichte.

Im April 2021 beläuft sich der *Total Value Locked* allein in *Ethereum* auf atemberaubende 67 Milliarden Dollar, was zeigt, wie weit wir gekommen sind. Dabei sind andere Blockchain-Netzwerke wie *Binance, Solana* und andere noch nicht einmal berücksichtigt. Der Gesamtwert aller Blockchains zusammen beträgt 86 Mrd. $.

Das DeFi-Ökosystem

Bei einem so raschen Wachstum von DeFi mit all seinen ständigen Änderungen wäre es uns unmöglich, in diesem Buch alles abzudecken, was DeFi zu bieten hat. Aus diesem Grund haben wir einige Kategorien und *DeFi-DApps* ausgewählt, die unserer Meinung nach wichtig und entscheidend sind, damit Anfänger sie verstehen können, bevor sie sich in das DeFi-Ökosystem begeben.

Wir persönlich sind überzeugt davon, dass *DeFi-DApps* die traditionellen Finanzdienstleistungen revolutionieren werden, indem sie die Notwendigkeit von Zwischenparteien bzw. Mittelsmännern überflüssig machen. Es sollte jedoch darauf hingewiesen werden, dass DeFi in seinem gegenwärtigen Zustand noch sehr jung und experimentell ist und viele Projekte täglich verbessert und verändert werden. Im Laufe der Zeit könnte sich DeFi weiterentwickeln und von dem, was es heute ist, völlig verschieden sein. Nichtsdestotrotz ist es nützlich, die frühen Anfänge von DeFi zu verstehen und die Funktionen, die *DeFi-DApps* bereits heute bieten, mit dem richtigen Know-how zu nutzen.

Wie dezentral ist eigentlich DeFi?

Es ist nicht einfach, diese Frage zu beantworten. Um es vereinfacht darzustellen, werden wir das ganze hier in drei Kategorien der Dezentralisierung unterteilen:

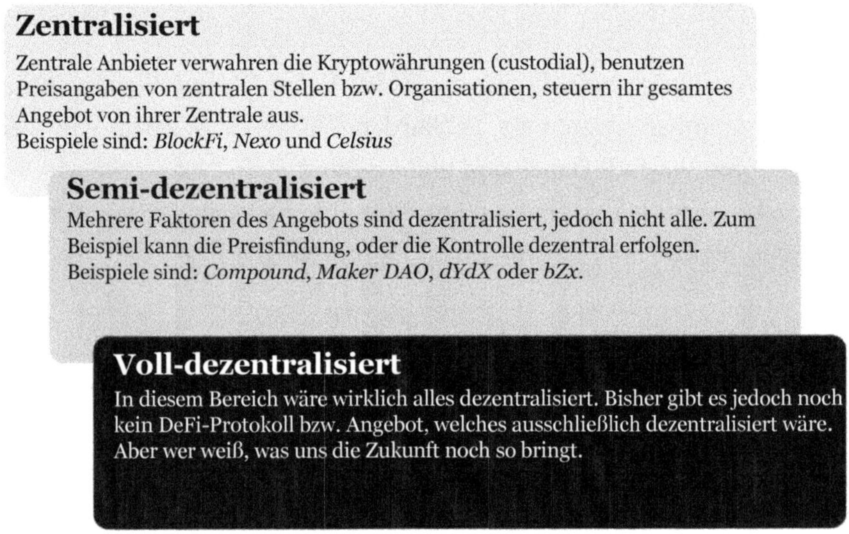

Abbildung 3 – Die unterschiedlichen Dezentralisierungsstufen

Derzeit befinden sich die meisten *DeFi-DApps* noch in der semi-dezentralen Kategorie. Eine weitere Aufschlüsselung der Dezentralisierungskomponenten kann übrigens im Artikel von Kyle Kistner in den Literaturhinweisen (Empfohlene Literatur) nachgelesen werden. Nun, da du bereits ein besseres Verständnis davon hast, was die Dezentralisierung bedeutet, gehen wir über zu den Schlüsselkategorien von DeFi.

Die DeFi-Schlüsselkategorien

In diesem Buch widmen wir uns den folgenden 8 Schlüsselkategorien von DeFi. Auch wenn Governance (Mitbestimmung, Entwicklung und Verwaltung) nicht zu den DeFi-Kategorien im engeren Sinne gehört, halten wir es für wichtig zu erörtern, wie sich Protokolle selbst regeln, weshalb die „*Governance*" ein eigenes Kapitel verdient.

1. Stablecoins

Wenn man sich mit Kryptowährungen etwas beschäftigt, fällt einem schnell auf: Die Preise einer Kryptowährung sind oftmals im Vergleich zu üblichen Währungen extrem volatil. Es ist derzeit üblich, dass Kryptowährungen innerhalb eines Tages einem Schwankungsgrad von über 10 % unterliegen. So interessant Kryptowährungen auch sein mögen, so ist die Volatilität vor allem für private Kleinanleger und auch institutionelle Anleger ein Problem. Um diese Volatilität abzuschwächen, wurden sogenannte *Stablecoins* erschaffen, die an anderen stabileren Vermögenswerten wie den US-Dollar, gebunden sind.

Tether (Symbol: *USDT*) war z. B. einer der ersten zentralisierten *Stablecoins*. Jeder *USDT* ist angeblich durch einem US-Dollar auf dem Bankkonto des Emittenten gedeckt. Ein großer Nachteil des USDT besteht jedoch darin, dass die Benutzer darauf vertrauen müssen, dass die US-Dollar-Reserven vollständig besichert sind und tatsächlich existieren.

Dezentralisierte *Stablecoins* zielen darauf ab, dieses Vertrauensproblem, welches gegenüber dem *Tether* besteht, zu lösen. Dezentralisierte *Stablecoins* werden daher auf dezentralisierte Weise durch eine Methodik der Überbesicherung erschaffen und operieren vollständig auf dezentralisierten Blockchains. Hinzu kommt, dass sie von dezentralisierten autonomen Organisationen verwaltet werden und ihre Reserven von jedermann öffentlich eingesehen und überprüft werden können.

Obwohl *Stablecoins* selbst nicht wirklich eine Finanzanwendung sind, sind sie wichtig, um DeFi-Anwendungen für jedermann zugänglicher zu machen, indem sie einen stabilen Wertaufbewahrungsort bieten.

2. Kreditvergabe und Kreditaufnahme

Traditionelle Finanzinstitute verlangen, dass ihre Kunden eigene Bankkonten haben müssen, um die Dienste der Finanzinstitute in Anspruch nehmen zu können – wie erwähnt ein Luxus, den 1,7 Milliarden Menschen derzeit nicht haben. Die Kreditaufnahme bei Banken ist z. B. mit weiteren Einschränkungen verbunden, wie einer guten Kreditwürdigkeit (auch: Bonität) und ausreichenden Sicherheiten, um die Banken davon überzeugen zu können, dass man es wert ist, einen Kredit zu erhalten, und in der Lage sein wird, diesen zurückzuzahlen.

Dezentrale Kreditvergabe und Kreditaufnahme beseitigen diese Barriere und ermöglichen es jedem, seine digitalen Vermögenswerte zu besichern und diese zu nutzen, um Kredite zu erhalten. Man kann auch eine Rendite auf seine Vermögenswerte erzielen und jederzeit am dezentralen Kreditmarkt teilnehmen, indem man sich an Kreditpools beteiligt und dafür Zinsen auf diese Vermögenswerte erhält. Bei dezentraler Kreditvergabe und -aufnahme sind weder ein Bankkonto noch eine Bonitätsprüfung erforderlich.

3. Kryptowährungsbörsen

Um eine Kryptowährung in eine andere umzutauschen, können große etablierte Kryptowährungsbörsen wie *Coinbase* oder *Binance* verwendet werden. Börsen wie die genannten sind zentralisierte Börsen, d. h., sie sind sowohl Vermittler als auch Verwahrer der gehandelten Vermögenswerte. Die Benutzer bzw. Kunden dieser Börsen haben dabei jedoch nie die volle Kontrolle über ihr Vermögen, was ihr Vermögen somit einem Risiko aussetzt. Sollte eine dieser Kryptowährungsbörsen gehackt werden und nicht in der Lage sein, die Verpflichtungen gegenüber den Kunden zurückzuzahlen, wäre ein Totalverlust durchaus möglich.

Dezentrale Börsen versuchen, genau dieses Problem zu lösen, indem sie es den Benutzern ermöglichen, Kryptowährungen zu tauschen, ohne die Verwahrung der eigenen *Coins* aufzugeben. Ohne Kryptowährungen an zentralisierten Börsen zu lagern, muss man als Benutzer nicht darauf vertrauen, dass die Börsen zahlungsfähig bleiben und überleben.

4. Derivate

Ein Derivat ist ein Vertrag, dessen Wert sich von einem anderen Basiswert wie z. B. Aktien, Rohstoffen, Währungen, Indizes, Anleihen oder Zinssätzen ableitet.

Händler können Derivate verwenden, um ihre eingegangenen Positionen abzusichern und ihr Risiko bei einer bestimmten Investition oder Spekulation zu verringern. Stell dir zum Beispiel vor, du wärst ein Handschuhhersteller und würdest dich gegen einen unerwarteten Anstieg des Gummipreises absichern wollen. Du kannst nun von deinem Lieferanten einen Terminkontrakt kaufen, um eine bestimmte Menge Gummi zu einem bestimmten zukünftigen Lieferdatum zu einem heute vereinbarten Preis zu beziehen. Natürlich wirst du in der Zukunft den vereinbarten Preis zahlen müssen, auch wenn der Marktpreis günstiger wäre. Aber im Fall einer Preissteigerung hättest du einen Grund zum Feiern, denn du beziehst dein Gummi für die Handschuhe weiterhin zum vorher vereinbarten Preis.

Derivatkontrakte werden hauptsächlich auf zentralisierten Plattformen gehandelt und von traditionellen Finanzinstituten angeboten. DeFi-Plattformen beginnen jedoch mit dem Aufbau von dezentralisierten Derivatemärkten. Darauf werden wir in Kapitel 8 näher eingehen.

5. Vermögensmanagement

Die Anlageverwaltung (auch: *Fund Management* oder *Vermögensmanagement*) ist der Prozess der Überwachung deines Vermögens und der Verwaltung des daraus generierten Cash-Flows, um eine Rendite auf deine Investitionen erzielen zu können. Man unterscheidet hierbei zwischen der aktiven und passiven Anlageverwaltung. Bei der aktiven Anlageverwaltung trifft ein Managementteam (hoffentlich Profis) für dich Investitionsentscheidungen, um eine bestimmte Benchmark wie z. B. den S&P 500 (ein bekannter US-

Aktienindex) in seiner Entwicklung zu schlagen. Bei der passiven Anlageverwaltung gibt es hingegen kein Management-Team, sondern es ist bewusst so konzipiert, dass es die Performance einer bestimmten Benchmark so genau wie möglich nachahmt. In Deutschland erfolgt die aktive Anlageverwaltung üblicherweise mit Investmentfonds, gemanagt durch größere Banken. Die passive Anlageverwaltung hat in den letzten Jahren aber an Beliebtheit gewonnen und erfolgt oft über sogenannte ETFs (steht für *Exchange Traded Funds*), also automatisierte Fonds, die versuchen, einen Benchmark bzw. Aktienindizes wie den DAX oder den S&P 500 abzubilden.

Im DeFi haben bereits einige Projekte damit begonnen, eine passive Anlageverwaltung auf dezentralisierten Prinzipien zu entwickeln. Der Vorteil hierbei ist, dass die Transparenz von DeFi es jedem Benutzer ermöglicht, unter die Haube zu schauen und mit Leichtigkeit zu verfolgen, wie die eigenen Gelder verwaltet werden und welche Gebühren entstehen.

6. Lotterien und Glücksspiele

Auch wenn Glücksspiel und Lotterien nicht unbedingt zum Finanzwesen gehören, ist dennoch oft ein gewisses Misstrauen gegenüber den traditionellen Anbietern vorhanden. Auch solche Konzepte könnten jedoch – angewendet im DeFi-Bereich – die Transparenz und das Vertrauen enorm erhöhen. Mit der weiteren Entwicklung von DeFi werden kreative und disruptive Finanzanwendungen entstehen, die den Zugang demokratisieren und Vermittler ausschalten. Die Anwendung von DeFi auf Lotterien ermöglicht die Abschaffung der

Verwahrung des gepoolten Kapitals in einem Smart Contract auf der Ethereum Blockchain.

Mit der Modularität von DeFi ist es möglich, eine einfache Lotterie-Dapp mit einer anderen DeFi-Dapp zu verknüpfen und mehr Wert zu schaffen. Eine *DeFi-DApp*, die wir in diesem Buch untersuchen werden, ermöglicht es den Teilnehmern, ihr Kapital zusammenzulegen. Das dadurch gepoolte Kapital wird dann in eine DeFi-Verleiher-Dapp investiert und die erzielten Zinsen werden später in einem festgelegten Intervall an einen zufälligen Gewinner ausgezahlt. Sobald dieser Gewinner feststeht, werden den Lotteriekäufern ihre Lose (in Form von Kryptowährungen) zurückerstattet, wodurch sichergestellt wird, dass alle Teilnehmer keinen Verlust erleiden. Es ist in diesem Fall also so, als ob du Lotto spielen würdest und jedes Mal am Ende den Einsatz deines Lottoscheins zurückbekommst und im Glücksfall sogar noch den Hauptgewinn abräumst.

7. Zahlungen

Eine Schlüsselrolle von Kryptowährungen besteht darin, einen dezentralisierten und vertrauenslosen Werttransfer zwischen zwei Parteien zu ermöglichen. Mit dem Wachstum von DeFi werden jedoch auch immer kreativere Zahlungsmethoden erfunden und erprobt.

Ein DeFi-Projekt, welches wir in diesem Buch untersucht haben, zielt darauf ab, die Art und Weise zu ändern, wie wir an Zahlungen herangehen. Das geschieht z. B., indem wir Zahlungen als Ströme statt als Transaktionen betrachten. Die Möglichkeit, Zahlungen als Ströme bereitzustellen, eröffnet eine Fülle von Anwendungsmöglichkeiten für das Geld. Stell dir das Motto „Pay as you use“ vor, aber in einem viel detaillierteren Maßstab und mit höherer Genauigkeit.

Das Entstehen von DeFi und die Innovationsrate werden zweifellos neue Denkweisen darüber einführen, wie Zahlungen heute funktionieren und in Zukunft funktionieren sollten.

8. Versicherungen

Versicherungen gehörten schon immer strategisch zu einem guten Risikomanagement dazu. Im Falle eines unglücklichen Vorfalls (den man versichert hat), erhält man einen finanziellen Schutz oder eine Rückerstattung der Verluste. In unserer Gesellschaft ist es üblich, dass wir unsere Häuser, Autos sowie unsere Gesundheit und sogar unser Leben versichern. Wäre das nicht auch ein interessanter Anwendungsfall für DeFi?

Alle Kryptowährungen, die du in DeFi-Anwendungen einbringst, werden im großen weiten World Wide Web natürlich auch anfällig sein für Betrug und Hackerangriffe. Die meisten Entwickler haben zwar ihre programmierten Anwendungen bis ins kleinste Detail überprüft und versuchen, dir im DeFi-Universum einen perfekten Smart Contract anzubieten, aber es gibt dennoch niemals eine 100%-ige Sicherheit. Um ehrlich zu sein: Es besteht jederzeit die Möglichkeit eines Hacks, der dir einen Totalverlust bescheren kann. Genau solche Risiken verdeutlichen uns die Notwendigkeit einer Versicherung, die dein Vermögen schützen kann, vor allem wenn du mit größeren Geldsummen in der DeFi-Welt unterwegs bist. In diesem Buch werden wir daher mehrere dezentralisierte Versicherungsmöglichkeiten aufzeigen und erklären.

9. Governance

Governance ist eine essentielle Idee in der Krypto-Welt, um Projekte und Anwendungen voranzubringen und das auf eine demokratische Art und Weise. Für viele DeFi-Protokolle gibt es sogenannte *Governance-Token*, welche den Nutzern ein Stimmrecht und ein Mitentscheidungsrecht geben, bei der Weiterentwicklung der Protokolle.

Empfohlene Literatur hierzu

1. Decentralized Finance Explained (Yos Riady) https://yos.io/2019/12/08/decentralized-finance-explained/
2. A beginner's guide to DeFi (Linda J. Xie) https://nakamoto.com/beginners-guide-to-defi/
3. A Beginner's Guide to Decentralized Finance (DeFi) (Coinbase) https://blog.coinbase.com/a-beginners-guide-to-decentralized-finance-defi-574c68ff43c4
4. The Complete Beginner's Guide to Decentralized Finance (DeFi) (Binance) https://www.binance.vision/blockchain/the-complete-beginners-guide-to-decentralized-finance-defi
5. 2019 Was The Year of DeFi (and Why 2020 Will be Too) (Mason Nystrom) https://consensys.net/blog/news/2019-was-the-year-of-defi-and-why-2020-will-be-too/
6. DeFi: What It Is and Isn't (Part 1) (Justine Humenansky) https://medium.com/coinmonks/defi-what-it-is-and-isnt-part-1-f7d7e7afee16
7. How Decentralized is DeFi? A Framework for Classifying Lending Protocols (Kyle Kistner) https://hackernoon.com/how-decentralized-is-defi-a-framework-for-classifying-lending-protocols-90981f2c007f
8. How Decentralized is "Decentralized Finance"? (Aaron Hay) https://medium.com/coinmonks/how-decentralized-is-decentralized-finance-89aea3070e8f
9. Mapping Decentralized Finance https://outlierventures.io/wp-content/uploads/2019/06/Mapping-Decentralised-Finance-DeFi-report.pdf
10. Market Report: 2019 DeFi Year in Review https://defirate.com/market-report-2019/
11. DeFi #3 - 2020: The Borderless State of DeFi https://research.binance.com/analysis/2020-borderless-state-of-defi
12. Decentralized Finance with Tom Schmidt (Software Engineering Daily) https://softwareengineeringdaily.com/2020/02/25/decentralized-finance-with-tom-schmidt/

Teil 2: Tauche ein in die DeFi-Welt!

Kapitel 3: Ethereum – der dezentrale Layer

Was ist Ethereum

Wie wir in Kapitel 1 bereits erwähnt haben, wird die Mehrheit der heutigen *DeFi DApps* derzeit auf der *Ethereum*-Blockchain aufgebaut. Aber was genau versteht man unter Ethereum? *Ethereum* ist eine globale, quelloffene (Open-Source) Plattform für dezentrale Anwendungen. Man kann sich das als einen Weltrechner vorstellen, der von keinem aufgrund seiner Größe und weltweiten dezentralen Verknüpfung abgeschaltet werden kann. Auf Ethereum können Softwareentwickler die sogenannten *Smart Contracts* (intelligente, programmierte Verträge) schreiben, die den digitalen Wert durch eine Reihe von Kriterien steuern und überall für jedermann auf der Welt zugänglich sind.

In diesem Buch werden wir uns speziell mit dezentralisierten Anwendungen (DApps) befassen, die Finanzdienstleistungen, bekannt als DeFi, bereitstellen. *Smart Contracts*, die von Software-Programmierern geschrieben werden, sind die Bausteine dieser *DApps*. Diese *Smart Contracts* werden dann im *Ethereum*-Netzwerk eingesetzt, wo sie rund um die Uhr laufen und aktiv sind. Das Netzwerk wird hierbei den digitalen Wert erhalten und immer den neuesten Stand verfolgen.

Was ist ein Smart Contract

Ein *Smart Contract* (zu dt.: intelligenter Vertrag) ist ein programmierter Vertrag, der es zwei Vertragsparteien ermöglicht, die Bedingungen einer zukünftigen Transaktion festzulegen, ohne dass sie für die Ausführung einer dritten Partei vertrauen müssen.

Wenn Alice z. B. einen Treuhandfonds einrichten und dafür Bob in den nächsten 12 Monaten jeweils zu Beginn des Monats 100 Euro zahlen möchte, könnte sie einen *Smart Contract* programmieren:

1. der das aktuelle Datum überprüft,
2. Bob zu Beginn eines jedes Monats automatisch 100 Euro sendet
3. und diesen Vorgang monatlich wiederholt, bis der Gesamtbetrag von 1.200 Euro im *Smart Contract* aufgebraucht ist.

Mit einem solchen *Smart Contract* hat Alice die Notwendigkeit umgangen, einen vertrauenswürdigen Vermittler (z. B. eine Bank, einen Anwalt oder einen Treuhänder) hinzuzuziehen. Ebenso ist dieser *Smart Contract* für Bob als auch Alice absolut transparent und jederzeit einsehbar.

Smart Contracts arbeiten nach dem „Wenn dies, dann das ...“-Prinzip. Wann auch immer die vereinbarten Vertragsbedingungen erfüllt sind, wird eine vorgegebene Ausführung auch so wie vorhergesehen auf der Blockchain ausgeführt.

Wenn mehrere solcher *Smart Contracts* nun miteinander kombiniert werden, um miteinander zu arbeiten und einander zu ergänzen, bezeichnet man das als eine dezentralisierte Anwendung (*DApp*).

Genau mit diesem technischen Aufbau, können über die Blockchain komplexere Prozesse nahezu vollautomatisiert erfüllt werden.

Was ist ein Ether (ETH)?

Ether ist die native klassische Kryptowährung, die auf der Ethereum-Blockchain aufbaut. *Ether* ist im Prinzip wie herkömmliches Geld und kann ähnlich wie *Bitcoin* für alltägliche Transaktionen verwendet werden. Sie können *Ether* an eine andere Person senden, um Waren und Dienstleistungen auf der Grundlage des aktuellen Marktwertes zu kaufen. Die *Ethereum*-Blockchain zeichnet dann ihren Transfer auf und gewährleistet die endgültige Ausführung der Transaktion.
Darüber hinaus wird Ether auch zur Bezahlung der Gebühren verwendet, die es *Smart Contracts* und *DApps* ermöglicht, im Ethereum-Netzwerk zu laufen. Man kann sich die Ausführung von *Smart Contracts* im Ethereum-Netzwerk wie das Fahren eines Autos vorstellen. Um ein Auto zu fahren, benötigt man Treibstoff, auch wenn dies im Elektro-Zeitalter dann eine Stromladung ist. Um einen *Smart Contract* über *Ethereum* ausführen zu können, muss man in Form von Ether eine gewisse Gebühr bezahlen, die als *Gas* bezeichnet wird.
Ether, das in der Öffentlichkeit oft noch als kleiner unbedeutender Bruder von *Bitcoin* gesehen wird, entwickelt sich damit langsam, aber beständig zu einer eigenen, einzigartigen Reservewährung und einem eigenen Wertaufbewahrungsmittel. Gegenwärtig ist *Ether* im *DeFi*-Ökosystem die bevorzugte Wahl für Vermögenswerte, die als Sicherheit für viele *DeFi*-DApps verwendet werden. Ether bietet das, was andere

Kryptowährungen bisher noch nicht so umfangreich und renommiert bieten können: Sicherheit und Transparenz für dieses Finanzsystem. Wenn du das noch nicht ganz verstehst, mach dir keine Sorgen, wir werden dieses Thema noch vertiefen.

Was versteht man unter Gas?

Auf der *Ethereum*-Blockchain muss für jegliche Transaktion und *Smart Contracts* eine geringe Gebühr entrichtet werden. Diese Gebühr wird auch als *Gas* bezeichnet. In technischer Hinsicht bezieht sich *Gas* auf die Maßeinheit für die Menge an Energieaufwand bzw. der Rechenaufwand, welcher für die Ausführung einer Operation oder eines *Smart Contracts* erforderlich ist.

Je komplexer die Ausführungsoperation hierbei ist, desto mehr *Gas* ist zur Erfüllung dieser Operation erforderlich. Die *Gas*-Gebühren werden dabei derzeit vollständig in *Ether* bezahlt.

Der Preis vom *Gas* kann von Zeit zu Zeit in Abhängigkeit von der Nachfrage schwanken. Wenn mehrere Personen auf der Ethereum-Blockchain interagieren, wie z. B. bei Transaktionen in der *ETH* oder bei der Ausführung intelligenter Vertragsoperationen, kann der *Gas*-Preis aufgrund der begrenzten Menge an Rechenressourcen im Netzwerk steigen oder umgekehrt, wenn das Netzwerk nicht ausgelastet ist, sinken.

Die *Gas*-Gebühren können von einem Anwender natürlich auch manuell festgelegt werden. Wenn das Netz überlastet ist, werden die Transaktionen mit der höchsten damit verbundenen *Gas*-Gebühr zur Bearbeitung (bzw. Validierung auf der Blockchain) priorisiert. Validierte Transaktionen werden abgeschlossen und in die Blockchain aufgenommen und dort in den jeweiligen Blöcken niedergeschrieben. Wenn die gezahlten *Gas*-Gebühren zu niedrig sind, werden die Transaktionen in eine Warteliste gestellt. Daher kann es bei einer Transaktion mit unterdurchschnittlichen *Gas*-Gebühren um einiges länger dauern, bis diese Transaktion abgeschlossen ist.

Der Preis von ***Gas*** wird üblicherweise in sogenannten ***gwei*** gemessen:

1 *gwei* = 0,000000001 *Ether*

Angenommen, ein *Smart Contract* zur Übertragung von *Ether* würde 21.000 *Gas*-Einheiten erfordern und nehmen wir auch an, dass der durchschnittliche Marktpreis für *Gas* bei derzeit 3 *gwei* liegen würde, so könnte man sich den Preis folgendermaßen ausrechnen:

21.000 *gas* **x** 3 *gwei* = 63.000 *gwei* = 0,000063 *Ether*

Bei der Ausführung deiner Transaktion würdest du also eine Gas-Gebühr von 0,000063 *Ether* für die Verarbeitung und Validierung deiner Transaktion (auf der Blockchain) bezahlen müssen.

Übrigens sind *Gas*-Gebühren für die Interaktion zwischen dezentralisierten Anwendungen, der *Ethereum*-Blockchain und deiner *Wallet* (***Wallet*** = der Ort, an dem du deine *Ether* aufbewahrst und von dem du die Verwendung deiner Ether steuerst) zwar erforderlich, aber können ebenso schnell in die Höhe schießen. Im August 2020 waren die *Gas*-Gebühren teilweise so hoch, dass eine einfache Transaktion im Wert von 250 Euro z. B. eine *Gas*-Gebühr von bis zu 35 Euro kostete. Das wiederum führte zu einem kleineren Kursabsturz beim *Ether*-Preis und zu einem Rückgang an Nutzerzahlen von DeFi-Anwendungen. Die Entwickler hinter Ethereum versprechen zwar, in Zukunft mit der Weiterentwicklung von Ethereum (Stichwort: *Ethereum 2.0*) Abhilfe zu schaffen, aber derzeit solltest du die *Gas*-Gebühren exakt im Auge behalten.

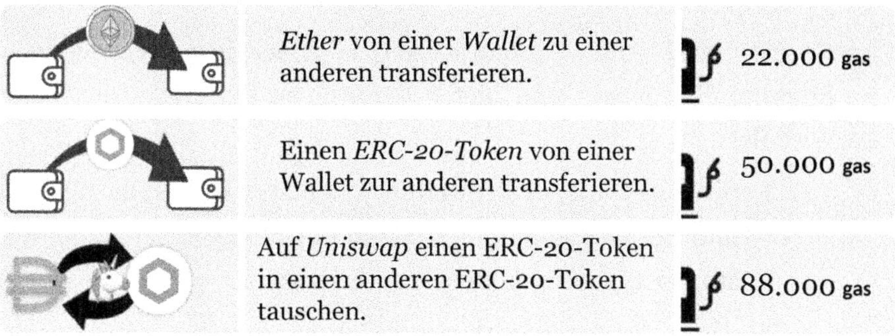

Die aktuellen Gas-Gebühren bzw. den derzeitigen *gwei-Wert* kannst du auf der Website https://ethgasstation.info/ einsehen.

Was versteht man unter Decentralized Apps (DApps)?

Im Kontext von Ethereum betrachtet, sind *DApps* so gesehen technische Schnittstellen, die durch den Einsatz von *Smart Contracts* mit der Blockchain interagieren. Von außen betrachtet sehen *DApps* wie gewöhnliche Web- und mobile Anwendungen aus und verhalten sich auch so, außer dass sie auf unterschiedliche Weise mit einer Blockchain interagieren. Bei vielen *DApps* wird vorausgesetzt, dass man *Ether* als Währung verwendet, dass man damit einverstanden ist, die eigenen Transaktionsdaten in der Blockchain zu hinterlassen (wenn auch das nur verschlüsselt stattfindet) und dass eine getätigte Transaktion unveränderlich ist.

VORTEILE

DApps sind auf dezentralisierten Blockchain-Netzwerken wie Ethereum aufgebaut und bieten dadurch in der Regel die folgenden Vorteile:

- **Sie sind unveränderlich**: Niemand kann eine Information und die Details deiner Transaktion ändern, sobald sie einmal auf der Blockchain niedergeschrieben ist.
- **Sie sind manipulationssicher**: *Smart Contracts*, welche auf der Blockchain veröffentlicht werden, können nicht manipuliert werden, ohne jeden anderen Teilnehmer auf der Blockchain damit zu alarmieren.
- **Sie sind transparent:** *Smart Contracts*, auf denen *DApps* aufbauen, sind jederzeit für jeden überprüfbar.
- **Sie sind verfügbar:** Solange das Ethereum-Netzwerk aktiv bleibt, werden *DApps*, die auf diesem Netzwerk aufbauen, auch weiterhin verfügbar sein.

👎 NACHTEILE

Während eine Blockchain viele Vorteile bietet, gibt es natürlich auch unterschiedliche Nachteile, die mit ihr einhergehen:

- **Es ist wirklich unveränderlich:** *Smart Contracts* werden von Menschen geschrieben bzw. programmiert und können nur so gut sein wie die Person bzw. der Programmierer, der sie geschrieben hat. Menschliche Fehler sind früher oder später unvermeidlich und unveränderliche *Smart Contracts* haben daher das Potenzial, Fehler ebenso wie Erfolge festzuschreiben und damit unumkehrbar zu machen.
- **Es ist wirklich transparent:** Offen prüfbare und für jedermann einsehbare *Smart Contracts* können auch zu Angriffspunkten für Hacker werden, da sie den Code einsehen können und somit mögliche Schwachstellen ausnutzen können.
- **Es ist nicht unendlich skalierbar:** In den meisten Fällen ist die Bandbreite einer *DApp* auf die Blockchain beschränkt, auf der sie sich befindet. Nichts kann hier unendlich wachsen und alles hat seine Grenzen.

Für was kann Ethereum sonst noch so verwendet werden?

Neben der Erstellung und Verwendung von *DApps* kann Ethereum für zwei weitere Funktionen verwendet werden: die Erstellung dezentralisierter autonomer Organisationen (abgekürzt: *DAO*) oder die Ausgabe von anderen (auf der Ethereum-Blockchain aufbauenden) Kryptowährungen.

Eine *DAO* (engl.: *Decentralized autonomous organization*) ist eine völlig autonome Organisation, die bewusst nicht von einer einzigen Person geleitet wird, sondern durch einen Kodex und gewisse Prinzipien geregelt wird. Dieser Programmcode basiert auf *Smart Contracts* und ermöglicht es den *DAO*s, die Art und Weise zu ersetzen, wie traditionelle Organisationen üblicherweise geführt werden. Stell dir hierbei am besten ein Unternehmen vor, bei dem es keine Chefs und keine wirklich alleinherrschenden Eigentümer gibt. Da man hierbei auf der Grundlage eines Codes arbeitet, wäre diese Organisation vor menschlichen Eingriffen (z. B. Manipulation oder bewusste negative Einflussnahme) geschützt und die DAO würde zu jeder Zeit transparent arbeiten. Es gäbe keine Auswirkungen durch irgendeinen Einfluss von außen. Governance-Entscheidungen oder grundsätzliche Entscheidungen würden durch die Abstimmung der einzelnen Mitglieder einer *DAO* demokratisch durch deren *Token* getroffen werden.

Apropos *Token*: *Ethereum* kann auch als Plattform zur Erschaffung weiterer Kryptowährungen genutzt werden.

Derzeit gibt es zwei beliebte Protokolle für Token im Ethereum-Netzwerk:

- ***ERC-20***
- und ***ERC-721***.

ERC-20 ist ein Protokollstandard, der Regeln und Standards für die Ausgabe von Tokens auf Ethereum definiert. ERC-20-Tokens sind fungibel, d. h. sie sind austauschbar und von gleichem Wert. Dagegen sind *ERC-721-Token* nicht fungibel, d. h. sie sind völlig einzigartig und nicht austauschbar. Eine einfache Analogie wäre es, sich *ERC-20* als Geld und *ERC-721* als Sammlerstücke wie Actionfiguren oder Baseballkarten vorzustellen.

Die Zukunft von Ethereum

Die Popularität von Ethereum nimmt weiter zu, da es die zentrale Säule des DeFi-Wachstums wird. Mit dem Vorteil des Erstanbieters in der Hand steigt die Zahl der Nutzer und Transaktionen jeden Tag weiter an. Während dies von vielen als Erfolg für DeFi gewertet wird, stellt der Nachfrageschub eine große Belastung für das Netzwerk dar.

Zu den größten Problemen gehören die steigenden Gas-Gebühren, da die Nutzer nun während der Spitzenzeiten exorbitante Gebühren zahlen müssen. Die hohen Gasgebühren haben zur raschen Entwicklung konkurrierender Blockchains wie *Solana*, *Avalanche*, *Terra* oder *Polkadot* geführt, deren Netzwerk als effizienter angepriesen wird (alternative Blockchains werden in unserem Buch für Fortgeschrittene ausführlicher behandelt).

Um den anhaltenden Erfolg des *Ethereum*-Netzwerks zu gewährleisten, plant die *Ethereum*-Gemeinschaft die Einführung eines Upgrades, das als ETH 2.0 bekannt ist. *ETH* 2.0 ist ein gewaltiges Unterfangen, das sich über drei Jahre erstreckt und sogenannte "*Sharding*"-Techniken verwendet. Sobald das Update vollständig integriert ist, wird das Netzwerk besser skalierbar sein und das Problem der hohen Gasgebühren lösen.

Und das waren im Großen und Ganzen auch schon die Grundlagen, die man unbedingt über Ethereum wissen sollte. Falls du bereits Kryptowährungen wie Ether besitzt und/oder deine erste *DApp* ausprobieren möchtest, werden wir in den folgenden Kapiteln über mehrere interessante DeFi-Produkte berichten, die nicht nur Übersichten, sondern auch Schritt-für-Schritt-Anleitungen enthalten. Aber bevor du mit deiner Reise in die wirklich spannende DeFi-Welt beginnst, benötigst du zuerst noch einen Geldbeutel für deine *Ethereum-Coins*: **eine *Wallet*!**

Übrigens solltest Du auch noch wissen, dass Ethereum von deren Entwicklern derzeit weiterentwickelt wird und es vorgesehen ist, dass irgendwann Ethereum 2.0 das jetzige Ethereum ersetzt.

Empfohlene Literatur hierzu

1. What is Ethereum? [The Most Updated Step-by-Step-Guide!] (Ameer Rosic) https://blockgeeks.com/guides/ethereum/

2. Smart Contracts: The Blockchain Technology That Will Replace Lawyers (Ameer Rosic) https://blockgeeks.com/guides/smart-contracts/

3. What is Ethereum Gas? [The Most Comprehensive Step-By-Step Guide Ever!] (Ameer Rosic) https://blockgeeks.com/guides/ethereum-gas/

4. The trillion-dollar case for ETH (Lucas Campbell) https://bankless.substack.com/p/the-trillion-dollar-case-for-eth-eb6

5. Ethereum: The Digital Finance Stack (David Hoffman) https://medium.com/pov-crypto/ethereum-the-digital-finance-stack-4ba988c6c14b

6. Ether: A New Model for Money (David Hoffman) https://medium.com/pov-crypto/ether-a-new-model-for-money-17365b5535ba

7. The Eth2 vision https://ethereum.org/en/eth2/vision/

Kapitel 4: Ethereum Wallets

Eine *Wallet* (zu dt.: auch Brieftasche oder Geldbörse) ist eine benutzerfreundliche Schnittstelle zum Blockchain-Netzwerk. Sie verwaltet deine *Private Keys* (der private Schlüsselcode, mit dem du über deine Kryptowährungen verfügen kannst) und bietet dir den Zugriff auf deine verfügbaren Kryptowährungen. Eine *Wallet* ermöglicht es dir, Kryptowährungen zu empfangen, zu speichern und zu senden.

Custodial oder doch *Non-Custodial*?

Man unterscheidet grundsätzlich zwischen zwei Arten von Wallets:

- einer ***Custodial-Wallet*** und
- einer ***Non-Custodial-Wallet***.

Eine *Custodial-Wallet* ist eine Wallet, bei denen Dritte (z. B. eine Kryptowährungsbörse) in deinem Namen die Kontrolle über deine Kryptowährungen behält und auch für dich aufrechterhält.

Ein *Non-Custodial-Wallet* ist eine Wallet, bei der du die volle Kontrolle über die Wallet hast. Sie ist somit als dein Eigentum zu betrachten und du hast die volle Verantwortung über die Kryptowährungen, die du besitzt. Vielleicht hast du schon einmal das in der Krypto-Community verbreitete Mantra gehört: „**Be your own Bank**“. Es ist ein Grundgedanke in der Blockchain-Welt, dass wir keine Banken mehr brauchen, denn jeder von uns hat die Möglichkeit, seine eigene Bank zu sein.

Wenn du eine *Custodial-Wallet* verwendest, wirst du einer externen Partei vertrauen müssen, dass sie deine Kryptowährungen sicher aufbewahrt. Das kann wesentlich bequemer sein, denn du musst dir

somit keine Sorgen um die Sicherheit deiner Private Keys machen. Das Einzige, was hierbei in deinen Verantwortungsbereich fällt, ist, deine Kontoanmeldeinformationen dir zu behalten und diese keinem anderen zu geben – ähnlich wie bei deinem E-Mail-Konto.
Wenn du deine Kryptowährungen allerdings einer dritten Partei anvertrauen musst, erhöht sich auch das Risiko eines Totalverlusts, z. B. durch einen Hackerangriff oder dem Missmanagement durch diese besagte dritte Partei. Es hat bereits zahlreiche solcher Vorfälle gegeben, in denen die Kryptowährungen eines Nutzers von dessen Wallet verschwanden. Eines der prominentesten Beispiele ist wohl der Verlust von über 850.000 Bitcoin im damaligen Wert von über 450 Millionen US-Dollar im Jahr 2014 (der heutige Wert läge über 10 Mrd. US-Dollar).

Wenn du eine *Non-Custodial-Wallet* verwendest, vertraust du somit keiner externen Partei, sondern nur dir selbst. Sei dir aber auch darüber im Klaren, dass, falls du deinen Private Key verlierst, du auch den gesamten Zugriff auf deine Kryptowährungen verloren hast.
Bei CoinGecko glauben wir an das Mantra „**not your keys, not your coin**“, was bedeutet, dass du, wenn du nicht den alleinigen Zugriff auf deine Kryptowährungen hast und deine Private Keys nicht selbst verwahrst, du deine Kryptowährungen auch nie wirklich besitzt. Genau deshalb sind wir davon überzeugt, dass du dich im Bereich der Finanzen und Kryptowährungen immer weiterbilden und immer die alleinige Verantwortung für deine Coins bzw. Kryptowährungen übernehmen solltest.

Welche *Wallet* sollte ich eigentlich benutzen?

Es gibt eine Vielzahl an *Wallets*, zwischen denen du wählen kannst. Um generell beim Thema dieses Buchs zu bleiben, werden wir dir daher zwei DeFi-freundliche *Wallets* vorschlagen, damit du in Zukunft jederzeit problemlos mit der Ethereum-Blockchain interagieren kannst.

Eine Wallet für mobile Benutzer: *Argent*

Für mobile Benutzer, die ihre Finanzen bequem über ein Smartphone steuern möchten, bietet sich die Verwendung der sogenannten *Argent Wallet* an. Bei *Argent* handelt es sich um eine *Non-Custodial-Wallet*, welche benutzerfreundlich ist und hohe Sicherheitsstandards bietet. Benutzerfreundlichkeit und Sicherheitsstandards sind übrigens in der Krypto-Welt nicht immer unbedingt zusammen vorhanden, daher denken wir, dass dies eine gute Wahl ist. Die Sicherheit wird hierbei durch sogenannte *Argent Guardians* gewährleistet, worunter man Personen, Geräte oder Dienste von Drittanbietern versteht, die deine Identität überprüfen.

Beispiele sind Familie und Freunde, die ebenfalls Argent-Nutzer, andere Hardware oder Metamask-Wallets oder Zwei-Faktor-Authentifizierungsdienste sind. Durch die Nutzung dieses begrenzten Vertrauensnetzwerks überdenkt Argent die Notwendigkeit von papierbasierten Seed-Phrase-Backups bei der Wiederherstellung von Konten.

Die *Argent Guardians* ermöglichen es dir, auf deinen Wunsch deine Wallet sperren zu lassen und sofort alle dort vorhandenen Kryptowährungen bis auf weiteres einzufrieren. Das macht Sinn, falls du den Verdacht hegst, dass ein anderer nun auch Zugriff auf deine Wallet haben könnte. Deine Wallet wird dann entweder nach fünf

Tagen automatisch entsperrt oder du kannst einen *Argent Guardian* darum bitten, sie dir bereits früher zu entsperren. Ebenso kannst du bei deiner *Argent-Wallet* zusätzliche Sicherheitsmaßnahmen festlegen, um die Sicherheit deiner Wallet zu verbessern, zum Beispiel ein tägliches Transaktionslimit. Das wäre sinnvoll, um einen Hacker daran zu hindern, mit einem Schlag deine kompletten Kryptowährungen abzuräumen.
Wann immer dein tägliches Transaktionslimit erreicht wird, erhältst du dann eine Benachrichtigung, und alle Transaktionen, die das Limit überschreiten, werden für mehr als 24 Stunden verzögert. Du kannst dennoch mithilfe der *Argent* Guardians große Transaktionen über das Limit hinaus explizit genehmigen.

Mit einer *Argent Wallet* kannst du also problemlos direkt aus der Hosentasche mit deinen *DeFi-DApps* interagieren, ohne dass du eine andere Anwendung oder ein anderes Gerät verwenden musst.

Das Unternehmen *Argent* verdient übrigens kein direktes Geld mit dem Angebot ihrer *Wallet*, sondern mit kleinen Zusatzoptionen, die sie anbieten, hierzu zählt z. B. die Übermittlung von Kunden an *Kyber*. Auch sonst sind *Wallet*-Dienstleistungen ein Invest in die Zukunft. Denn wenn Millionen von Benutzern erst einmal eine bestimmte Wallet tagtäglich benutzen, ist ein gewisses Vertrauen in die Marke vorhanden.

Argent-Wallet: Ein Schritt-für-Schritt-Anleitung

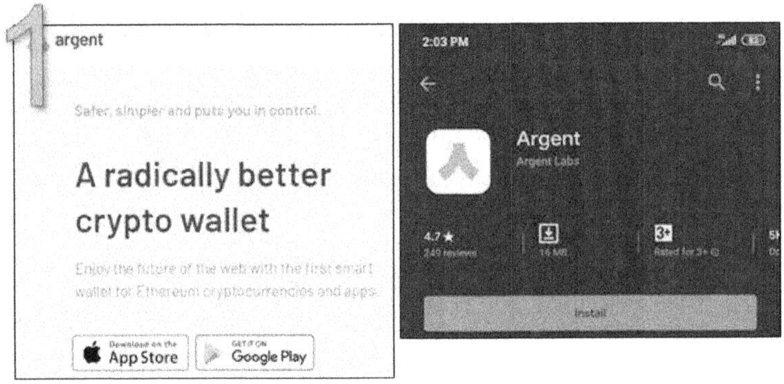

Schritt 1

- Gehe direkt auf https://argent.link/coingecko
- Lade dir die App auf dein Smartphone herunter

Schritt 2

- Sobald ein Download erfolgt ist, informiert Argent dich über die später anfallenden Ethereum-Netzwerkgebühren
- Such dir einen individuellen *Ethereum-Kurznamen* aus, den du für deine Argent Wallet vergeben möchtest

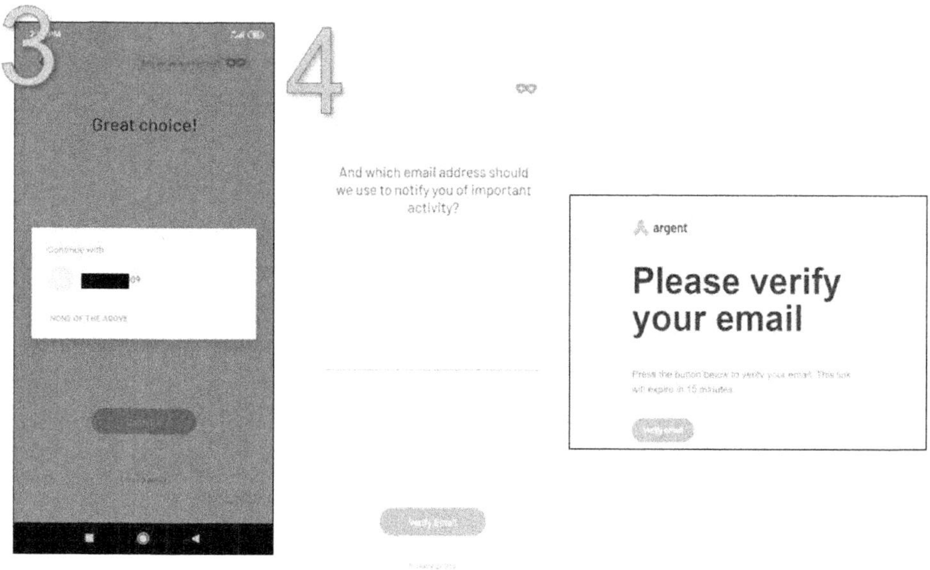

Schritt 3:

- Die *Argent-App* wird dich fragen, ob du deine Handynummer aus Sicherheits- und Identifizierungsgründen angeben möchtest.

Schritt 4

- Danach wird dich die *Argent-App* nach deiner E-Mail-Adresse fragen. Kurz darauf erhältst du eine Verifizierungsmail, die du aus der E-Mail heraus bestätigen musst.

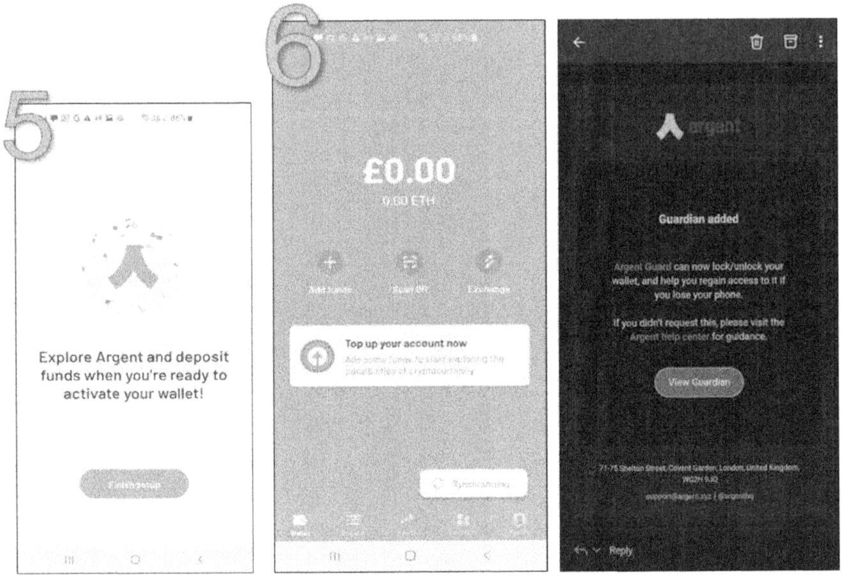

Schritt 5:

- Du erhältst eine E-Mail-Benachrichtigung, sobald deine Wallet einsatzbereit ist!

Schritt 6

- Nun kannst du damit beginnen, deine Kryptowährungen an deine neue Wallet zu transferieren. Du kannst ebenso in Erwägung ziehen, gewünschte *Argent Guardians* zu deiner Sicherheit hinzuzufügen.

Eine Wallet für Desktop-Benutzer: *MetaMask*

Für Desktop-Benutzer bietet sich die Verwendung von *Metamask* an, eine Webbrowser-Extension (im Prinzip eine App, die in deinem Browser läuft). Diese Wallet kannst du in den Browsern *Chrome, Firefox, Opera* und *Brave* verwenden. Wie *Argent* ist auch *Metamask* eine *Non-Custodial-Wallet.* Ebenso handelt es sich hierbei um eine auf das Ethereum-Netzwerk ausgelegte *Wallet,* die direkt mit der Blockchain kommuniziert. Es ist zu beachten, dass Metamask auch eine App für Mobiltelefone hat. Allerdings kann die App Schwierigkeiten bei der Interaktion mit DApps haben, da einige DApps nicht für mobile Geräte optimiert sind.

Du kannst all deine *Ethereum-* und *ERC20-Token* auf deiner *Metamask* speichern. Als Interaktionsbrücke ermöglicht dir *Metamask,* alle dezentralisierten Anwendungen (*DApps*) im Ethereum-Netzwerk zu verwenden. Ohne die Verwendung einer Interaktionsbrücke wie *MetaMask* wäre dein Browser nicht in der Lage, auf die Ethereum-Blockchain zuzugreifen, es sei denn, du würdest einen vollständigen Ethereum-Knoten betreiben und die gesamte Ethereum-Blockchain von über 400 GB auf deinen Computer herunterladen. Auf technischer Ebene hilft dir *MetaMask,* indem es eine Javascript-Bibliothek im Hintergrund laufen lässt und diese in die Seite deines Browsers einfügt, um dir eine einfache Interaktion mit dem Ethereum-Netzwerk zu ermöglichen.

Metamask macht die Interaktion mit *DeFi DApps* auf dem *Ethereum-*Netzwerk sehr bequem auf deinem Laptop oder PC. Sie sind bis zu einem gewissen Grad gesichert, da du jede Interaktion und Transaktion, die du im Netzwerk ausführst, signieren musst. *Metamask* hat auch eine eingebaute *Token-Swap*-Funktion, mit der du andere *Token* direkt aus der *Wallet* austauschen kannst.

Du musst jedoch auch Vorkehrungen treffen, um deine *MetaMask* sicher und geschützt aufzubewahren. Jeder, der im Besitz deines Passworts oder deiner Seed-Phrase (eine geheim zu haltende Reihenfolge von Wörtern, die dir bei der Anmeldung zur Wallet gegeben wurde) ist, wird die vollständige Kontrolle über deine *Wallet* haben.

Auf die meisten *DeFi DApps* kann mit *MetaMask* zugegriffen werden und in den späteren Kapiteln wirst du feststellen, dass wir bei den Schritt-für-Schritt-Anleitungen selbst immer eine *MetaMask* verwenden.

MetaMask-Wallet: Ein Schritt-für-Schritt-Anleitung

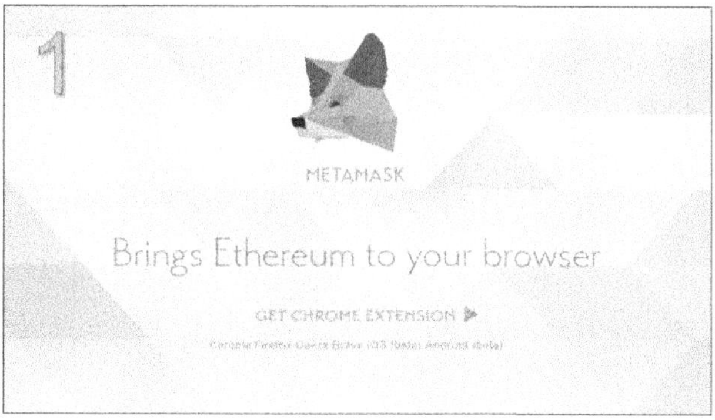

Schritt 1

- Geh zu https://metamask.io/
- Lade dir die Extension in deinem Browser herunter.

Schritt 2

- Nachdem du die Extension heruntergeladen hast, klicke auf „Get Started“

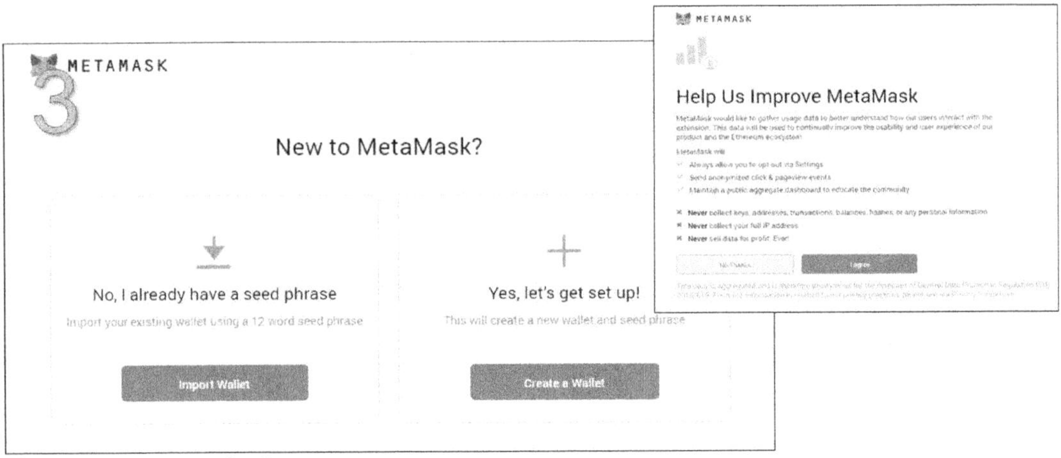

Schritt 3:

- Klicke auf "Create a Wallet" und klicke dann "Next"

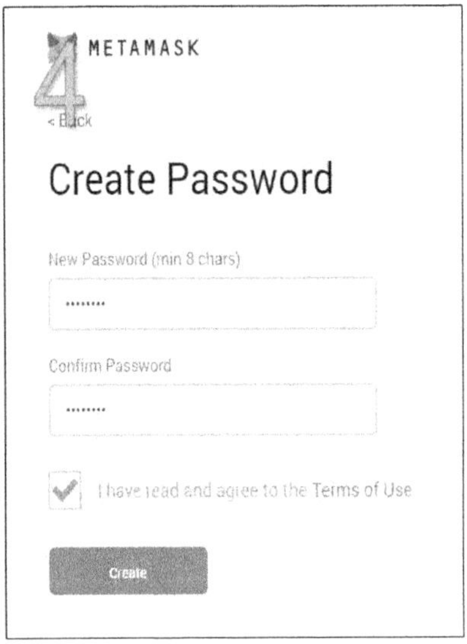

Schritt 4:

- Vergebe hier dein Passwort und bestätige es noch einmal.

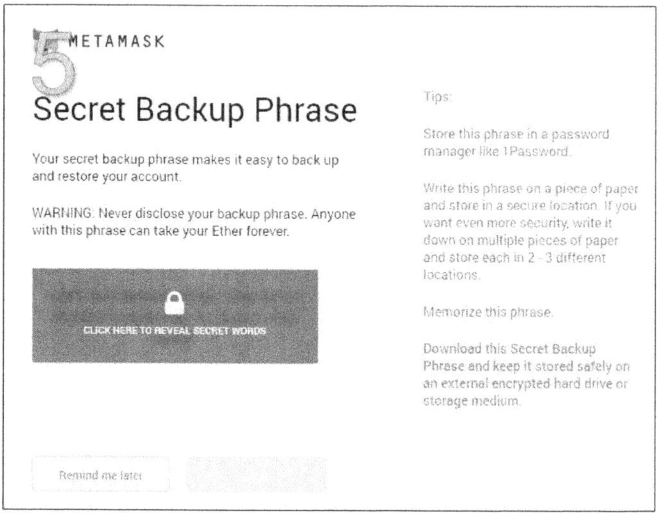

Schritt 5: **(ACHTUNG! BITTE GENAU LESEN!)**

- Du erhältst eine geheime *BackUp-Phrase* – eine Reihenfolge von mehreren Wörtern.
- Verliere diese NIEMALS!
- Zeige diese NIEMALS irgendjemanden.
- Wenn du diese Phrase verlierst, wirst du keine Möglichkeit haben, diese jemals wieder herstellen zu können.
- Wenn diese Phrase irgendjemand anderes kennen sollte, kann er über all deine Kryptowährungen verfügen und diese auch entnehmen.

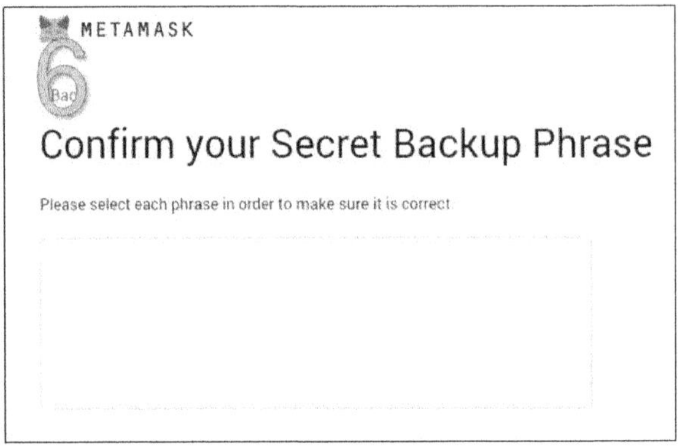

Schritt 6

- Man wird dich nun auffordern, deine Phrase dir schriftlich auf Papier zu notieren

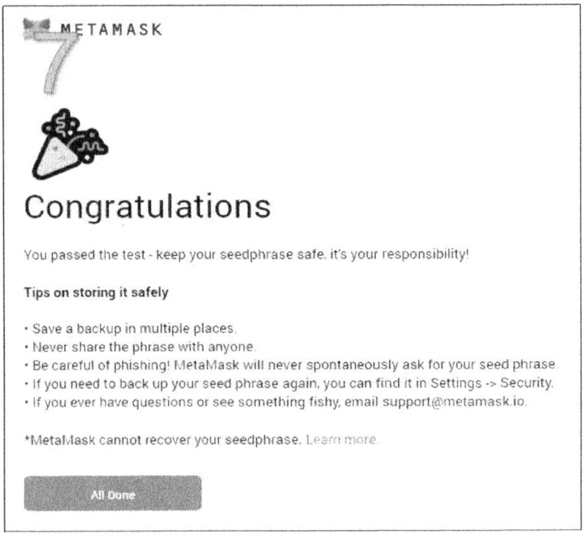

Schritt 7

- Glückwunsch! Deine *Wallet* wurde erstellt! Du kannst sie nun für *Ethereum* und weitere *ERC-20 Token* verwenden.

Schritt 8

- Hier siehst du deinen *Public Key*, eine Art Kontoadresse deiner *Wallet* – wenn auch nur anonymisiert aus Ziffern bestehend.
- Diese Kontoadresse kannst du auch mit dem QR-Code abscannen. Man muss die ganzen Ziffern also nicht mühsam notieren.

Ein kleiner Hinweis: Seit Anfang September 2020 gibt es für alle, die eine *MetaMask-Wallet* nutzen, nun auch eine App für das Smartphone.

Die App gibt es für *Android* und *iOS* und kann mit deiner Browser-Erweiterung synchronisiert werden.

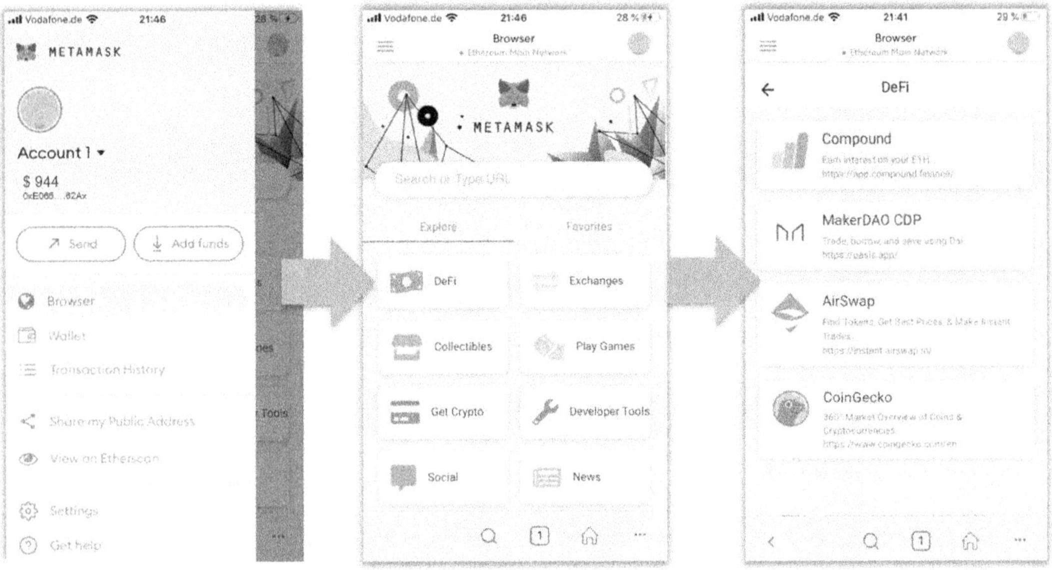

Ein weiterer Bonus hierbei ist, dass du von dieser Wallet-App heraus auch in einer Art geschützten Browser surfen kannst, der dir einen direkten Zugang zu DeFi-Plattformen, wie z. B. *Compound* (Kapitel 6) oder *MakerDao* (Kapitel 5), anbietet. Natürlich haben auch wir – *CoinGecko* – es dort in die Auswahlliste geschafft und freuen uns, wenn du dich bei uns über Neuheiten aus der DeFi-Welt informierst.

Empfohlene Literatur hierzu

1. Argent: The quick start guide (Matthew Wright) https://medium.com/argenthqargent-the-quick-start-guide-13541ce2b1fb
2. A new era for crypto security (Itamar Lesuisse) https://medium.com/argenthq/a-new-era-for-crypto-security-57909a095ae3
3. A Complete Beginner's Guide to Using MetaMask (Ian Lee) https://www.coingecko.com/buzz/complete-beginners-guide-to-metamask
4. MyCrypto's Security Guide For Dummies And Smart People Too (Taylor Monahan) https://medium.com/mycrypto/mycryptos-security-guide-for-dummies-and-smart-people-too-ab178299c82e

Teil 3: Tauche tief ein in die DeFi-Welt!

Kapitel 5: Dezentrale Stablecoins

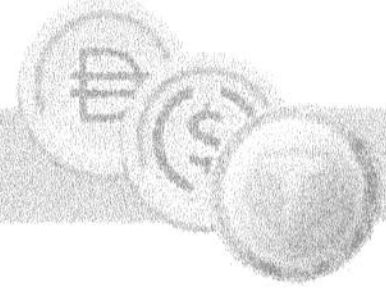

Die Preise von Kryptowährungen können enormen Schwankungen unterliegen, d. h., sie sind extrem volatil. Um diese Volatilität abzuschwächen, wurden *Stablecoins* erschaffen, die an andere stabile Vermögenswerte wie z. B. den US-Dollar gebunden sind. *Stablecoins* helfen den Benutzern, sich gegen die Preisvolatilität abzusichern, und haben den Anspruch, ein zuverlässiges Tauschmittel zu sein. *Stablecoins* haben sich seither schnell zu einer starken Komponente im DeFi-Bereich entwickelt.

Auf CoinGecko haben wir derzeit 49 unterschiedliche *Stablecoins* gelistet. Allein die Top 5 dieser *Stablecoins* erreichen eine Marktkapitalisierung von über 59,8 Milliarden US-Dollar. Tendenz steigend, denn der Bedarf an DeFi-Anwendungen und einem neuen Finanzsystem erfordert neben den volatilen Kryptowährungen ebenso standhafte und stabile Alternativen.

Die Top 5 Stablecoins in der Kryptowelt (Stand 17.01.2022)		
Rang	**Name des Stablecoins**	**Marktkapitalisierung**
1	**Tether** (USDT)	69,6 Milliarden Euro
2	**USD Coin** (USDC)	40,1 Milliarden Euro
3	**Binance USD** (BUSD)	12,2 Milliarden Euro
4	**Terra USD** (UST)	9,4 Milliarden Euro
5	**DAI** (DAI)	8,2 Milliarden Euro

Abbildung 4 - Die 5 größten Stablecoins (Quelle: CoinGecko)

Die Rangfolge der beliebtesten *Stablecoins* ändert sich ständig. Eine aktuelle Übersicht findest du z. B. unter https://stablecoinstats.com/
In diesem Kapitel werden wir uns vor allem mit den an den US-Dollar gebundenen *Stablecoins* befassen. Nicht alle *Stablecoins* sind gleich, da sie jeweils unterschiedliche Mechanismen verwenden, um ihre Bindung an den US-Dollar aufrechtzuerhalten. Grundsätzlich unterscheidet man bei *Stablecoins* zwischen fiat- und kryptobesicherten *Stablecoins*. Die meisten *Stablecoins* verwenden das fiat-besicherte System, um ihre US-Dollar-Bindung aufrecht erhalten zu können.

Zur Vereinfachung betrachten wir zwei US-Dollar-*Stablecoins*, *Tether* (USDT) und *Dai* (DAI), um die Unterschiede in ihrem Pegging-Management (die Fixierung eines Wechselkurses) aufzuzeigen. Wir werden in diesem Buch nicht auf algorithmische Stablecoins, eine neuere DeFi-Innovation, eingehen. Wenn du mehr über algorithmische Stablecoins erfahren möchtest, empfehlen wir dir unser Buch „So geht DeFi: für Fortgeschrittene".

Tether (USDT) bindet sich an 1 US-Dollar, indem es Reserven von 1 US-Dollar pro geprägten *Tether-Token* bindet. Obwohl *Tether* der größte und am weitesten verbreitete US-Dollar-*Stablecoin* mit einem täglichen Handelsvolumen von durchschnittlich etwa 113 Milliarden US-Dollar im März 2021 war, werden *Tether*-Reserven in Finanzinstitutionen gehalten und die Nutzer müssen dem Unternehmen *Tether* als Ganzes vertrauen, um tatsächlich über die von ihnen beanspruchten Reservebeträge zu verfügen. *Tether* ist daher ein zentralisierter, fiat-besicherter *Stablecoin*.

Dai (DAI) hingegen ist mit Kryptowährungen wie z. B. *Ethereum* (ETH) besichert. Der Wert ist durch Protokolle, über die von einer dezentralisierten autonomen Organisation (einer *DAO*) abgestimmt wird, und ebenfalls durch *Smart Contracts* an 1 US-Dollar gebunden. Zu jeder Zeit können die Sicherheiten zur Generierung von DAI von den Nutzern leicht überprüft werden. DAI ist eine dezentralisierte, kryptobesicherte *Stablecoin*.

Basierend auf der Marktkapitalisierung der Top 5 der *Stablecoins* dominiert *Tether* mit einem Marktanteil von ca. 68 %. Obwohl der Marktanteil des DAI wesentlich geringer ist, ist sein Handelsvolumen viel schneller gestiegen: Das Handelsvolumen von *DAI* stieg im ersten Quartal 2021 um mehr als 158 % im Vergleich zu einem Wachstum von 95 % bei *Tether*.

DAI ist im Prinzip die Antwort auf den *Tether* aus dem DeFi-Ökosystem heraus. Es ist der bevorzugte US-Dollar-Stablecoin, der im DeFi-Handel, bei der Kreditvergabe und anderen Aktivitäten verwendet wird. Um *DAI* noch besser zu verstehen, werden wir dir seine Plattform *Maker* vorstellen.

Maker

Maker ist eine Plattform, die auf *Smart Contracts* aufbaut und sich dabei der Ethereum-Blockchain bedient. Auf Maker gibt es zwei unterschiedliche Token:

- **Dai** (DAI) und
- **Maker** (MKR).

Dai (DAI) wurde im November 2019 ins Leben gerufen und wird auch als *Multi-Collateral Dai* bezeichnet. Es handelt sich hierbei um einen *Stablecoin*, der derzeit von Ether (ETH), Basic Attention Token (BAT), *USDC* und *Wrapped Bitcoin (wBTC)* in Form von Sicherheiten unterstützt wird. Es ist vorgesehen, dass in Zukunft weitere Sicherheiten in Form von anderen Vermögenswerten hinzukommen.

Maker (MKR) ist ein sogenannter *Governance-Token* der *Maker*-Plattform, mit dem die Benutzer über Verbesserungsvorschläge der Maker-Plattform abstimmen können. Maker ist eine Art von Organisation, die man auch als dezentralisierte autonome Organisation (DAO) bezeichnen kann. Wir werden dies im Unterkapitel "Governance" näher beleuchten.

Was sind die Unterschiede zwischen SAI und DAI?

Maker startete ursprünglich am 19. Dezember 2017 mit dem Single Collateral DAI (blog.makerdao.com/dai-is-now-live/) und wurde unter Verwendung von Ether (ETH) als einzigem Sicherheitenwert geprägt. Am 18. November 2019 kündigte Maker die Einführung des neuen Multi-Collateral DAI (blog.makerdao.com/multi-collateral-dai-is-live/) an, das entweder mit Ether (ETH) und/oder Basic Attention Token (BAT: coingecko.com/de/coins/basic-attention-token) als Sicherheiten geprägt werden kann.

Im März 2020 führte *Maker* seine erste zentralisierte Sicherheit *USDC* ein, um die Liquiditätskrise und die Instabilität des *DAI*-Preises während des Crashs am Schwarzen Donnerstag zu bewältigen. Derzeit können Nutzer Vorschläge im Forum von *MakerDAO* (forum.makerdao.com/c/collateral-onboarding/27) einreichen, wo die Gemeinschaft neue Sicherheitenarten bewerten und über deren Aufnahme entscheiden wird.

Um es noch einmal zu wiederholen,

Single-Collateral DAI	=	Legacy DAI	=	SAI
Multi-Collateral DAI	=	New DAI	=	DAI

SAI wurde bereits abgeschafft und *Multi-Collateral DAI* ist derzeit der De-facto-*Stablecoin*-Standard, der von Maker gepflegt wird.

Wer entscheidet eigentlich über MAKER?

Erinnerst du dich noch an die Stellen in diesem Buch, an denen wir bereits die dezentralisierten autonomen Organisationen (auch: DAO) erwähnt haben? Genau das ist die Stelle, an der der *Maker-Token* (MKR) ins Spiel kommt. Besitzer von *MKR-Coins* haben Stimmrechte, die sich proportional an der Menge ihrer MKR-Coins messen lassen. Damit können sie innerhalb der *DAO* über Parameter und Veränderungen des Maker-Protokolls abstimmen.

Die Parameter, über die ein stolzer Besitzer von *MKR-Coins* abstimmt, sind von entscheidender Bedeutung, um das Ökosystem gesund zu erhalten, was wiederum dazu beiträgt, dass der *Stablecoin DAI* an 1 US-Dollar gebunden bleibt. Wir gehen hierbei kurz auf drei

Schlüsselparameter ein, die du im Ökosystem des *DAI-Stablecoins* kennen solltest:

I. ***Collateral Ratio***

Die Menge an *DAI,* die ausgegeben bzw. geprägt werden kann, hängt von einer Sicherheitsquote ab.

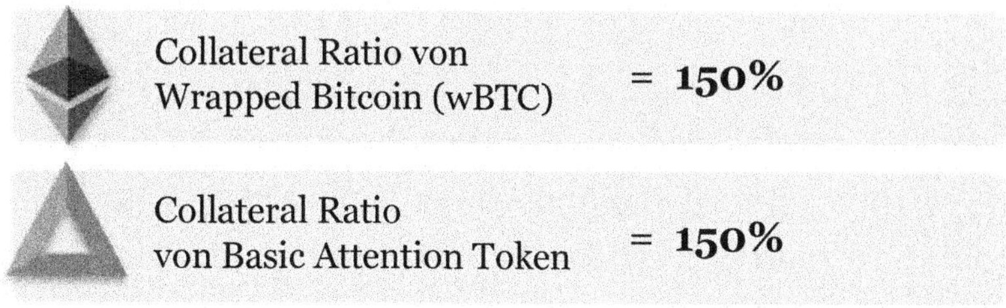

Im Wesentlichen bedeutet dies, dass man bei einem Grad der Besicherung (*Collateral Ratio*) von 150 % für die Prägung/Herausgabe von 100 US-Dollar mindestens *wBTC* oder BAT im Wert von 150 US-Dollar hinterlegen muss. Die Sicherheiten im Hintergrund von *DAI-Coins* können sich ständig ändern. Eine interessante Website, welche die Zusammensetzung der Sicherheiten hinter *DAI* aktuell aufzeigt, ist https://daistats.com

II. ***Stability Fee***

Die sogenannte *Stability Fee* (zu dt.: Stabilitätsgebühr) entspricht dem „Zinssatz", den du zusammen mit einer Hauptschuld auf der Maker-Plattform zahlen musst. Die *Stability Fee* für jeden Tresortyp ändert sich aufgrund der Entscheidungen der *MKR-Token*-Inhaber, die das Protokoll verwalten. Diese Entscheidungen beruhen auf den Empfehlungen der internen Risikoteams von *Maker*, die Risikobewertungen für die im System verwendeten

Sicherheiten durchführen. Zum Beispiel beträgt die aktuelle Stability Fee für *BAT* [2] 6,0 % seit April 2021 (oasis.app/borrow/markets).

III. ***Dai Savings Rate (DSR)***

Die sogenannte *DAI Savings Rate* (abgekürzt: *DSR*) ist der Zins, den du allein für das Halten von DAI im Laufe der Zeit erwirtschaften kannst. Diese Angabe bzw. der Prozentsatz dient auch als monetäres Instrument, um die Nachfrage nach DAI jederzeit beeinflussen zu können. Der Zinssatz bzw. die DSR unterliegt allerdings ständigen Veränderungen und wurde im April 2021 auf 0,01 % festgelegt (daistats.com/)Unter www.defirate.com/dai-savings-rate findest du die Zinshistorie der Plattform.

[2] BAT steht für den *Basic Attention Token; ein weiterer Token aus der Ethereum-Welt*

Warum lohnt es sich, sich DAI ausstellen zu lassen?

Warum solltest du einen höheren Wert an ETH oder BAT blockieren, nur um dir DAI mit einem niedrigeren Wert ausstellen zu lassen? Du hättest deine *ETH* oder *BAT* ja auch direkt in US-Dollar verkaufen können und nun mehr davon, als es mit *DAI* der Fall ist.

Dafür gibt es drei mögliche Gründe:

1. Du benötigst jetzt Bargeld und verfügst derzeit auch über einen Vermögenswert (z. B. Ethereum), von dem du überzeugt bist, dass dieser in Zukunft noch mehr wert sein wird und es nur eine Frage der Zeit ist, bis der Preis hiervon steigt.
   In diesem Fall könntest du dein Vermögen im Maker-Tresor aufbewahren und das Geld jetzt durch die Ausgabe von DAI erhalten.
2. Du benötigst jetzt Bargeld, aber möchtest deine Kryptowährungen nicht derzeit verkaufen, denn dann würde es sich um ein steuerrelevantes Ereignis handeln und eine Besteuerung wäre dir sicher.
   Stattdessen wirst du die Darlehen durch die Ausgabe von DAI in Anspruch nehmen.
3. Du gehst davon aus, dass du in der Lage bist, mit etwas zusätzlichem Geld ergänzend zu deinen bereits vorhandenen Kryptowährungen weitere sinnvolle Investitionen einzugehen.
   Du kannst eine Hebelwirkung (Leverage-Effekt) auf deinVermögen ausüben, da du glaubst, dass der Wert Ihres Vermögens steigen wird.

Wie genau kann ich DAI erhalten?

Generell kann man zwischen den folgenden zwei Möglichkeiten unterscheiden, um an Dai (DAI) zu gelangen:

Minting von *DAI-Coins*

Eine Möglichkeit ist das *Minting* bzw. das Prägen von *Dai-Coins*. Dies werden wir dir folgend anhand eines Beispiels von einem Pfandhaus im Detail erklären.

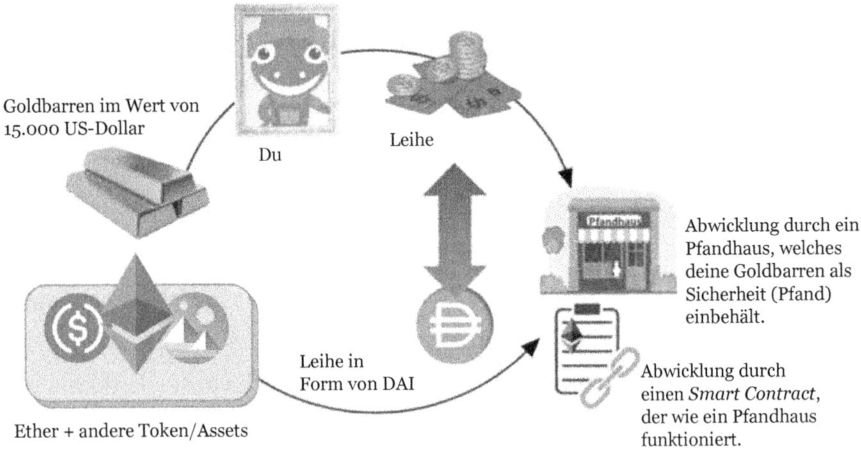

Abbildung 5 - Das Pfandhaus-Prinzip hinter den DAI-Coins

Gehen wir davon aus, dass du eines Tages plötzlich 10.000 US-Dollar in bar benötigen würdest. Das Geld hast du derzeit nicht auf deinem Bankkonto liegen und alles, was dir spontan einfällt, ist, dass du zufälligerweise bei dir zuhause im Tresor noch einen Goldbarren im Wert von 15.000 US-Dollar herumliegen hast. Du bist natürlich ein überzeugter Besitzer von Gold, der selbst annimmt bzw. darauf spekuliert, dass der Goldpreis in Zukunft noch steigen wird. Anstatt deinen Goldbarren jedoch gegen Bargeld an einen Juwelier oder z. B.

eine Privatperson zu verkaufen, entschließt du dich dazu, diesen bei einem Pfandhaus abzugeben und dir für diese Sicherheit die benötigten 10.000 US-Dollar zu leihen. Das Pfandhaus erklärt sich freundlicherweise auch mit diesem Angebot einverstanden, unter der Voraussetzung, dass du einen Zinssatz von 8 % für diesen Barkredit zu zahlen hast. Du bist einverstanden, unterzeichnest einen Vertrag mit dem Pfandhaus und möchtest diese Transaktion damit abschließen.

Leuchtet dir dieses Beispiel ein? Falls ja, müsstest du jetzt nur noch die Begriffe bzw. die Terminologie auf die *DAI*-Welt umändern, um das System dahinter zu verstehen.

Dein Goldbarren (Collateral bzw. Sicherheit)	Ether oder Basic Attention Token (Collateral - Multi-Collateral Dai)
Barkredit	Dai (DAI)
Das Pfandhaus	Maker
Der geschlossene Vertrag	Smart Contract (Vault)
Die anfallenden Zinsen	Stability Fee

Genau das ist der Vorgang, wenn du dir über die *Maker*-Plattform DAI ausleihen möchtest. Du benutzt *Ether* (ETH) als Sicherheit und übergibst diese leihweise der *Maker*-Plattform. Dein Darlehen in Form von Dai musst du später zusammen mit den Darlehenszinsen (der *Stability Fee*) zurückzahlen, wenn du deine *Ether* zurückbekommen willst. Um dir eine noch genauere Vorstellung von diesem Vorgang zu geben, lass es uns noch etwas detaillierter erklären:

Du gehst auf die *Maker*-Plattform (www.oasis.app) und kannst dir dort deine *DAI* ausleihen, indem du deine *Ether* oder *BAT* als Sicherheit hinterlegst. Angenommen, der Wert der Ether beträgt derzeit 150 US-Dollar, so könnest du jetzt 1 *Ether* als Sicherheit einbringen und dir dafür maximal 100 *DAI* (entspricht 100 US-Dollar) mit einer Sicherheitsquote von 150 % auszahlen lassen. Keine Bürokratie, keine Wartezeit und die Auszahlung erfolgt gleich darauf in den kommenden Minuten. Derzeit gibt es drei Arten von Sicherheiten für *ETH* mit unterschiedlichen Sicherheitsquoten, aber der Einfachheit halber nehmen wir an, dass die Sicherheitsquote 150% beträgt, was dem *ETH-A*-Sicherheit entspricht.

Ratsam wäre es, wenn du dir in diesem Fall und generell nicht unbedingt das Maximum von 100 US-Dollar auszahlen lassen würdest. Der Grund ist einfach: Du solltest dir immer einen Puffer im Verhältnis lassen, für den Fall, dass der ETH-Preis sinkt. Es ist generell ratsam, immer etwas Puffer einzuplanen, damit deine Sicherheitsquote über den 150 % bleibt. Das ist eine Gewährleistung, dass der Darlehensvertrag vom *Smart Contract* der *Maker*-Plattform nicht liquidiert werden muss und dir 13 % Liquidationsstrafe in Rechnung gestellt werden. Das würde dann geschehen, wenn der Preis von ETH fällt und damit auch deine Sicherheitsquote auf unter 150 % sinkt.

Mit DAI handeln

Die nun bereits aufgezeigten Methoden sind eine Möglichkeit, wie DAI erschaffen wird. Wenn *DAI-Coins* von der Plattform erst einmal erstellt wurden, kann man sie überall hin verschicken. Einige Benutzer können ihre *DAI* z. B. an Krypto-Währungsbörsen schicken und sich dort in Euro überweisen lassen. Du könntest dir natürlich auch *DAI* besorgen, indem du es auf Sekundärmärkten (z. B. Krypto-Währungsbörsen) kaufst.

Der Kauf von *DAI* auf diesem Weg ist einfacher, da du im Hintergrund keine Sicherheiten dafür abschließen und somit keinen weiteren Gedanken über das Sicherheitsverhältnis und die *Stability Fee* verschwenden musst.

Eine Auflistung, an welchen Börsen der *Stablecoin* DAI gehandelt wird, findest du natürlich auch auf unserer CoinGecko-Website.

Welche Risiken gibt es hierbei?

Als einen ‚schwarzen Schwan' bezeichnet man ein unvorhersehbares und extremes Ereignis, welches schwerwiegende Folgen haben kann. Nach *Nassim Talebs* Bestseller *„Der Schwarze Schwan"* ist es genau diese Art von Ereignissen, die nie hätten eintreten dürfen und es dennoch sind, da sie so unvorhersehbar waren. Im Fall von ETH oder BAT wäre ein signifikanter Absturz des Preises (und damit des Werts) ein Impuls, der bei *Maker* zu einer Notabschaltung führen könnte. Es handelt sich dabei um ein letztes Mittel, was dazu dient, die Maker-Plattform zu beruhigen. Dieser Prozess soll sicherstellen, dass DAI-Inhaber und -Leiher ihren Nettowert der ihnen zustehenden Vermögenswerte wieder zurückerhalten.

Im März 2020 (auch bekannt als "Schwarzer Donnerstag") wurde fast eine Notabschaltung ausgelöst, bei der der Preis von *ETH* innerhalb von 24 Stunden um 50 % fiel. *Maker* milderte die Auswirkungen durch seine automatisierte Schuldenauktion (trotz des späten Auslösers aufgrund des starken Einbruchs) und führte schnell *USDC* als neue Sicherheitenart zur Absicherung des Systems ein.

Warum sollte ich MAKER verwenden?

Wie bereits in Kapitel 2 bei den *Stablecoins* erwähnt wurde, gibt es einige unterschiedliche *Stablecoins* und die hauptsächlichen Unterschiede liegen in dem dahinterliegenden Protokoll. Im Gegensatz zu den meisten *Stablecoin*-Plattformen arbeitet die Maker-Plattform auf verteilten *Ledger* (weltweit verteilte und dezentrale Datenbanken).

Somit besitzt *Maker* von Natur aus Eigenschaften der *Blockchain*: gesichert, unveränderlich und vor allem transparent. Darüber hinaus wird die Infrastruktur von Maker mit umfassenden Risikoprotokollen und -mechanismen über Echtzeitinformationen verstärkt. Natürlich gibt es keine hundertprozentige Sicherheit, aber mit diesem technischen Ansatz kommt man schon ziemlich nah heran.

Und das war's mit Makers' Stablecoin, *DAI*. Wenn du einsteigen oder es ausprobieren möchtest, haben wir eine Schritt-für-Schritt-Anleitung beigefügt, wie du (i) einige *DAI* für dich selbst prägen und (ii) *DAI* speichern kannst, um Zinsen zu verdienen. Ansonsten findest du im nächsten Abschnitt mehr über die nächste DeFi-App!

MAKER: Eine Schritt-für-Schritt-Anleitung

Minte deine eigenen DAI

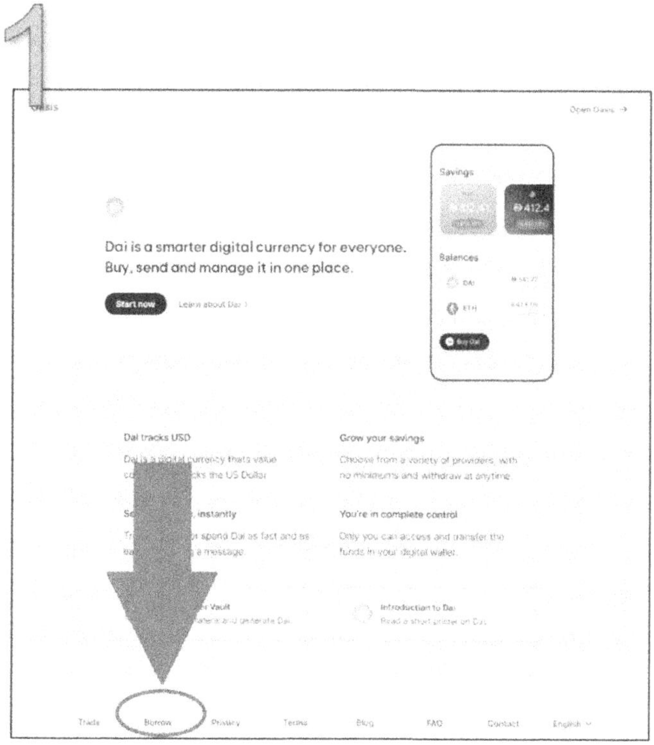

Schritt 1

- Gehe zur Seite https://oasis.app/
- Klicke dort auf „Borrow".
- Hier wirst du darum gebeten, deine Wallet mit der Plattform zu verbinden. Das reine Verbinden ist kostenlos, sicher und alles, was du tun musst, ist, diese Transaktion der Verbindung zu bestätigen.

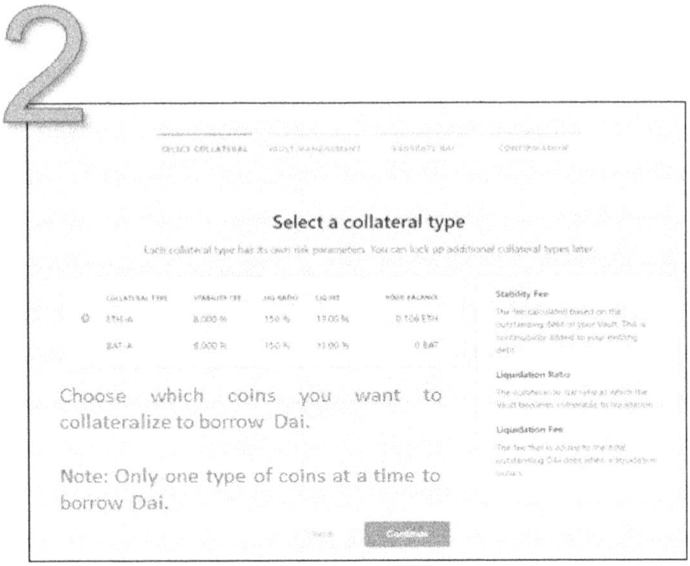

Schritt 2

- Klicke jetzt auf „Start Borrow“, sobald du auf der Borrow-Seite angekommen bist: https://oasis.app/borrow/

- Entscheide dich hier, welche Sicherheit (*Collateral*) deiner Kryptowährungen du in das Protokoll einzahlen möchtest.

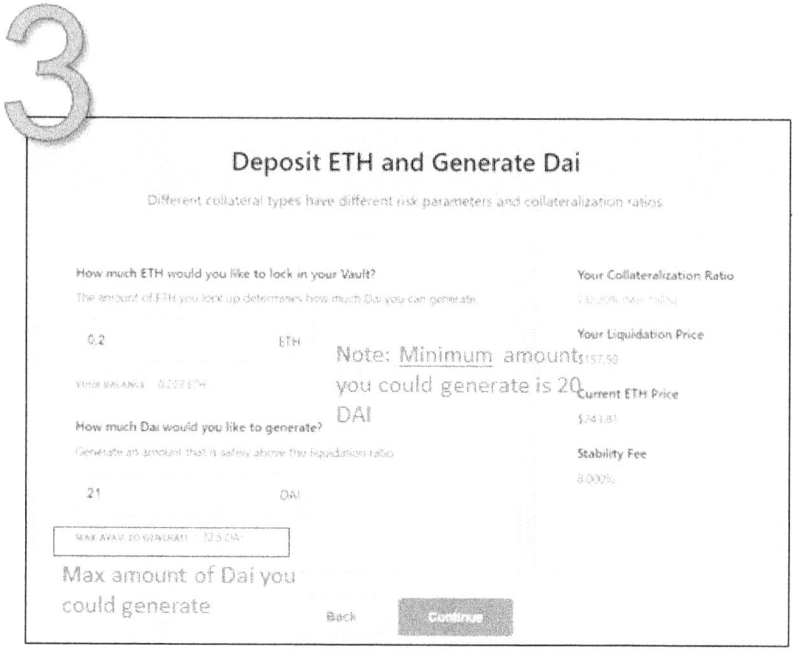

Schritt 3

- In diesem Beispiel entschieden wir uns dafür, Ether als Sicherheit zu hinterlassen.
- Trage den Betrag ein, den du bereit bist, als Sicherheit zu hinterlegen. Übrigens: Der Betrag muss den gleichen Wert wie 20 DAI haben oder darüber. (Man kann sich nicht weniger als 20 DAI ausleihen.)
- Folge nun den weiteren Anweisungen.

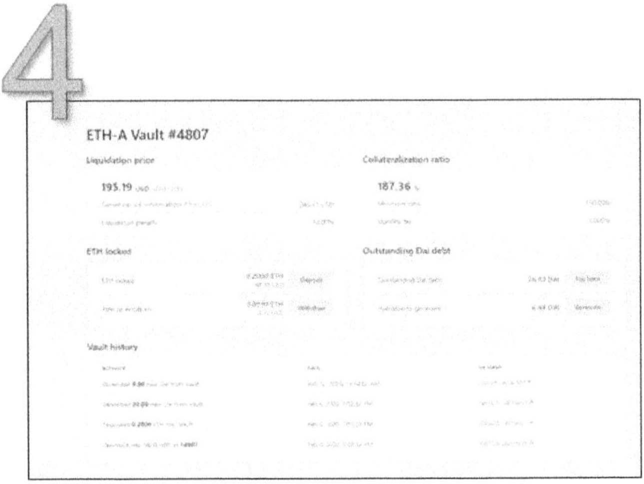

Schritt 4

Glückwunsch!

Dein eigener Wertspeicher (Tresor) mit Ether wurde nun in das Protokoll eingetragen.

Zusätzlich zur Prägung von neuen *DAI* kannst du auf der *Maker*-Plattform deine Kryptowährungen zum Sparen parken und Zinsen auf dein Vermögen erhalten. Dafür haben wir noch eine weitere Schritt-für-Schritt-Anleitung auf den nächsten Seiten vorbereitet.

Spare und investiere deine DAI

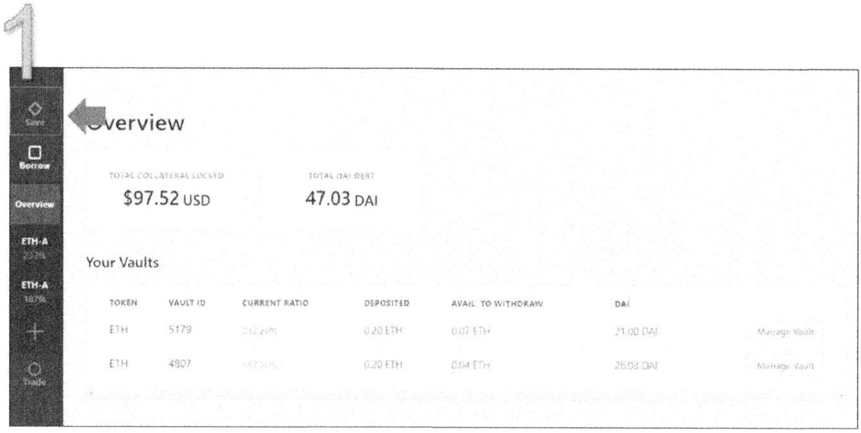

Schritt 1

Um deine DAI zu besparen und dafür Zinsen erhalten zu können, gehe auf https://oasis.app/save

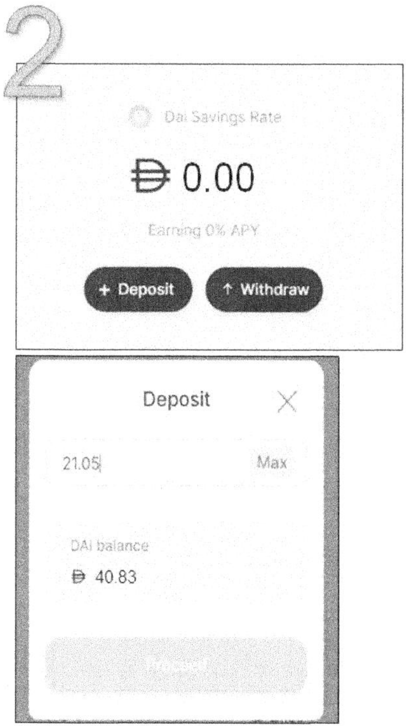

Schritt 2

- Klicke auf "**Deposit**"
- Trage den gewünschten Sparbetrag an DAI ein
- Klicke auf "**Proceed**"
- Bestätige die Transaktion in deiner Wallet.

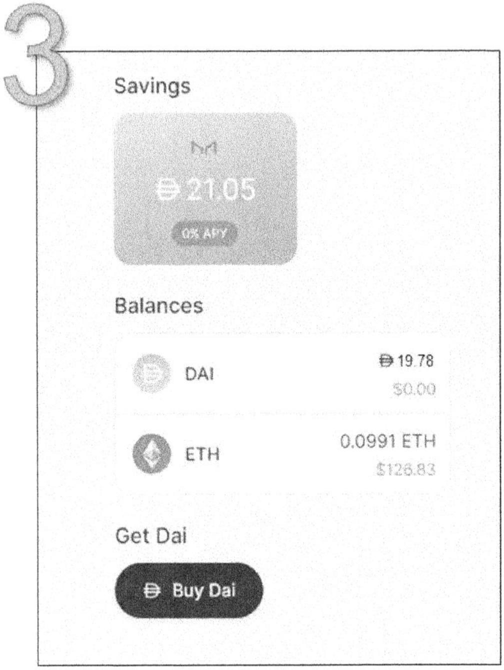

Schritt 3

- Und das war es schon!

- Hinweis: Du kannst hier nur ein Sparkonto haben und nicht mehrere. Du kannst aber nach deiner ersten Einzahlung, jederzeit weitere DAI einzahlen.

- Bitte beachte, dass der DSR zum Zeitpunkt der Erstellung dieses Berichts (April 2021) einen effektiven Jahreszins von 0 % aufweist.

Empfohlene Literatur hierzu

1. Maker Protocol 101 (Maker)
https://docs.makerdao.com/maker-protocol-101

2. Maker for Dummies: A Plain English Explanation of the Dai Stablecoin (Gregory DiPrisco)
https://medium.com/cryptolinks/maker-for-dummies-a-plain-english-explanation-of-the-dai-stablecoin-e4481d79b90

3. What's MakerDAO and what's going on with it? Explained with pictures. (Kerman Kohli) https://hackernoon.com/whats-makerdao-and-what-s-going-on-with-it-explained-with-pictures-f7ebf774e9c2

4. How to get a DAI saving account (Ryan Sean Adams)
https://bankless.substack.com/p/how-to-get-a-dai-saving-account

5. Maker's Black Swan Event
https://tokentuesdays.substack.com/p/makers-black-swan

Kapitel 6: Dezentrales Kreditwesen

Eine der wohl relevantesten Bereiche des Finanzwesens ist das Kreditgeschäft bzw. das Verleihen und Leihen von Geldern. Dieser Bereich wird durch das Konzept des Kredits und der Besicherung ermöglicht und reicht bis zum Zeitalter der Renaissance zurück. Viele Ökonomen behaupten, dass erst das klassische Kreditgeschäft des Finanzwesens uns auf wirtschaftlicher Basis ein beispielsloses Wachstum ermöglichte. Zum 1. April 2021 stieg das Kreditvolumen um das 102-fache gegenüber dem Vorjahr und erreichte 9,7 Mrd. USD.

Unternehmer können sich z. B. das für die Gründung eines Unternehmens benötigte Startkapital leihen, indem sie das Unternehmen besichern. Familien können z. B. eine Hypothek für ein Haus aufnehmen, dessen Barkauf sonst zu kostspielig wäre, während sie das Haus als Sicherheit verwenden. Auf der anderen Seite kann das angesammelte Vermögen als Kapital an Kreditgeber verliehen werden. Dieses System verringert das Risiko, dass die Kreditnehmer mit dem geliehenen Geld verschwinden und eine Investition zu einem Totalverlust wird.

Dieses System erfordert jedoch immer auch eine Form von Vertrauen und einen Vermittler. Die Rolle des Vermittlers wird dabei üblicherweise von den Banken übernommen und das Vertrauen wird durch ein verworrenes Kreditsystem aufrechterhalten, bei dem der Kreditnehmer die Fähigkeit zur Rückzahlung des Kredits nachweisen muss, um für die Kreditaufnahme qualifiziert zu sein.

Dies hat zu den unterschiedlichsten Herausforderungen und Unzulänglichkeiten des derzeitigen Kreditvergabe- und Kreditaufnahme-Systems geführt, wie z. B. restriktive Finanzierungskriterien, geographische oder rechtliche Beschränkungen des Zugangs zu Banken, hohe Barrieren für die Genehmigung von Krediten und die gängige Tatsache, dass nur die finanziell starken Kreditnehmer in den Genuss der Vorteile einer risikoarmen Kreditvergabe mit hoher Rendite kommen. Das alles mag im europäischen Wohlstand nicht allzu präsent sein, gilt aber dennoch für die meisten Länder dieser Welt.

In der DeFi-Landschaft gibt es solche Barrieren nicht, da Banken einfach nicht mehr notwendig sind. Mit genügend Sicherheiten kann jeder einen Zugang zu Kapital haben, um zu tun, was immer er will. Die Kapitalvergabe ist auch etwas, das nicht mehr nur den Wohlhabenden zugute kommt, denn jeder kann zu einem dezentralisierten Liquiditätspool beitragen, aus dem Kreditnehmer zu einem algorithmisch bestimmten Zinssatz einen Teil des Kapitals entnehmen und später zurückzahlen können. Im Gegensatz zur Beantragung eines Kredits bei der Bank, wo es strenge ***Know-your-Customer (KYC)***- und **Anti-Geldwäsche-Richtlinien** (abgekürzt: „AML", steht für: *Anti-Money Laundering*) gibt, muss man bei DeFi nur die Sicherheiten stellen, um einen Kredit dafür aufzunehmen.

In diesem Kapitel werden wir dir zeigen, wie eine solche Kreditvergabe und Kreditaufnahme ohne eine Bank funktioniert. Um dir hiervon ein gutes Beispiel aufzeigen zu können, bedienen wir uns der beiden derzeitigen Marktführern *Compound Finance* und *Aave*, einem dezentralisierten Protokoll, welches auf das Kreditgeschäft in der DeFi-Welt spezialisiert ist.

Compound

Compound.Finance ist ein dezentrales, auf der *Ethereum*-Blockchain basierendes Open-Source-Protokoll, an das man seine Kryptowährungen senden oder sich andere Kryptowährungen leihen kann. Seit dem 1. April 2021 können auf der *Compound*-Plattform ganze neun unterschiedliche Token angelegt (indem man sie als Sicherheit dem Protokoll zusendet) oder ausgeliehen werden. Diese sind:

- ***Basic Attention Token*** (BAT)
- ***Dai*** (DAI)
- ***Ether*** (ETH)
- ***USD-Coin*** (USDC)
- ***Wrapped Bitcoin*** (WBTC) und
- ***0x*** (ZRX)
- ***Compound* (COMP)**
- ***Tether* (USDT)**
- ***Uniswap* (UNI)**

Bitte bedenke, dass *USDT* der einzige *Token* ist, der nicht als Sicherheit verwendet werden kann, da seine Gebührenstruktur potenziell den Liquiditätsmechanismus von *Compound* beeinträchtigen könnte.

Die Funktionsweise von *Compound* kannst du dir als eine Art Liquiditätspool vorstellen, welcher ebenso auf der *Ethereum*-Blockchain aufbaut. Die Teilnehmer bzw. Kunden von *Compound* stellen dem Pool ihre Vermögenswerte zur Verfügung und verdienen im Gegenzug dafür Zinsen auf ihre Vermögenswerte, während die Kreditnehmer einen Kredit aus dem Pool aufnehmen können und Zinsen auf ihre dortigen Schulden zahlen müssen. Im Wesentlichen überbrückt *Compound* nur die Lücke zwischen Kreditgebern, die Zinsen aus ungenutzten Mitteln auflaufen lassen wollen, und

Kreditnehmern, die Geld in Form von Kryptowährungen für private Zwecke oder Investitionen aufnehmen möchten.

Bei *Compound* werden die Zinssätze in Jahresprozentsätzen (***APY***, steht für: *Annual Percentage Yield*) angegeben und unterscheiden sich je nach Art der Kryptowährung. Compound leitet die Zinssätze für die verschiedenen Kryptowährungen durch Algorithmen ab, die Angebot und Nachfrage des Vermögenswerts berücksichtigen.

Im Wesentlichen senkt *Compound* die Reibungsverluste bei der Kreditvergabe und -aufnahme, indem es den Anbietern/Kreditnehmern ermöglicht, direkt mit dem Zinsprotokoll zu interagieren, ohne die Kreditbedingungen (z. B. Laufzeit, Zinssatz, Gegenpartei, Sicherheiten) aushandeln zu müssen, wodurch ein Geldmarkt geschaffen wird, der wesentlich schneller und effizienter ist, als dies bei den traditionellen Finanzinstituten der Fall ist.

Wie viel Zinsen kann man verdienen, oder muss man bezahlen?

Die Kennzahl *Annual Percentage Yield* (abgekürzt: *APY*) steht für den jährlichen prozentualen Ertrag, den du auf deine eingebrachten Kryptowährungen erhalten wirst. Dieser unterscheidet sich von Vermögenswert zu Vermögenswert, da er algorithmisch auf der Grundlage von Angebot und Nachfrage des Vermögenswertes festgelegt wird. Im Allgemeinen gilt: je höher die Kreditnachfrage nach einer bestimmten Kryptowährung, desto höher der Zinssatz (APY) und umgekehrt.

All Markets

Ether ETH	$1,571.72M -0.38%	0.13% -	$96.19M -0.45%	2.65% -
Dai DAI	$1,290.69M 4.19%	4.45% [illegible]	$1,059.12M -0.69%	6.44% [illegible]
Wrapped BTC WBTC	$1,145.97M -0.29%	0.21% [illegible]	$74.84M [illegible]	4.04% [illegible]
USD Coin USDC	$1,026.58M [illegible]	7.80% [illegible]	$873.43M [illegible]	10.01% [illegible]
Tether USDT	$178.70M [illegible]	8.01% [illegible]	$152.41M [illegible]	10.26% [illegible]
Uniswap UNI	$132.56M [illegible]	0.20% [illegible]	$8.33M [illegible]	4.29% [illegible]
0x ZRX	$78.30M [illegible]	2.58% -	$23.98M [illegible]	11.74% -0.01
Compound Governance Token COMP	$60.05M [illegible]	2.92% -0.20	$22.29M -	10.90% -0.34
Basic Attention Token BAT	$28.94M [illegible]	2.43% -0.01	$8.67M [illegible]	11.26% -0.01

https://compound.finance/markets

Am Beispiel des *Stablecoins* DAI würde man hier als Kreditgeber in einem Jahr 4,45 % APY (seit Januar 2021) verdienen (hier auf der SUPPLY-, also Angebotsseite), während ein Kreditnehmer (hier auf der BORROW-, also Nachfrageseite) nach einem Jahr 6,44 % Zinsen zahlen müsste.

Wie kann ich mich bei Compound anmelden?

Ein weiterer Vorteil in der DeFi-Welt ist, dass dir eine Anmeldung meistens erspart bleibt. Nein, du musst hier kein Konto eröffnen oder dich identifizieren, und das ist das Schöne an den dezentralen Finanzanwendungen!

Im Gegensatz zu traditionellen Finanzanwendungen, bei denen die Benutzer zu Beginn langwierige Prozesse durchlaufen müssen, brauchen sich Compound-Benutzer eigentlich für nichts zu registrieren.

Jeder, der über eine unterstützte Krypto-Wallet wie *Argent und MetaMask* verfügt, kann sofort mit der Nutzung von Compound beginnen, indem er diese zur Anmeldung benutzt. Da deine Wallet einmalig ist, wird das Compound-Protokoll dich immer wieder sofort erkennen.

Compound Governance

Compound wurde seit seiner Gründung schrittweise dezentralisiert und hat sich mit der Einführung des *COMP-Governance-Tokens* im Juni 2020 zu einem vollständig von der Gemeinschaft getragenen Protokoll entwickelt. *COMP*-Inhaber können Änderungen an *Compound* vorschlagen, diskutieren und umsetzen, indem sie in der Compound-Abstimmungs-*DApp* (app.compound.finance/vote) abstimmen. Weitere Informationen zu *Governance-Tokens* findest du in Kapitel 13.

Beispiele für Änderungen, die Governance am Compound-Protokoll vornehmen kann, sind das Hinzufügen neuer Vermögenswerte oder die Anpassung von Systemparametern wie Sicherheitenfaktoren oder Zinsalgorithmen.

Wie funktioniert Compound Governance?

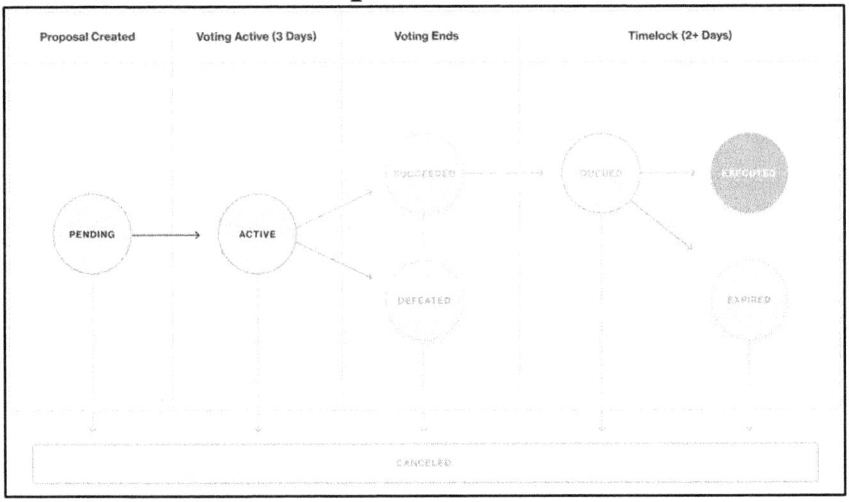

Das *Compound*-Protokoll besteht aus drei Kernkomponenten:

1. *COMP*-Token
2. *Governance*-Modul (Governance Alpha)
3. Timelock

Um einen *Governance*-Vorschlag einzubringen, muss eine Adresse (ein so genannter Delegierter) mehr als 1 % des gesamten *COMP*-Angebots von 10.000.000 (100.000 *COMP*) an sich delegiert haben. Diese Phase wird als Gouverneur Alpha bezeichnet.

Nach der Einreichung gibt es eine dreitägige Abstimmungsfrist, in der mindestens 400.000 Stimmen von *COMP*-Token-Inhabern eingehen müssen (das Quorum beträgt 4 % des gesamten *COMP*-Angebots).

Sobald eine Mindestanzahl von Stimmen eingegangen ist, werden die angenommenen Vorschläge in die Timelock-Warteschlange aufgenommen. Es gibt eine 2-tägige Gnadenfrist, bevor die angenommenen Vorschläge in das Compound-Protokoll implementiert werden.

Nutzer können *COMP*-Token erwerben, indem sie sie auf den Sekundärmärkten kaufen oder *COMP*-Token durch Verleihen oder Ausleihen im Compound-Protokoll züchten. *COMP*-Token werden anteilig auf der Grundlage der Zinssätze der Kredit- und Darlehensaktivitäten auf Compound verteilt.

Wie verdiene ich Zinsen bei Compound?

Um Zinsen auf *Compound* verdienen zu können, musst du dem *Compound*-Protokoll deine Vermögenswerte bzw. Kryptowährungen zur Verfügung stellen. Seit Januar 2021 akzeptiert Compound neun unterschiedliche Arten von Token.

Sobald du die von dir beschlossene Menge an Kryptowährungen im *Compound*-Protokoll deponiert hast, beginnt das Protokoll umgehend mit der Verzinsung der von dir eingebrachten Vermögenswerte! Die Zinsen fallen auf den von dir eingebrachten Betrag an und werden nach jedem Ethereum-Block (durchschnittlich alle 13 Sekunden) neu berechnet.

Bei der Einzahlung erhältst du deine eingebrachten Kryptowährungen als sogenannte *cToken* auf deine Wallet zurück. Wenn du z. B. *DAI* an das Protokoll gesendet hast, erhältst du kurz darauf sogenannte *cDAI* auf deine *Wallet* zurück, bei *Ether* würdest du sogenannte *cETH* zurückerhalten usw.

Die Zinsen werden nicht sofort an dich ausgezahlt, sondern fallen auf die *cToken* an, die du jetzt besitzt und die gegen den Basiswert und die Zinsen, die er repräsentiert, einlösbar sind.

Hinweis: *USDT* ist der einzige Vermögenswert, der aufgrund des Kontrahenten-Risikos nicht als Sicherheit verwendet werden kann. Wie in Kapitel 2 erwähnt, müssen die Nutzer darauf vertrauen, dass jeder *USDT* vollständig 1:1 mit *US-Dollar* unterlegt ist und eine Reserve existiert. Die Befürchtung, dass eine unendliche Menge an *USDT* geprägt werden könnte, um dem Protokoll Vermögenswerte zu entziehen, ist unbegründet. [3]

Was sind eigentlich cToken?

cToken zeigen deinen Kontostand im *Compound*-Protokoll an und werden mit der Zeit verzinst. Bei *Compound* werden die Zinsen nicht sofort verteilt, sondern fallen stattdessen in den *cToken* an.

Das möchten wir dir anhand eines Beispiels aufzeigen. Nehmen wir an, dass du am 1. Januar 2020 1.000 *DAI* an das *Compound*-Protokoll geschickt hast und der *APY* während des gesamten Jahres 2020 konstant bei 10,00 % liegen würde.

Nachdem du am 1. Januar 2020 deine 1.000 DAI eingezahlt hast, erhältst du noch am 1. Januar 2020 deine 1.000 cDAI in deiner Wallet. In diesem Fall beträgt der Wechselkurs zwischen DAI und cDAI 1 zu 1.

Am 1. Januar 2021, also ein Jahr später, werden deine 1.000 *cDAI* nun um 10 % im Wert steigen. Der neue Wechselkurs zwischen DAI und *cDAI* beträgt nun 1 zu 1,10. Deine 1.000 *cDAI* kannst du nun gegen 1.100 *DAI* einlösen. Um die aufgelaufenen Zinsen zu berücksichtigen, sind cToken im Laufe der Zeit in einen steigenden Betrag des zugrunde

[3] (n.d.). CoinGecko. Retrieved March 23, 2021, from https://discord.com/channels/402910780124561410/765610989847969810/790721926372261890

liegenden Vermögenswerts, den sie darstellen, konvertierbar. cToken sind *ERC-20-Token* (also Token, die auf *Ethereum* aufbauen), was bedeutet, dass du dein „Eigentum“ bzw. deine Einlage an gelieferten Kryptowährungen auch leicht an jemanden übertragen könntest, wenn du einen Abnehmer dafür finden würdest.

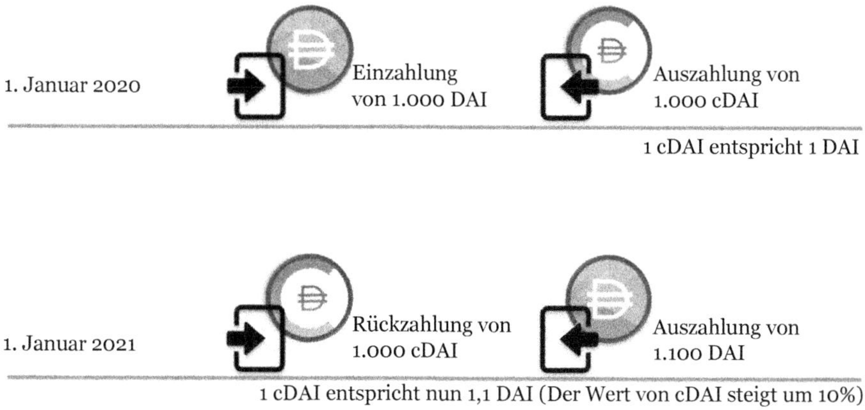

Abbildung 6 - Das Prinzip von cToken

Wie nehme ich bei Compound einen Kredit auf?

Bevor du einen Kredit im *Compound*-Protokoll aufnehmen kannst, musst du Kryptowährungen, also Vermögenswerte, als Sicherheit für dein Darlehen in das *Compound*-Protokoll einbringen. Jeder Vermögenswert hat einen anderen Besicherungsfaktor (auch: *Collateral-factor*). Je mehr Kryptowährungen du dem *Compound*-Protokoll zur Verfügung stellst, desto größer wird deine Kreditfähigkeit sein.

Die Kryptowährungen, die du dir auf Kredit ausleihst, werden direkt in deine Ethereum-Wallet gesendet. Von dort aus kannst du sie wie jede andere Kryptowährung verwenden – so wie du es möchtest! Bitte beachte, dass für das Ausleihen eine geringe Gebühr von 0,025 % erhoben wird, um Spams und einen Missbrauch des *Compound*-Protokolls zu vermeiden. Des Weiteren fließt ein Teil der vom Kreditnehmer gezahlten Zinsen in die Reserve, die als Versicherung dient und von den Inhabern des *Compound* Token (*COMP*) kontrolliert wird. Jeder unterstützte Vermögenswert hat seinen Reservefaktor, der bestimmt, wie viel in die Reserve geht.

Was passiert, wenn die Werte meiner Besicherung sich ändern?

Wenn du darüber nachdenkst, eine Sicherheit für einen Kredit in das *Compound*-Protokoll einzustellen, fragst du dich vielleicht, was passiert, wenn sich der Wert deiner eingebrachten Sicherheit ändert. Lass uns das einmal genauer betrachten:

Szenario 1. Der Wert deiner Sicherheit steigt.

Wenn der Wert der eingebrachten Kryptowährungen, die du als Sicherheit verwendet hast, steigt, steigt auch dein Besicherungsgrad, was in Ordnung ist. Es wird nichts passieren und du könntest nun sogar noch einen größeren Kredit aufnehmen.

Szenario 2. Der Wert deiner Sicherheit sinkt.

Wenn andererseits deine eingebrachte Sicherheit so weit sinkt, dass deine Sicherheiten jetzt unter der erforderlichen Sicherheitsquote liegen, wird deine Sicherheit zusammen mit einer Verwertungsgebühr von 8 % teilweise verkauft. Der Prozess des Verkaufs deiner Sicherheiten wird als Liquidation bezeichnet.

Was geschieht bei einer Liquidation?

Eine Liquidation liegt dann vor, wenn der Wert der gestellten Sicherheiten geringer ist als die ausgeliehenen Mittel. Damit soll vom *Compound*-Protokoll sichergestellt werden, dass stets überschüssige Liquidität für die Entnahme und Kreditaufnahme von Geldern vorhanden ist, während gleichzeitig die Kreditgeber vor dem Ausfallrisiko geschützt werden. Die derzeitige Liquidationsgebühr beträgt 8 %.

Und das war auch schon alles zu *Compound* – wenn du direkt loslegen oder es ausprobieren möchtest, haben wir dir hier eine Schritt-für-Schritt-Anleitung beigefügt, in der wir dir zeigen, wie du (i) dem Pool deine Kryptowährungen zur Verfügung stellst und (ii) dir aus dem Pool neue Kryptowährungen als Kredit ausleihen kannst. Ansonsten erfährst du im nächsten Kapitel mehr über die nächste DeFi DApp

Compound: Eine Schritt-für-Schritt-Anleitung

So zahlst du Kryptowährungen ein

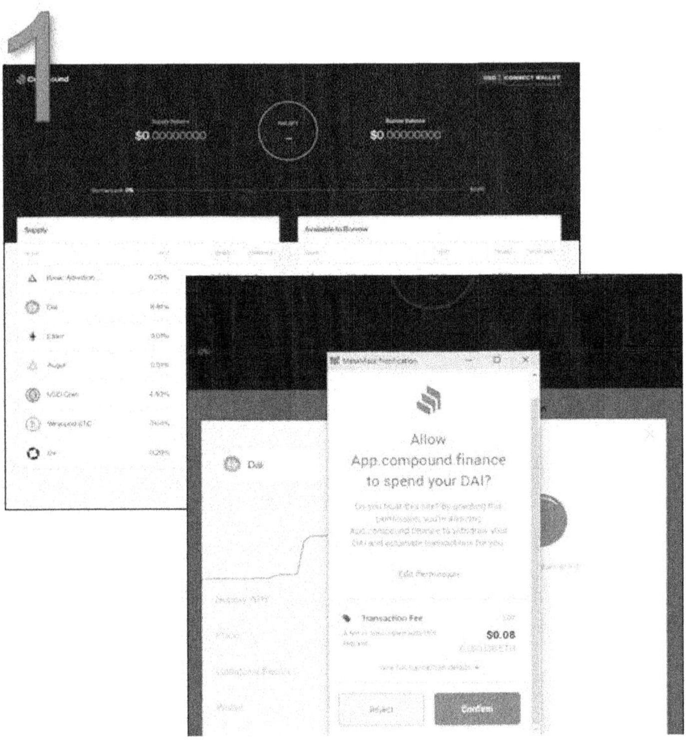

Schritt 1

- Gehe zu https://app.compound.finance.
- Klicke dort auf **App** und dann auf **Connect Wallet**, um deine Wallet mit Compound zu verbinden.
- Mit einem Klick auf die gewünschte Kryptowährung kannst du direkt eine Einzahlung tätigen.

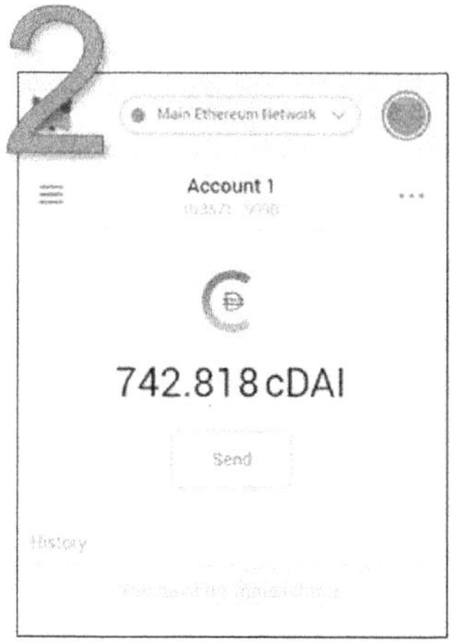

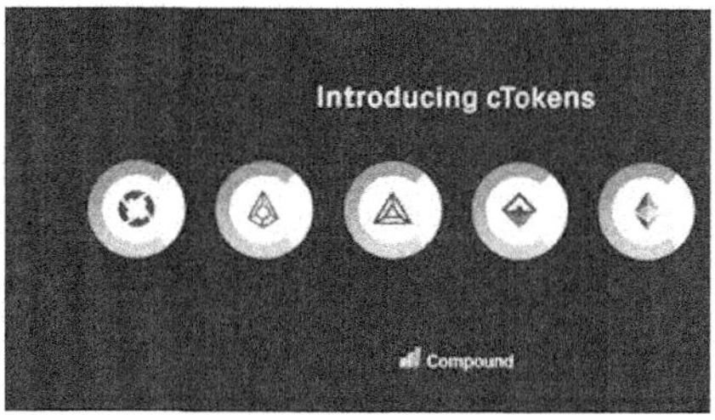

Schritt 2

- Für deine Einzahlung erhälst du im Gegenzug sogenannte *cToken* in deine Wallet zurück.
- Wenn du dein Geld auf einer Bank als Festgeld anlegst, stellt dir die Bank üblicherweise eine Festgeldbescheinigung als Nachweis der Platzierung aus. In ähnlicher Weise erhältst du hier nach der Bereitstellung von Vermögenswerten deine cToken, die die Art und den Betrag der von dir hinterlegten Vermögenswerte darstellen.
- Die cToken fungieren als Einzahlungsanspruch und erfassen die Zinsen, die du in der investierten Zeit verdienen wirst. Ebenso benötigst du die cToken auch, um dein Vermögen einzulösen oder wieder abheben zu können.

Schritt 3

- In dem Moment, in dem du deine Kryptowährungen als Vermögenswerte hinterlegt hast, beginnst du bereits, Zinsen zu verdienen. Solange du die cToken in deiner Wallet behältst, sammeln sich die Zinsen auf deinem Konto an.

Schritt 4

- Im Laufe der Zeit sammeln sich die Zinsen an und jedes cToken ist in einen größeren Wert der zugrunde liegenden Vermögenswerte konvertierbar. Du kannst deine cToken jederzeit einlösen und erhältst das Vermögen sofort in deine Wallet zurück.

So leihst du dir Kryptowährungen aus

Wichtige Hinweise:

- Bevor du einen Kredit beim Compound-Protokoll aufnimmst, musst du Kryptowährungen als Vermögenswerte in Form einer Sicherheit im *Compound*-Protokoll einzahlen. *USDT* können nicht als Sicherheiten für die Kreditaufnahme verwendet werden.
- Jede Kryptowährung hat ihren eigenen Sicherheitsfaktor. Ein Sicherheitsfaktor ist das Verhältnis der Menge, die du an Kryptowährungen bereitstellen musst, um einen entsprechenden Kredit aufnehmen zu können.
- Übrigens kannst du leider nicht gleichzeitig den gleichen Token als Sicherheit einzahlen und dir diesen direkt wieder leihen.

Kryptowährungen ausleihen:

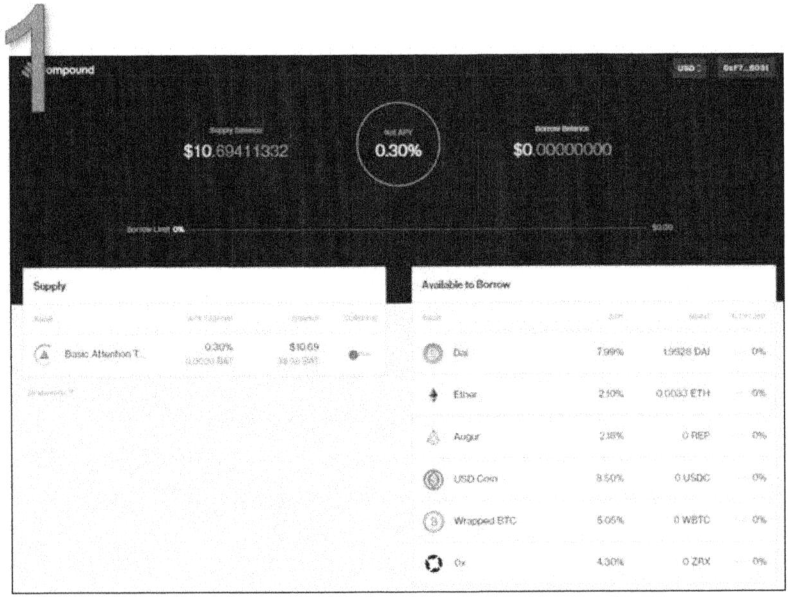

Schritt 1

Geh zur Hauptseite des Compound-Protokolls: https://app.compound.finance/

Wähle in der rechten Leiste aus, welche Kryptowährung du dir ausleihen möchtest. In unserem Beispiel entscheiden wir uns für den *Stablecoin* USD-Coin (USDC).

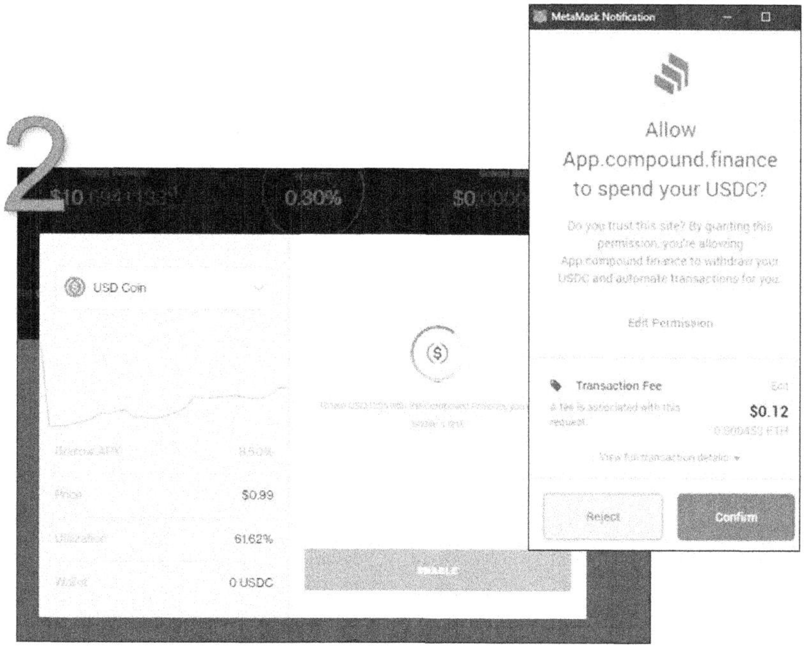

Schritt 2

- Ein Pop-up-Fenster bzgl. der angefragten USDC wird erscheinen.

- Als erstmaliger Benutzer musst du diese Funktion aktivieren bzw. muss jeder einzelne Token aktiviert werden.

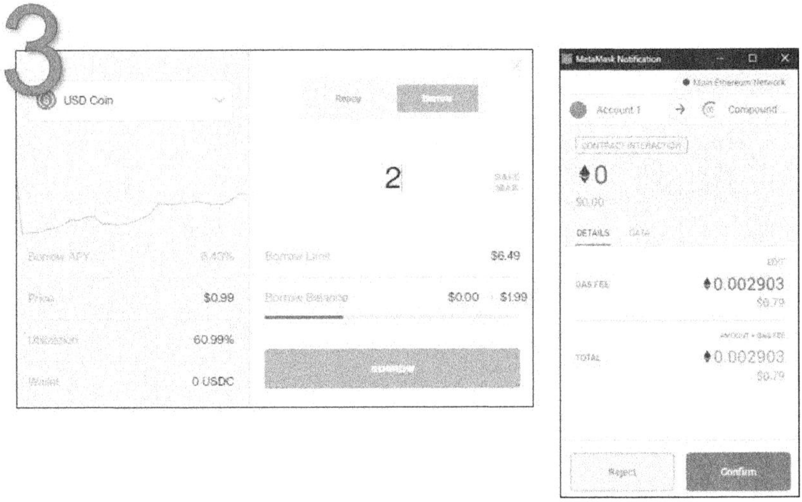

Schritt 3

- Nun kannst du den Betrag eingeben, den du dir leihen möchtest. In unserem Fall waren wir bescheiden und liehen uns für dieses Beispiel lediglich 2 USDC.

- Diese Transaktion müssen wir dann in unserer *Wallet* bestätigen.

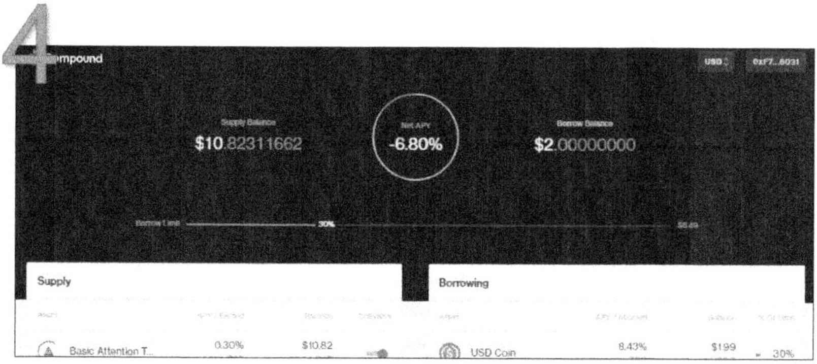

Schritt 4

- Du hast es geschafft!

- Auf der Hauptseite des *Compound*-Protokolls kannst du nun sehen, wie viel du in das Protokoll einbringst und wie viel du dir ausleihst.

Zusätzlicher Bonus: Der COMP-Token

Ein kleiner Zusatz, den du vom *Compound*-Protokoll noch erhältst, sobald du Kryptowährungen bereitstellst und diese auch aktiv ausleihst, ist das sogenannte *Liquidity Mining*. Durch die aktive Nutzung von Compound trägst du unbewusst dazu bei, dem Markt an Kryptowährungen und Compound eine gewisse Liquidität bereitzustellen. Dafür wirst du von Zeit zu Zeit mit der Ausschüttung eines sogenannten *COMP*-Tokens belohnt. Die Ausschüttung erfolgt dabei auf jedem Markt (ETH, USDC, DAI etc.) proportional zu den auf diesem Markt aufgelaufenen Zinsen. Kreditgeber und Kreditnehmer erhalten jeweils 50 % der ausgeschütteten COMP. *COMP* ist ein sogenannter *Governance-Token*, der dir eine Mitbestimmung über das *Compound*-Protokoll ermöglicht. Du kannst auf der Hauptseite deine anteiligen COMP-Token unter VOTE begutachten. Dort werden sie als *COMP earned* (bisher verdiente COMP) angezeigt.

Empfohlene Literatur hierzu

1. The DeFi Series – An overview of the ecosystem and major protocols (Alethio) https://medium.com/alethio/the-defi-series-an-overview-of-the-ecosystem-and-major-protocols-da27d7b11191
2. Compound FAQ (Robert Leshner) https://medium.com/compound-finance/faq-1a2636713b69
3. DeFi Series #1 - Decentralized Cryptoasset Lending & Borrowing (Binance Research) https://research.binance.com/analysis/decentralized-finance-lending-borrowing
4. Zero to DeFi – A beginner's guide to earning passive income via Compound Finance (Defi Pulse) https://defipulse.com/blog/zero-to-defi-cdai/
5. I took out a loan with cryptocurrency and didn't sign a thing (Stan Schroeder) https://mashable.com/article/defi-guide-ethereum-decentralized-finance.amp
6. Earn passive income with Compound. (DefiZap) https://defitutorials.substack.com/p/earn-passive-income-with-compound

Aave

Aave ist ein weiteres bekanntes dezentrales Geldmarktprotokoll. Seit April 2021 können Nutzer 24 verschiedene Vermögenswerte auf *Aave* verleihen und leihen. Im Vergleich zu *Compound* bietet Aave den Nutzern mehr Vermögenswerte zum Verleihen und Ausleihen.

Sowohl *Compound* als auch *Aave* funktionieren ähnlich: Kreditgeber können Liquidität bereitstellen, indem sie Kryptowährungen in die verfügbaren Kreditpools einzahlen und dafür Zinsen erhalten. Kreditnehmer können Kredite aufnehmen, indem sie diese Liquiditätspools anzapfen und dafür Zinsen zahlen.

Aave ist komplexer als *Compound*, da es mehr Flexibilität und Funktionen bietet. Wenn du einen tieferen Einblick in die Hauptunterschiede zwischen den Protokollen erhalten möchtest, kannst du in unserem Buch „So geht DeFi: Fortgeschrittene nachschlagen.

Hier sind die acht wichtigsten Merkmale von Aave:

1. Unterstützung von mehr Assets

Seit April 2021 bietet Aave 24 Vermögenswerte zum Verleihen und Ausleihen an. Aave hat seine Plattform in der Vergangenheit schnell um weitere Vermögenswerte erweitert.

2. Stabile und variable Zinssätze für Darlehen

Kreditnehmer haben die Flexibilität, zwischen stabilen und variablen Zinssätzen zu wählen.

3. Wechsel des Zinssatzes

Die Kreditnehmer können auch zwischen stabilen und variablen Zinssätzen wechseln.

4. Tausch von Sicherheiten

Die Kreditnehmer können ihre Sicherheiten gegen einen anderen Vermögenswert tauschen. Dadurch kann verhindert werden, dass die Mindestbesicherungsquote unterschritten wird und die Kredite verwertet werden müssen.

5. Rückzahlung mit Sicherheiten

Kreditnehmer können ihre Kreditpositionen schließen, indem sie direkt mit ihren Sicherheiten in einer Transaktion zahlen.

6. Blitzkredite

Kreditnehmer können Kredite ohne Sicherheiten aufnehmen, wenn der Kreditnehmer den Kredit und alle zusätzlichen Zinsen und Flash Loan-Gebühren innerhalb derselben Transaktion zurückzahlt. Flash-Darlehen sind nützlich für Arbitrage-Händler, da sie kapitalsparend sind, um Arbitrage-Geschäfte zwischen den verschiedenen DeFi-DApps zu tätigen.

7. Flash-Liquidationen

Liquidatoren können Flash Loans nutzen, um Kapital als Teil ihrer Liquidationsanleihe zu leihen und den Liquidationsbonus zu erhalten, ohne ihr Kapital zu verwenden.

8. Native Kredit Delegation

Kreditnehmer können ihre Kreditlinie auf andere Nutzer ausdehnen, die ohne Sicherheiten zu einem höheren Zinssatz leihen möchten.

Wie viel Zinsen wirst du erhalten oder zahlen müssen?

Wie bei Compound werden die Zinssätze sowohl für Kreditnehmer als auch für Kreditgeber algorithmisch in Abhängigkeit von Angebot und Nachfrage für jeden Vermögenswert festgelegt.

Grundsätzlich gilt: Je höher die Nachfrage nach Krediten, desto höher der Zinssatz, da weniger Liquidität im Pool vorhanden ist. Wenn dies der Fall ist, verdienen die Kreditgeber mehr.

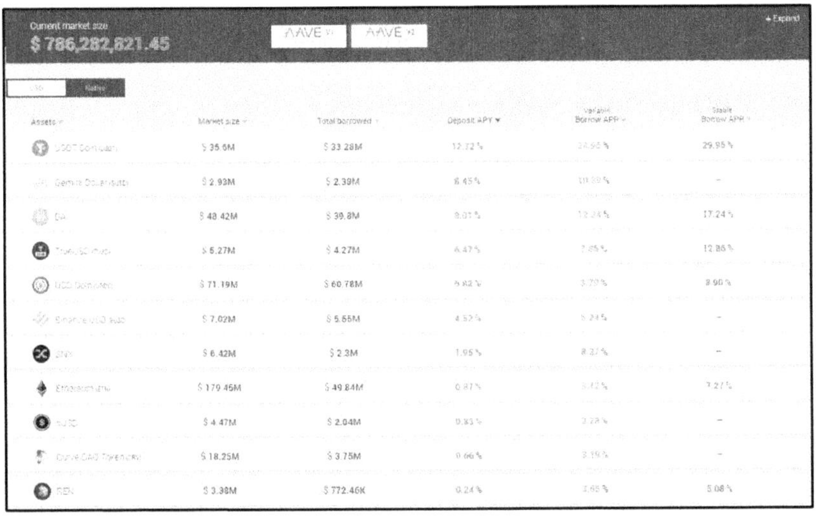

Zum Zeitpunkt der Erstellung dieses Buches (April 2021) würden Kreditgeber, die ihre *USDT* einzahlen, 5,99 % APY verdienen. Die Kreditnehmer haben inzwischen die Möglichkeit, einen Kredit mit variablem oder stabilem Zinssatz zu wählen. Der variable Zinssatz für *USDT* betrug 3,97 % APY, während der stabile Zinssatz für *USDT* 11,99 % APY betrug.

Wie Zinssatz solltest du wählen?

Stabiler effektiver Jahreszins (APR)

Der stabile Zinssatz ist mit dem festen Zinssatz vergleichbar, kann sich aber im Laufe der Zeit ändern, wenn sich die Marktbedingungen verschlechtern. Kreditnehmer, die sich für einen stabilen Zinssatz entscheiden, kennen den genauen Betrag der zurückzuzahlenden Zinsen und sind weniger anfällig für Liquiditätsschwankungen in den jeweiligen Liquiditätspools.

Variabler effektiver Jahreszins (APR)

Der variable Zinssatz wird algorithmisch auf der Grundlage des Angebots und der Nachfrage nach einem Vermögenswert im *Aave*-Protokoll ermittelt. Die variablen Zinssätze schwanken je nach der Höhe der verfügbaren Liquidität in der Reserve.

Muss ich ein Konto anmelden, um Aave zu nutzen?

Nein, das musst du nicht! *Aave* ist ein dezentralisiertes Kreditprotokoll, bei dem du einfach deine Wallet verbinden und mit dem Verleihen oder Ausleihen verfügbarer Vermögenswerte beginnen kannst.

Fang an, Zinsen auf Aave zu verdienen!

Die Mechanismen sind ähnlich wie bei Compound. Zunächst musst du dem *Aave*-Protokoll Vermögenswerte zur Verfügung stellen.

Nach der Einzahlung deines Guthabens erhältst du eine anteilige Menge an *aTokens*, die deinem zugrunde liegenden Guthaben entspricht. Wenn du USDT einzahlst, erhältst du *aUSDT*. Wenn du *YFI* einzahlst, erhältst du *aYFI* usw.

Die Zinsen auf deine *aTokens* fallen sofort bei jedem *Ethereum*-Block (~15 Sekunden) an. Du erhältst deine Zinsen jedoch nicht sofort, sondern musst deine *aTokens* einlösen, um dein Kapital plus die aufgelaufenen Zinsen zurückzubekommen.

So kannst du einen Kredit bei Aave aufnehmen!

Bevor du mit der Kreditaufnahme beginnen kannst, musst du einen Vermögenswert als Sicherheit für den Kredit hinterlegen, und der hinterlegte Betrag muss höher sein als der geliehene Betrag. Im Gegensatz zu *Compound* legt *Aave* fest, wie viel ein Nutzer leihen kann, und zwar über ein vorgegebenes *Loan-to-Value*-Verhältnis (LTV). Jedes Asset hat einen anderen *LTV*, der von 15% bis 80% reicht (docs.aave.com/risk/asset-risk/risk-parameters).

Wenn der *LTV* die Liquidationsschwelle des Vermögenswertes erreicht, können die Liquidatoren bis zu 50 % Ihrer Position liquidieren, wobei je nach Vermögenswert eine zusätzliche Liquidationsstrafe von bis zu 15 % anfällt.

Bitte beachte, dass nicht alle Vermögenswerte als Sicherheiten verwendet werden können. Wie bei *Compound* können *Token*, die nur einem einzigen Kontrahentenrisiko ausgesetzt sind, nicht als Sicherheiten verwendet werden, da sie möglicherweise dazu verwendet werden können, dem Protokoll die gesamte Liquidität zu entziehen. Zum Zeitpunkt der Erstellung dieses Kapitels (April 2021) können vier

Vermögenswerte nicht als Sicherheiten verwendet werden, nämlich *USDT, GUSD, BUSD* und *sUSD*.

Aave-Governance und wie sie funktioniert

Aave hat die zweite Version seines Protokolls (*Aave V2*) im Dezember 2020 neu aufgelegt. Der urpsrüngliche *Governance-Token* ist als *AAVE* bekannt. Es steht jedem frei, Ideen für Verbesserungen und Anpassungen von *Aave* vorzuschlagen. Hier ist eine Übersicht, wie man einen Vorschlag einreichen kann.

1. Bereite einen Aave Request for Comments (ARC) Vorschlag auf dem Aave Governance Forum (https://governance.aave.com/) vor. Die Community wird daraufhin Feedback geben.
2. Wenn der ARC nicht strittig ist, kann ein Aave Improvement Proposal (AIP) eingereicht werden.
3. Der AIP wird dem Protokoll zur Abstimmung vorgelegt.

Derzeit gibt es zwei Arten von Vorschlägen. Die Ausgangsparameter sind für jeden Typ unterschiedlich:

- ***Short time lock executor*** (Kurzzeitsperrung)
  - Das anfängliche Quorum beträgt 2% ("Ja"-Stimmen ⩾ 2%)
  - Der Prozentsatz der "Ja"-Stimmen an der Gesamtstimmenzahl (die sich aus dem maximalen Angebot von 16.000.000 ergibt)
  - Der Stimmenunterschied beträgt 0,5%. ("Ja"-Stimmen - "Nein"-Stimmen ⩾ 0,5%)
  - Die minimale Differenz zwischen "Ja"- und "Nein"-Stimmen im Verhältnis zur Gesamtstimmenzahl.

- ***Long time lock executor*** (Langzeitsperrung)
    - Das anfängliche Quorum beträgt 20% ("Ja"-Stimmen ⩾ 20%)
    - Der Stimmenunterschied beträgt 15%. ("Ja"-Stimmen - "Nein"-Stimmen ⩾ 15%)

Schauen wir uns einen Vorschlag an, über den auf Aave abgestimmt wurde:

(app.aave.com/governance/8QmY4AYSTrxVvqTprSjwuaTiECzrWEs2JJFwTx6UNpYMepW)

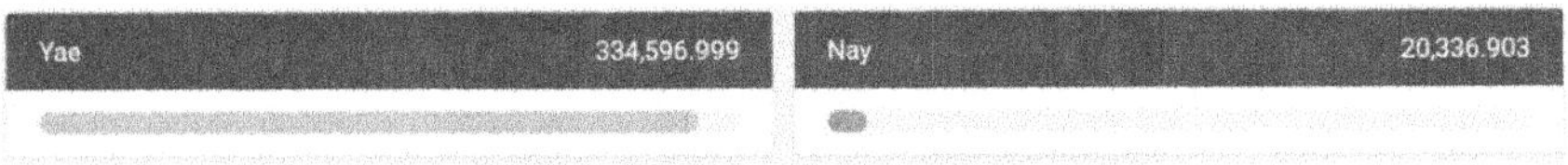

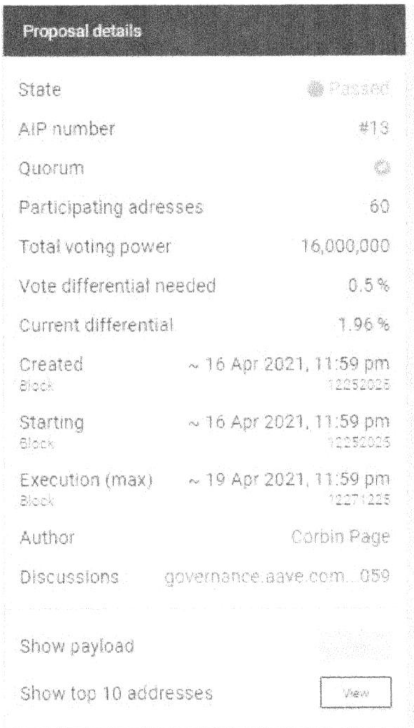

Hier können wir folgendes beobachten:

- Bei dem Vorschlag handelt es sich um eine Art Kurzzeitsperre für die Ausführung.
- Der erforderliche Stimmenunterschied beträgt also 0,5 %, während das erforderliche Quorum 2 % beträgt.
- Die "Ja"-Stimmen beliefen sich auf 334.597 oder 2,1% der Stimmrechte. Damit wurde das Quorumskriterium erfüllt.
- Die "Nein"-Stimmen betrugen 20.337 oder 0,127%.
- Dies bedeutet, dass der aktuelle Stimmenunterschied 1,96% beträgt (2,1% - 0,127%).
- Der Vorschlag ist angenommen.

Es ist jedoch zu beachten, dass das Quorum dynamisch ist und sich je nach Quorum + Differenz der Stimmen für/gegen ein AIP ändern kann.

Nehmen wir denselben Vorschlag wie oben als Beispiel:

- Angenommen, die "Ja"-Stimmen bleiben unverändert bei 2,1 %.
- aber die Nein-Stimmen erhöhen sich auf 1,8 %.
- Dann würde der aktuelle Stimmenunterschied 0,3 % betragen, was unter dem erforderlichen Unterschied von 0,5 % liegt.
- Damit die Abstimmung zustande kommt, muss die Zahl der Ja-Stimmen von 2,1 % auf 2,3 % (1,8 % + 0,5 %) steigen.
    - Dies bedeutet, dass die Quorumsschwelle auf 2,3 % steigen würde.

Aave: Ein Schritt-für-Schritt-Anleitung

Bereitstellung von Mitteln aus dem Pool:

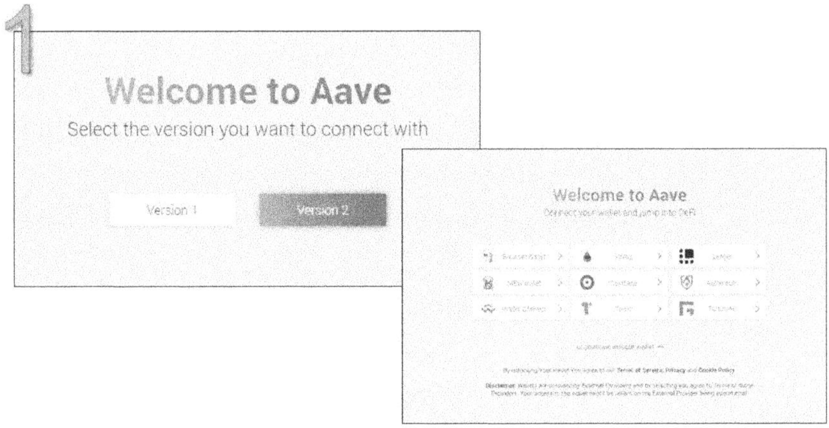

Schritt 1

- Gehe auf https://app.aave.com/

- Verbinde die Wallet deiner Wahl. In diesem Beispiel haben wir Metamask verwendet (Browser Wallet)

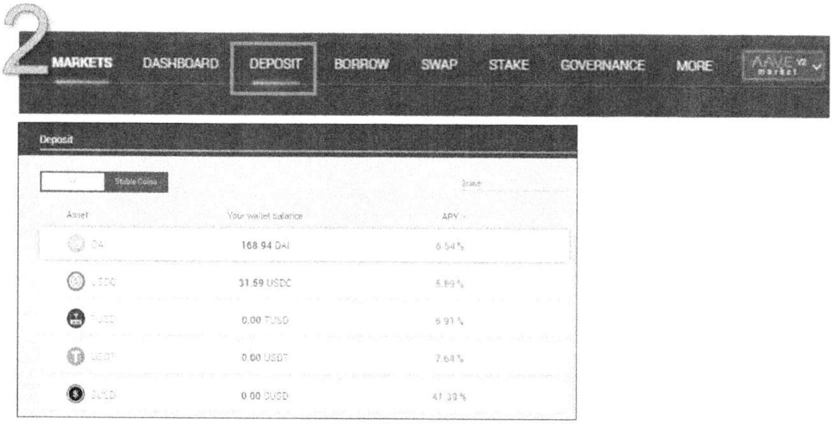

Schritt 2

- Wähle "Deposit" in der oberen Kopfzeile
- Du wirst eine Liste der verfügbaren Vermögenswerte sehen, die du einzahlen kannst, zusammen mit ihren jeweiligen effektiven Jahreszinsen

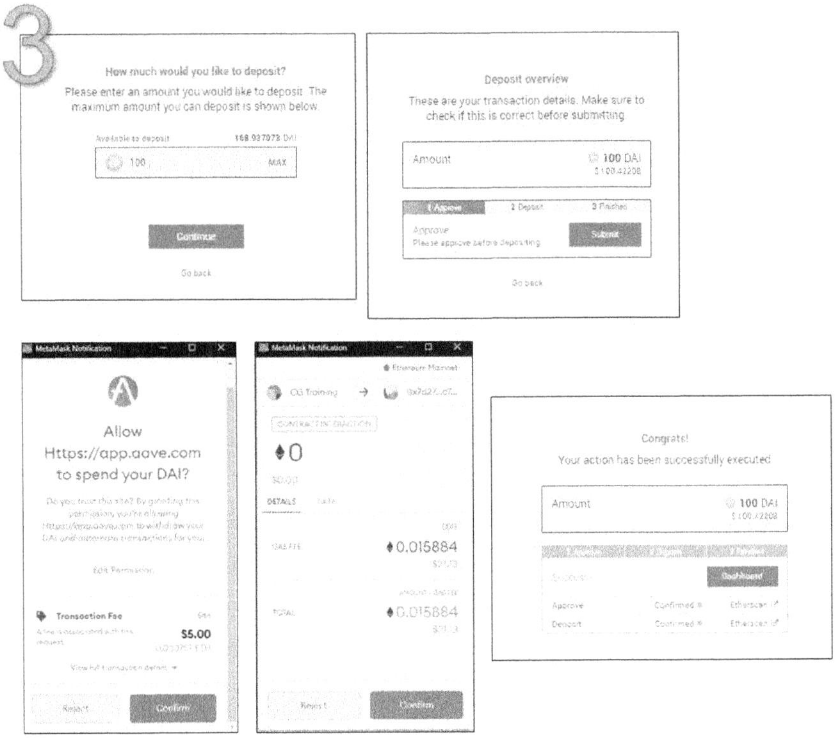

Schritt 3

- Wir haben uns entschieden, dem Protokoll 100 *DAI* zur Verfügung zu stellen.
- Bevor du die Einzahlung vornehmen kannst, musst du die Genehmigung unterschreiben, dass das Protokoll deine *DAI* ausgeben darf (dafür fällt eine Gas Fee an).
- Nach der Bestätigung kannst du dann deine 100 *DAI* einzahlen. Du musst eine weitere Transaktion unterzeichnen, um deine Einzahlung zu überweisen.
- Erledigt! Deine Vermögenswerte sind nun hinterlegt.

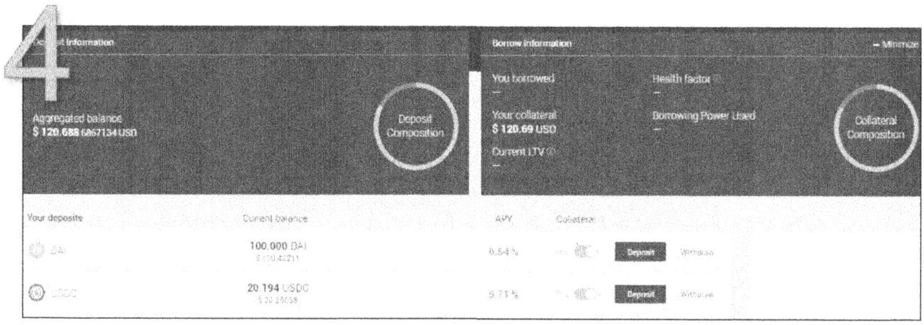

Schritt 4

- Du kannst deine eingezahlten Mittel nun auf der Registerkarte "Dashboard" einsehen.

Kreditaufnahme aus dem Pool:

Hinweis: Bevor du mit der Kreditaufnahme beginnen kannst, musst du Aave einige Vermögenswerte als Sicherheiten zur Verfügung stellen. Jeder Token hat sein eigenes Loan-to-Value (LTV)-Verhältnis, das angibt, wie viel Sie bereitstellen müssen, um einen Kredit zu erhalten.

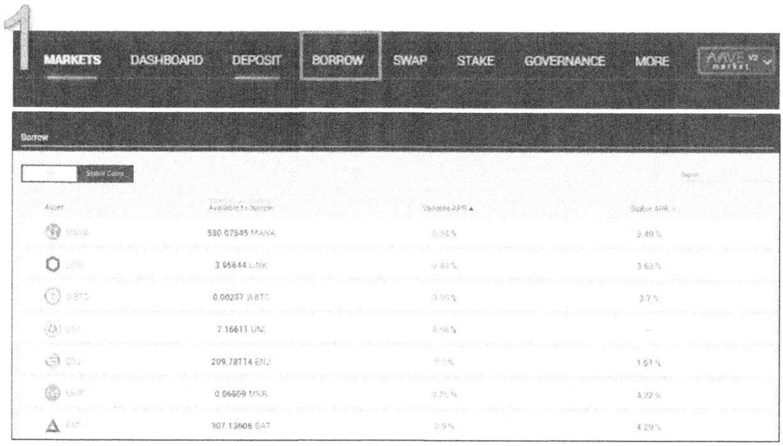

Schritt 1

- Wähle "Borrow" in der oberen Leiste.
- Es wird eine Liste der verfügbaren Vermögenswerte angezeigt, die du ausleihen kannst, mit den jeweiligen effektiven Jahreszinsen.

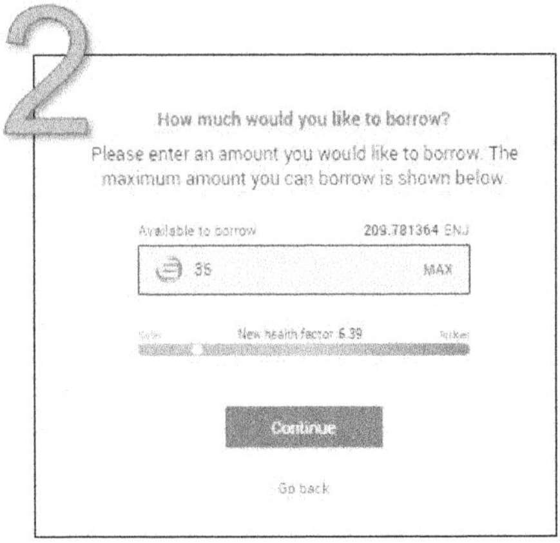

Schritt 2

- Du kannst wählen, welchen Vermögenswert du ausleihen möchtest. Wir haben uns für die Ausleihe von 35 ENJ entschieden.
- Klicke auf "Continue".

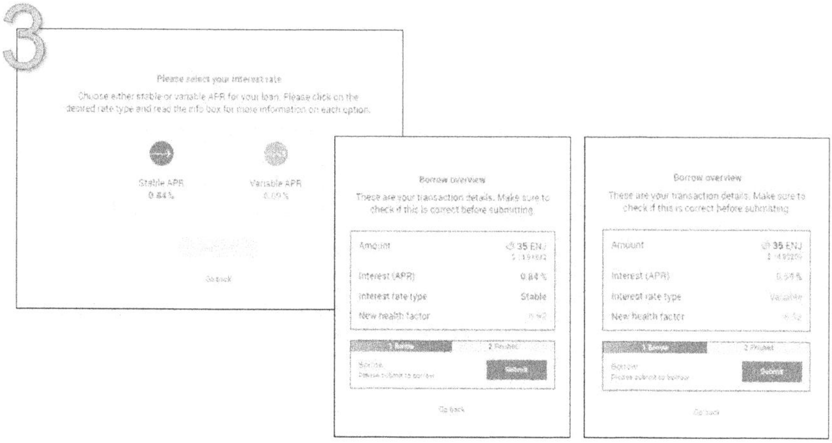

Schritt 3

- Du hast die Möglichkeit, zwischen einem stabilen oder variablen effektiven Jahreszins zu wählen. Wir haben uns für den variablen effektiven Jahreszins entschieden, weil er niedriger ist, aber das musst du selbst entscheiden.

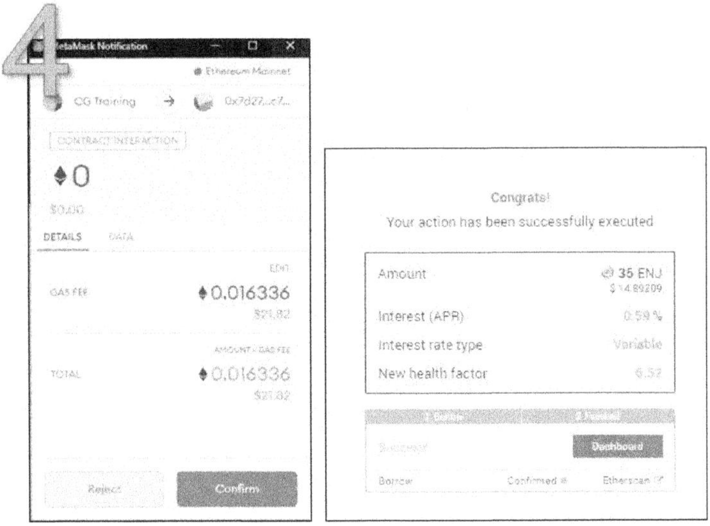

Schritt 4

- Genehmige deine Transaktion.
- Erfolgreich! Du hast erfolgreich einen Vermögenswert ausgeliehen (in diesem Fall haben wir 35 ENJ ausgeliehen).

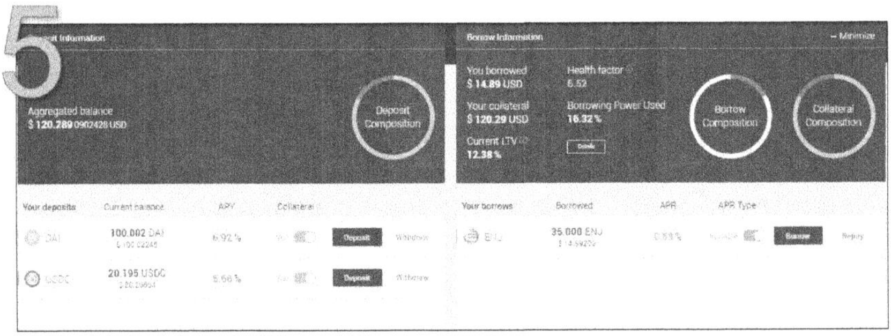

Schritt 5

- Du kannst dein ausgeliehenes Asset auf der Registerkarte "Dashboard" sehen

Empfohlene Literatur hierzu

1. Aave FAQ https://docs.aave.com/faq/
2. The Aave Protocol V2 (Stani Kulechov) https://medium.com/aave/the-aave-protocol-v2-f06f299cee04
3. Aave's aTokens are Latest DeFi Lego Heading to Layer 2 (The Defiant) https://thedefiant.io/aaves-atokens-are-latest-defi-lego-heading-to-layer-2/
4. Earning passive income from cryptocurrency in 2020: Market Review (Aave in the list) https://hackernoon.com/earning-passive-income-from-cryptocurrency-in-2020-market-review-kzt3xom

Kapitel 7: Dezentrale Börsen

Zentralisierte Börsen (auch: *Centralized Exchanges*, CEX) ermöglichen es zwar, große Handelsgeschäfte mit viel Liquidität zu tätigen, bergen aber immer noch viele Risiken, da die Nutzer kein Eigentum an ihren Vermögenswerten haben. Im September 2020 erlitt z. B. *KuCoin* einen 281 Millionen Dollar schweren Hack nach einer Sicherheitsverletzung.

Immer mehr Menschen sind sich genau dieser Risiken bewusst und mit dem Aufkommen von DeFi scheint der Trend hin zu Dezentralen Börsen (DEX) zu gehen. DEXs arbeiten mit *Smart Contracts* und *On-Chain-Transaktionen* (Transaktionen, die direkt auf der Blockchain stattfinden), um den Bedarf an einem Vermittler (z. B. einer zentralen Börse) zu reduzieren oder sogar ganz eliminieren zu können. Zu den derzeit beliebten dezentralisierten Börsen gehören z. B. Projekte wie *Kyber Network*, *Uniswap*, *Curve Finance, SushiSwap* und *dYdX.*

Grundsätzlich kann man zwischen zwei Arten von *DEX*s unterscheiden:

- DEXs **auf der Basis eines Orderbuchs** und
- DEXs **auf der Basis von Liquiditätspools**.

Anbieter wie *dYdX* und *Deversifi* sind DEXs auf der Basis eines Orderbuchs. Sie funktionieren ähnlich wie zentrale Börsen, bei denen Benutzer ihre Kauf- und Verkaufsaufträge entweder zu den von ihnen gewählten Limit-Preisen oder zu den bestehenden Marktpreisen platzieren können. Der wesentliche Unterschied zwischen einer solchen DEX und einer üblichen zentralisierten Börse besteht darin, dass bei der zentralisierten Börse die Vermögenswerte für den Handel sich meist im Eigentum der Börse oder des Börsenhändlers befinden. Man verwaltet die Werte also für dich und wartet nur darauf, dass du einen entsprechenden Auftrag platzierst. Bei einer DEX besitzt du die

Vermögenswerte (Kryptowährungen in diesem Fall) in deiner Wallet und dies ändert sich nur dann, wenn du es aufgrund eines erteilten Auftrags so willst. Somit würde die Insolvenz oder das spurlose Verschwinden einer DEX dich nicht wirklich betreffen. Eine der größten Herausforderungen, vor denen DEXs – basierend auf Orderbüchern – stehen, ist allerdings die mangelnde Liquidität. Kunden müssen unter Umständen lange warten, bis Aufträge im Orderbuch ausgeführt werden, denn die DEX sucht nach einer geeigneten Gegenseite, die mit dir das Handelsgeschäft über die DEX eingeht. Damit dieses Problem gelöst werden kann, bildeten sich mit der Zeit neue DEXs, die auf Liquiditätspools basieren, heraus. Unter einem Liquiditätspool versteht man im Wesentlichen vorhandene Reserven an Token, die anhand Smart Contracts durch Benutzer bereitgestellt werden. Der Preis eines Tokens wird hierbei algorithmisch bestimmt und erhöht sich durch Angebot und Nachfrage. Beispiele für DEXs – basierend auf Liquiditätspools – sind z. B. *Kyber Network*, *Bancor* und *Uniswap*. In diesem Buch werden wir *Uniswap* als Beispiel verwenden.

Eine der von den zentralen Kryptowährungsbörsen angebotenen Funktionen ist das sogenannte Margin Trading. Der Marginhandel ermöglicht es einem Investor, gehebelte Positionen zu handeln, wodurch seine Kaufkraft gestärkt wird, um potenziell höhere Erträge erzielen zu können. Mit DeFi sind nun ebenso Innovationen erschienen, die den Marginhandel auf DEXs ermöglichen. Beispiele für DEXs, die dezentralisierten Marginhandel anbieten, sind *dYdX*, *NUO Network* und *DDEX*. In diesem Buch werden wir uns mit *dYdX* befassen, welches dezentralisierte Kredit- und Anleihemärkte mit dem Marginhandel an ihrer Börse kombiniert.

Bei Liquiditätspool-DEXs wie *Uniswap* und *Balancer* hingegen können die Nutzer zu Market Makern werden, indem sie einem Paar oder Pool von Vermögenswerten Liquidität zur Verfügung stellen. Die Nutzer hinterlegen ihre Vermögenswerte und werden zu Liquiditätsanbietern, wobei sie für jede Swap-Transaktion, die für diesen bestimmten Pool durchgeführt wird, eine kleine Gebühr erhalten. Die Mechanismen hinter diesen Arten von DEXs, die hauptsächlich einen automatisierten Market-Maker-Mechanismus verwenden, haben jedoch ihre eigenen Schwachstellen, bei denen Benutzer als Liquiditätsanbieter einen permanenten Verlust erleiden können.

Beschränkung von dezentralen Börsen (DEXs)

Auch DEXs haben gewisse Einschränkungen. Hier sind einige dieser Einschränkungen:

1. **Geringere Liquidität**

    Der Großteil des Kryptohandels findet immer noch an zentralen Börsen statt. In der Vergangenheit waren die Auftragsbücher an den CEXs im Vergleich zu den DEXs umfangreicher, so dass die Händler beim Handel an den CEXs bessere Preise erzielen können.

    Aufgrund der geringeren Liquidität kann es bei Geschäften an der DEX im Vergleich zur CEX zu einer höheren Fehlerquote und einer schlechteren Kursausführung kommen. Mit der zunehmenden Beliebtheit von DEXs ist die Liquidität bei vielen beliebten Handelspaaren auf DEXs jedoch erheblich gestiegen, und die Ausführung von Geschäften auf DEXs ist mitunter genauso wettbewerbsfähig wie auf CEXs.

2. Begrenzte Funktionen

Zentralisierte Börsen bieten viele fortschrittliche Handelsfunktionen wie Limit-Orders, Stop-Loss-Orders, Trailing-Stops usw. Die meisten dieser Handelsfunktionen sind bei DEXs nicht verfügbar.

Einige DEXs bieten jetzt Limit-Orders an und ermöglichen so eine bessere Handelserfahrung. Eine wachsende Zahl von DEXs versucht jedoch, diese fortgeschrittenen Handelsfunktionen einzuführen, um besser mit den CEXs konkurrieren zu können.

3. Blockchain-Interoperabilität

Die meisten DEXs erlauben es Händlern derzeit nur, *Token* innerhalb desselben Blockchain-Ökosystems zu tauschen. *Ethereum*-basierte DEXs erlauben den Nutzern zum Beispiel nur den Handel mit *Ethereum-* und *ERC-20-Token.* Der Handel mit Token, die auf anderen Blockchains wie *Polkadot* oder *Cosmos* ausgegeben werden, ist nicht möglich. CEXs ermöglichen es Nutzern, *Token* auf verschiedenen Blockchains problemlos zu handeln. Es gibt Bestrebungen, kettenübergreifende DEXs aufzubauen, und in Zukunft wird der Handel mit *Token* über mehrere Blockchains auf einem DEX möglich sein.

4. Kosten

DeFi ist inzwischen populär geworden, was zu einer Überlastung des *Ethereum*-Netzwerks geführt hat. Die Überlastung von *Ethereum* hat dazu geführt, dass die *Gas*-Gebühren erheblich gestiegen sind. Ein Handel auf einer DEX kann eine kostspielige Transaktion sein, besonders in Spitzenzeiten.

Abgesehen von den Einschränkungen gibt es eine wachsende Nachfrage nach DEXs, und DEXs befinden sich noch in der Anfangsphase. Wir werden DEXs in verdauliche Häppchen zerlegen, wie z.B. die Mechanismen, die hinter ihrer Funktionsweise stehen, die Art der Transaktionen, die du durchführen kannst, und Schritt-für-Schritt-Anleitungen für den Einstieg.

Uniswap

Die *Uniswap-Exchange* ist ein dezentralisiertes Token-Austauschprotokoll, das auf der Ethereum-Blockchain aufbaut und den direkten Tausch von Token ermöglicht, ohne dass ein Austausch mit einem zentralen Händler erfolgen muss. Wenn du eine zentrale Tauschbörse verwenden willst, müsstest du erst deine bereits im Besitz befindlichen *Token* bei einer Kryptowährungsbörse hinterlegen, einen Auftrag dort im Orderbuch platzieren und dann die nun eingetauschten Token zurück auf deine Wallet transferieren. Wenn man sich das im Detail überlegt, sind das ganz schön viele Schritte, die erforderlich sind.

Auf *Uniswap* kannst du deine bereits im Besitz befindlichen Token einfach direkt aus deiner Wallet heraus eintauschen, ohne die drei oben genannten Schritte durchlaufen zu müssen. Dafür musst du lediglich deine Token (die du gegen andere tauschen möchtest) an eine *Smart Contract*-Adresse von *Uniswap* senden und du erhältst dafür nur wenige Sekunden später deine gewünschten Tausch-*Token* zurück, und zwar direkt in deine *Wallet*. Eine Anmeldung oder langwierige Registrierung ist nicht erforderlich. Es genügt ein kurzes Verbinden mit deiner Wallet, keine weiteren Fragen zu deiner Person sind mehr erforderlich. Es gibt kein Orderbuch, der Wechselkurs des *Tokens* wird algorithmisch bestimmt. All dies wird über Liquiditätspools und den automatisierten Market-Maker-Mechanismus erreicht.

Was versteht man unter Liquidity Pools?

Liquidity pools (zu dt.: Liquiditätspools) sind Reservebestände an Token, die sich auf den *Smart Contracts* von *Uniswap* befinden und den Benutzern zum Tausch von Token zur Verfügung stehen. Ein Benutzer, der z. B. ein Handelspaar von ETH-DAI (Ethereum und DAI) mit 100 ETH und 20.000 DAI in den Liquiditätsreserven verwenden möchte, kann 202,02 *DAI* an den *Uniswap-Smart-Contract* senden, um im Gegenzug 1 *ETH* zu erhalten. Nach dem erfolgten *Swap* verbleiben im Liquiditätspool 99 ETH und 20.202,02 DAI.

Die Reserven der Liquiditätspools werden von Liquiditätsanbietern bereitgestellt, die einen sogenannten *Incentive* (Anreiz) erhalten. Dieser Anreiz ist in Form einer anteiligen Gebühr in Höhe der 0,3-prozentigen Transaktionsgebühr von *Uniswap* enthalten. Diese Gebühr wird bei jedem Nutzer für jeden Token-Swap auf *Uniswap* erhoben.

Bei *Uniswap* gibt es außerdem keine Einschränkungen und jeder kann ein Liquiditätsanbieter werden. Die einzige Voraussetzung ist, dass man die *ETH* und den jeweils eigenen börsennotierten *Token* zum aktuellen *Uniswap*-Kurs dem Protokoll zur Verfügung stellt. Im September 2020 waren bereits 2.100.000 *ETH* im *Uniswap*-Liquiditätspool gesichert bzw. blockiert. Im Januar 2021 waren es über 2.300.000 *ETH* (defipulse.com/uniswap), was einem Wachstum von 109,5 % entspricht. Die Höhe der von einem Pool gehaltenen Reserven spielt eine große Rolle bei der Preisfestsetzung durch den sogenannten *Automated Market Maker Mechanism*.

Was versteht man unter dem Automated Market Maker?

Die Preise der Vermögenswerte bzw. Kryptowährungen im Pool werden algorithmisch mithilfe eines *Automated Market Maker* (AMM)-Algorithmus bestimmt. Im Prinzip kannst du dir einen solchen AMM als eine Art Börsenmakler vorstellen, der Angebot und Nachfrage miteinander vergleicht und die Preise für alle Käufer und Verkäufer festsetzt. Ein AMM funktioniert, indem ein konstantes Produkt auf der Grundlage der Liquiditätsmenge auf beiden Seiten des Pools beibehalten wird.

Wir zeigen dir dies hier am besten anhand eines Beispiels, indem du *Ether* (ETH) und *DAI* in den Liquiditätspool einzahlen möchtest. Du besitzt 100 *ETH* und 20.000 *DAI* und diese willst du in den *Uniswap*-Liquiditätspool einbringen. Um deinen bereitgestellten Liquiditätsanteil (auch: „*Constant Product*“ für konstantes Produkt) zu berechnen, wird *Uniswap* diese beiden Beträge miteinander multiplizieren.

ETH Liquidität (x)	*	DAI Liqudität (y)	=	Konstantes Produkt (k)
100	*	20.000	=	2.000.000

Bei Einsatz eines AMM muss das Konstante Produkt (k) nun zu jedem Zeitpunkt immer bei 2.000.000 bleiben. Wenn jemand die Ether über die DAI kauft, werden die Ether aus dem Liquiditätspool entfernt, während die DAI in den Liquiditätspool aufgenommen werden. Eins vorweg: Du übergibst dem Protokoll deine zwei unterschiedlichen Kryptowährungen (in diesem Fall *Ether* und *Dai*) und hast keine Kontrolle darüber, in welchem Verhältnis zueinander du am Ende deiner Liquiditätsbereitstellung du deine Kryptowährungen zurückerhalten wirst. Vielleicht wird der Anteil an Ether höher sein als der an DAI, aber es wird vom Wert her deinen Einsatz nicht unterschreiten. Der Preis für diese Ether wird asymptotisch festgelegt. Je größer der Auftrag, desto höher wird die Prämie ausfallen, welche vom Protokoll berechnet wird. Die Prämie bezieht sich hierbei auf den zusätzlichen DAI-Betrag, welcher erforderlich ist, um 1 Ether gegenüber dem ursprünglichen Preis von 200 Dai je Ether zu erwerben.

Die untenstehende Tabelle führt die asymptotische Preisgestaltung und die Liquiditätsbewegung bei Kaufaufträgen an die Ether genauer aus:

Gekaufte Ether (ETH)	*Kosten pro ETH in DAI*	*Gesamt in DAI*	*Premium*	*Neue DAI Liquidität*	*Neue ETH Liquidität*	*Product (k)*
1	202.02	202.02	1.01%	20,202.02	99	2,000,000
5	210.52	1,052.63	5.26%	21,052.63	95	2,000,000
10	222.22	2,222.22	11.11%	22,222.22	90	2,000,000
50	400	20,000	200%	40,000	50	2,000,000
75	800	60,000	400%	80,000	25	2,000,000
99	20,000	1,980,000	10,000%	2,000,000	1	2,000,000
100	Infinity	Infinity	Infinity	Infinity	0	2,000,000

Wie man in der Tabelle sehen kann, ist die Prämie umso höher, je größer die Menge an Ether ist, welche ein Nutzer kaufen möchte. Damit wird sichergestellt, dass dem Liquiditätspool nie die Liquidität ausgeht.

Wie bekommt man seine eigenen Token auf *Uniswap* gelistet?

Im Gegensatz zu zentralisierten Börsen verfügt *Uniswap* als dezentralisierte Börse nicht über ein Team oder einen Gatekeeper (Überwachungsteam), welches bewertet und entscheidet, welche *Token* bzw. Kryptowährungen aufgelistet werden sollen. Stattdessen kann jeder eigene *ERC-20-Token* (Kryptowährungen auf Ethereum-Basis) bei *Uniswap* notieren lassen und somit handelbar machen. Das setzt natürlich voraus, dass für das jeweilige Paar (z. B. Ether und Eigener Token XYZ) eine gewisse Liquidität auf *Uniswap* vorhanden ist. Ein Benutzer braucht hierbei nur mit der Plattform zu interagieren, um den neuen Token zu registrieren, und schon wird ein neuer Markt für diesen Token initialisiert. An dieser Stelle möchten wir aber auch auf deine Sorgfaltspflicht hinweisen: Ein Nutzer mit genügend Hintergrundwissen könnte z. B. einen eigens geschaffenen *Fake-Token* (gibt vor, z. B. eine bekannte Kryptowährung zu sein) oder einen fast wertlosen Token hochzuladen, welcher später dann aggressiv beworben wird, nur um den Preis künstlich hochzutreiben. Genau deshalb solltest du dir, sobald du einen Swap (also: Tausch) auf *Uniswap* vornehmen willst, exakt darüber im Klaren sein, was du gegen deine Kryptowährungen eintauschst.

Und das ist im Prinzip alles, was du zunächst zu *Uniswap* wissen musst. Natürlich ist es am besten, das ganze einfach einmal in der Praxis auszuprobieren, und daher haben wir hier wieder eine Schritt-für-Schritt-Anleitung vorbereitet, welche dir zeigt, wie du

(i) deine Kryptowährungen gegen andere tauschst – also der *Swap*,

(ii) dem Liquiditätspool von *Uniswap* deine bereits vorhandenen Kryptowährungen zur Verfügung stellst und somit mit Prämien dafür entlohnt wirst,

(iii) wieder aus dem Liquiditätspool austrittst und deine Kryptowährungen zurückerhältst.

Was ist ein UNI-Token?

Der sogenannte *UNI-Token* ist ein *Governance-Token*, also ein *Token*, mit dem du auf der Uniswap-Plattform zukünftig über deren Gestaltung und Änderungen mitbestimmen kannst. Dieser wurde am 17.09.2020 veröffentlicht und mit einem bisher nie dagewesenen *Airdrop* (Kostenloser Verteilung zu Werbezwecken) an jeden ausgeschüttet, der mit seiner Wallet vor dem 01.09.2020 auf der Uniswap-Plattform gehandelt hatte. Alles was Benutzer von *Uniswap* zu dieser Zeit machen mussten war, sich mit der eigenen Wallet auf Uniswap anzumelden und ihre *UNI-Token* zu *„claimen“*.

Kurz darauf erhielt jeder Nutzer einen *Airdrop* von 400 UNI-Token auf die eigene Wallet ausgezahlt. Dieses “free money” sorgte für einige Aufregung. Insbesondere Leute aus wirtschaftlich eher schlecht aufgestellten Ländern waren sehr erfreut, da 1.000-2.000 US-Dollar dort mehrere Monatsgehälter darstellen und durch diesen *Airdrop* sogar staatlich ausgezahlte Corona-Pandemie-Hilfen in den USA übertroffen wurden.

Uniswap: Eine Schritt-für-Schritt-Anleitung

So tauschst du problemlos deine Kryptowährungen in andere Kryptowährungen

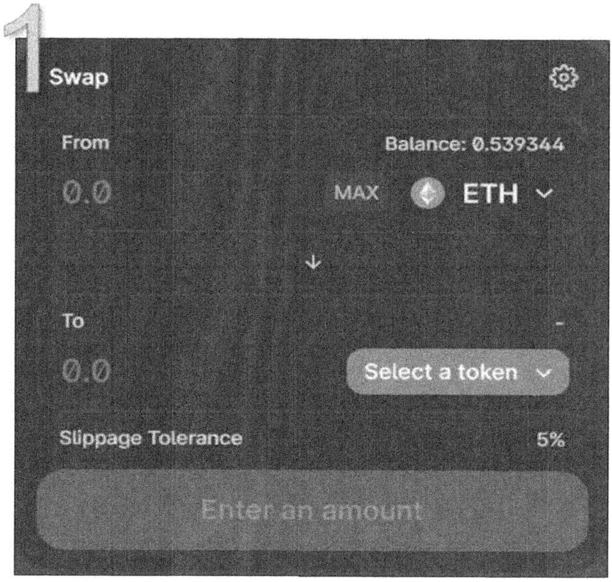

Schritt 1:

- Gehe auf https://app.uniswap.org/#/swap um hier deine Token tauschen zu können.

- Um Uniswap benutzen zu können, musst du oben rechts unter »Connect to a Wallet« dich mit einer *Wallet* sowie Deiner *Metamask-Wallet* verbinden. Diese Verbindung bzw. Anmeldung wird dich nichts kosten, auch wenn du in deiner *Wallet* dieser Verbindung (eine Transaktion) zuerst zustimmen musst.

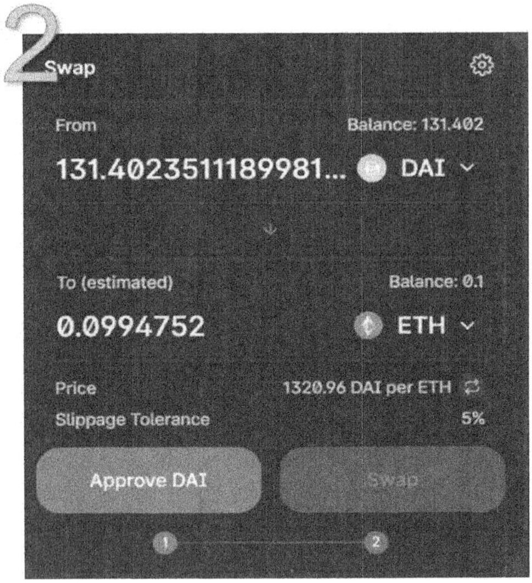

Schritt 2:

- Im oberen Bereich (**From**) wählst du deine auf der *Wallet* befindliche Ausgangswährung aus und ebenso die Zielwährung (**To**), in die du gerne deine *Token* eintauschen würdest. In diesem Beispiel verwenden wir *DAI*, um *ETH* zu kaufen

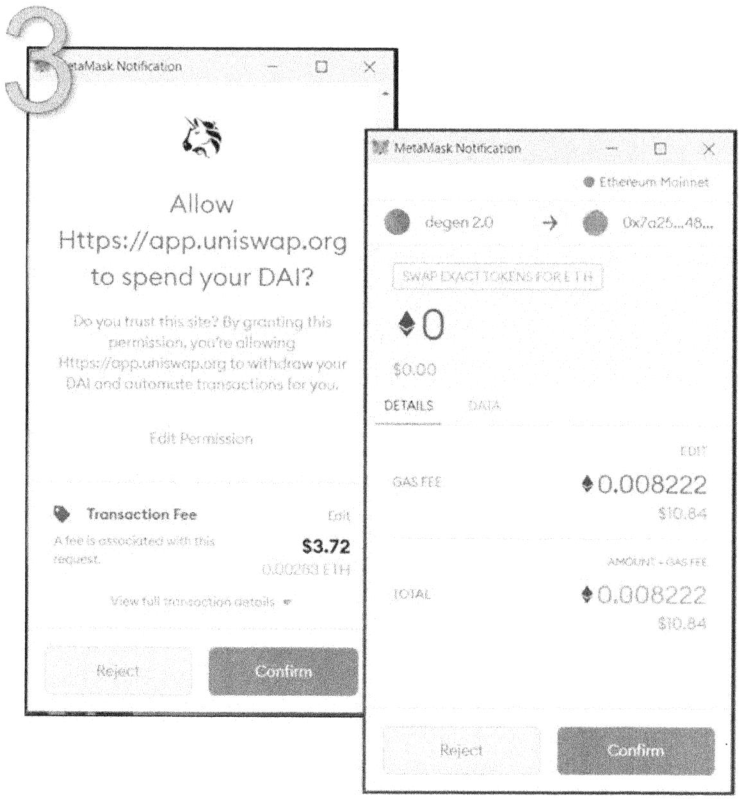

Schritt 3:

- Wenn es das erst mal ist, dass du nun Uniswap nutzt, musst du diese Transaktion auf deiner Wallet freigeben. Das wird dich eine geringe Transaktionsgebühr kosten.

- Gleich danach wirst du von deiner Wallet zur eigentlichen Transaktion geführt, welche du hier freigeben musst.

- Sobald die Transaktion genehmigt ist, findet der Tausch statt und deine DAI werden gegen Ether (ETH) eingetauscht und direkt auf deine Wallet gebucht.

So stellst du bei *Uniswap* Liquidität zur Verfügung:

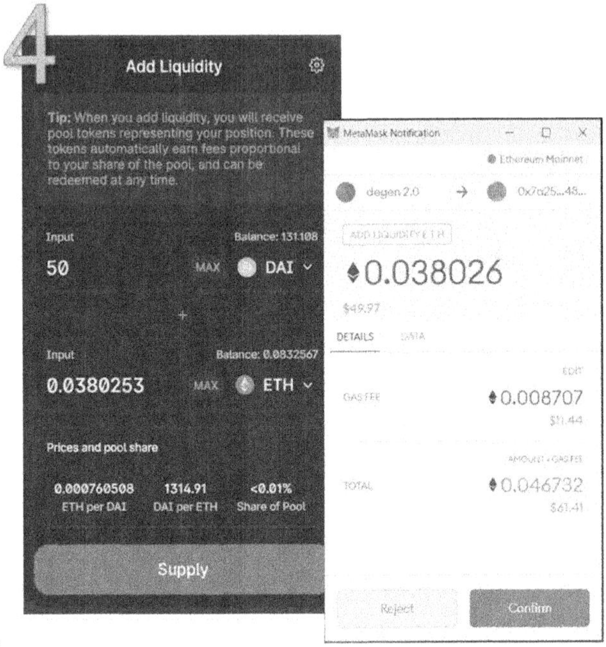

Schritt 4:

- Gehe bei der *Uniswap*-Website auf »**Pool**« und wähle dann dort »**Add Liquidity**« aus. In unserem Fall möchten wir 50 DAI im Wert von +0.0380 ETH dem Liquiditätspool zur Verfügung stellen.
- Du solltest zusätzlich zu beiden *Token*, die du zur Verfügung stellen möchtest, immer noch über einen Restbetrag an *Ether* auf deiner *Wallet* verfügen, um mögliche Transaktionen bezahlen zu können.
- Nachdem du auf „Add Liquidity“ geklickt hast, wird dir die Menge der Pool-Token angezeigt, die du erhalten wirst, und du wirst aufgefordert, eine weitere Transaktion zu unterzeichnen
- Sobald dies geschehen ist, bist du als Liquiditätsanbieter bestätigt und erhältst einen anteiligen Betrag an den Börsengebühren

So transferierst du deine Token wieder zurück auf deine Wallet:

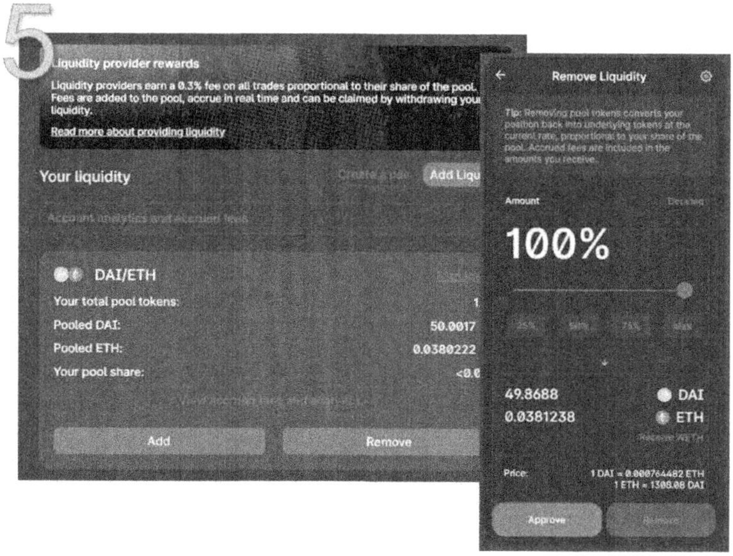

Schritt 5

- Was, wenn du keine Liquidität mehr bereitstellen möchtest?
- Geh zurück zum *Pool*, um die Paare zu sehen, für die du Liquidität bereitstellst, und wähle „**Remove Liquidity**“
- Wie du siehst, erhalten wir 0,13 *DAI* weniger zurück, aber etwas mehr *ETH*
- Beachte, dass das Verhältnis zwischen unseren *ETH* und *DAI* jetzt anders ist, das ist einer der Nachteile von Liquiditätspools. Hätten wir ihn später entfernt, wäre das Verhältnis von *DAI* zu *ETH* vielleicht ganz anders.
- \- Die *Pool-Tokens* repräsentieren deinen Anteil am Liquiditätspool. Wenn du deine Liquidität abziehst, wirst du die Pool-Token verbrennen, um deine *DAI* und *ETH* zurückzubekommen.

Empfohlene Literatur hierzu

1. Getting Started (Uniswap) https://docs.uniswap.io/
2. The Ultimate Guide to Uniswap. (DefiZap) https://defitutorials.substack.com/p/the-ultimate-guide-to-uniswap
3. A Graphical Guide for Understanding Uniswap (EthHub) https://docs.ethhub.io/guides/graphical-guide-for-understanding-uniswap
4. Uniswap — A Unique Exchange (Cyrus Younessi) https://medium.com/scalar-capital/uniswap-a-unique-exchange-f4ef44f807bf
5. What is Uniswap? A Detailed Beginner's Guide (Bisade Asolo) https://www.mycryptopedia.com/what-is-uniswap-a-detailed-beginners-guide/
6. Are Uniswap's Liquidity Pools Right for You? (Chris Blec) https://defiprime.com/uniswap-liquidity-pools
7. Understanding Uniswap Returns (Pintail) https://medium.com/@pintail/understanding-uniswap-returns-cc593f3499ef
8. UniSwap Traction Analysis (Ganesh) https://www.covalenthq.com/blog/understanding-uniswap-data-analysis/
9. A Deep Dive into Liquidity Pools (Rebecca Mqamelo) https://blog.zerion.io/liquidity-pools-8ac8cf8cf230

DEX-Aggregatoren

Es gibt heute mehrere DEXs auf dem Markt, die jeweils über eigene Liquiditätspools verfügen. Händler, die ausreichend große Token-Swaps durchführen wollen, müssen mit einer hohen *Slippage* und einem hohen Preisaufschlag rechnen. Die Höhe der *Slippage*, die den Händlern entsteht, hängt von der Menge an Liquidität ab, die in jedem *DEX* verfügbar ist. Um die *Slippage* zu minimieren, können Händler die Geschäfte in kleinere Teile aufteilen und sie an die einzelnen DEXs weiterleiten.

Die manuelle Aufteilung und Weiterleitung großer Handelsgeschäfte über mehrere *DEX* ist ein sehr mühsamer Prozess. Glücklicherweise können Händler *DEX*-Aggregatoren nutzen, um die Dinge zu vereinfachen und Benzin zu sparen. Wie der Name schon sagt, bündeln DEX-Aggregatoren die Liquidität der verschiedenen DEXs auf dem Markt, um Händlern zu helfen, große Geschäfte zum besten Preis auszuführen. Mit DEX-Aggregatoren können Händler ihre großen Geschäfte automatisch in kleinere Teile aufteilen und sie an die entsprechenden DEXs weiterleiten, um den besten Ausführungspreis zu erzielen.

Beispiele für DEX-Aggregatoren sind 1inch, Paraswap und Matcha. Wir werden uns 1inch, einen der am weitesten verbreiteten DEX-Aggregatoren, genauer ansehen.

1inch

1inch ist ein *DEX-Aggregator*, der Nutzern hilft, die besten Handelspreise für Token zu entdecken. Zum Zeitpunkt der Erstellung dieses Artikels (April 2021) gibt es über 40 Liquiditätsquellen auf 1inch. Anstatt *Token* aus einem einzigen *DEX*-Liquiditätspool zu tauschen, aggregiert 1inch die Liquidität der verschiedenen Liquiditätspools und schlägt die effizienteste Route für den Token-Handel vor.

Indem ein einzelnes Geschäft über mehrere Liquiditätspools anstatt nur über einen Liquiditätspool geleitet wird, können Händler, die große Geschäfte tätigen, sicherstellen, dass sie den besten Preis erhalten, indem sie die Preisabweichung minimieren. Händler profitieren auch von Gaseinsparungen, indem sie mehrere Transaktionen über die verschiedenen *DEX*s zu einer einzigen Transaktion auf 1inch bündeln.

Um die optimale Handelsroute für die beste Preisausführung und die niedrigsten Kosten zu erreichen, nutzt 1inch seinen eigenen Routing-Algorithmus, Pathfinder. Pathfinder durchsucht verschiedene DEXs wie *Uniswap*, *Balancer* und auch das 1inch-eigene Liquiditätsprotokoll (früher bekannt als *Mooniswap*), bevor er eine empfohlene Route für die besten Handelspreise liefert.

Die Gebühren, die für die Nutzung von 1inch erhoben werden, hängen von den Gebühren ab, die der zugrunde liegende DEX erhebt. So erhebt *Uniswap* beispielsweise eine Handelsgebühr von 0,3 %, die an die *Uniswap*-Liquiditätsanbieter fließt.

1inch hat seinen *Governance-Token 1INCH* am 25. Dezember 2020 eingeführt. Nutzer, die den *1INCH-Governance-Token* besitzen, können an der *1inch-Governance* teilnehmen und über Entscheidungen abstimmen, die die Zukunft von 1inch betreffen. Zum Beispiel können *Token*-Inhaber über die *Swap*-Gebühr für den Liquiditätspool von 1inch, die *Governance*-Belohnung, die Empfehlungsbelohnung und mehr abstimmen.

Das war's auch schon mit *1inch!* Wenn du 1inch ausprobieren möchtest, haben wir eine Schritt-für-Schritt-Anleitung beigefügt, wie du eine Transaktion auf 1inch durchführen kannst.

1inch: Schritt-für-Schritt-Anleitung

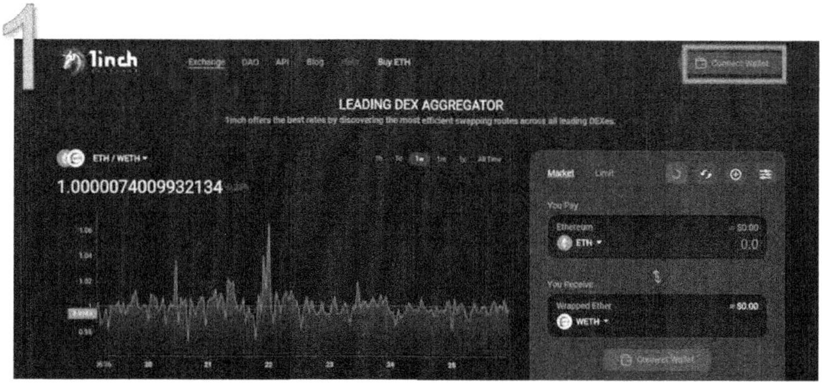

Schritt 1

- Gehe auf https://1inch.exchange/
- Klicke oben rechts auf "Connect Wallet".

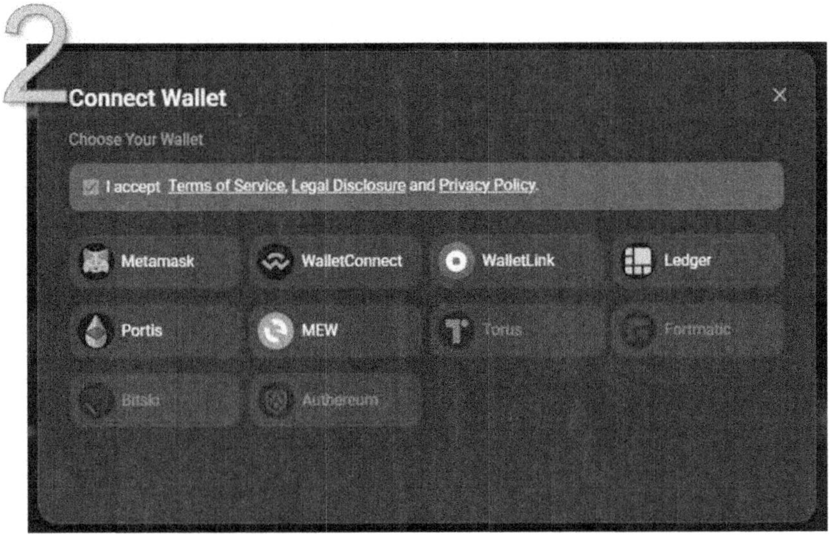

Schritt 2

- Klicke auf das Kontrollkästchen, um die Geschäftsbedingungen zu akzeptieren.
- Wähle die zu verbindende Wallet aus, die du für die Nutzung dieses Protokolls verwenden möchtest

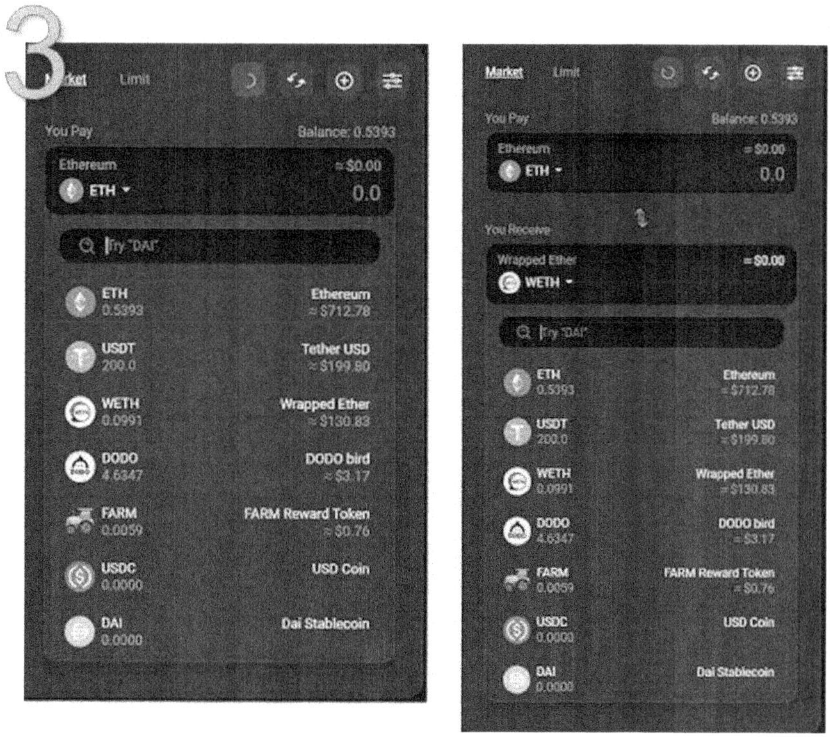

Schritt 3

- Wähle das zu handelnde Vermögenspaar, welches dir am meisten zusagt.

- Für dieses Beispiel wählen wir den Tausch von *Ether* gegen *Wrapped Ether*

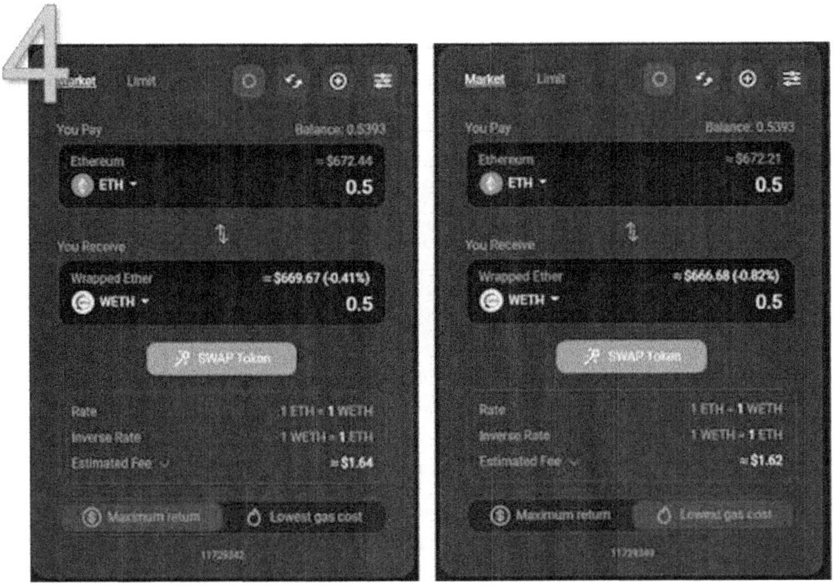

Schritt 4

- Gebe die Anzahl der *Token* ein, die du tauschen möchtest.
- *1inch* zeigt dir die Anzahl der Token an, die du im Austausch erhalten würdest.
- Beachte, dass du wählen kannst, ob du *Token* auf der Grundlage der maximalen Rendite oder der niedrigsten *Gas*-Gebühren tauschen möchtest. Um eine Option zu wählen, klicke einfach auf das entsprechende Feld.
- Wenn du mit den Preisen zufrieden bist, klicke auf "*Token* tauschen", um deine Transaktion abzuschicken.
- Bei Limit-Aufträgen musst du zusätzlich den gewünschten Preis und das Verfallsdatum eingeben, um die Transaktion durchzuführen.

Schritt 5

- Es werden dir die Preise, die Mindestmenge an Token, die du erhalten kannst, und die Transaktionskosten angezeigt. Klicke auf "Confirm Swap", um mit der Transaktion fortzufahren.
- Bestätige die Transaktion über deine Geldbörse.
- Sobald die Transaktion erfolgreich bestätigt wurde, bist du fertig!

Empfohlene Literatur hierzu

1. 1inch Exchange Review https://defirate.com/1inch/
2. 1inch Exchange, Mooniswap and Chi GasToken: The ultimate review and guide (Angela Wang) https://boxmining.com/1inch-mooniswap-chi-gastoken/
3. A beginner's guide to trading on 1inch https://1inch-exchange.medium.com/a-beginners-guide-to-trading-on-1inch-693d9f801a51

Kapitel 8: Dezentrale Derivate

Ein Derivat ist ein Vertrag, dessen Wert von einem anderen Basiswert wie z. B. Aktien, Rohstoffen, Währungen, Indizes, Anleihen oder Zinssätzen abgeleitet wird. Man unterscheidet hierbei zwischen verschiedenen Arten von Derivaten wie z. B. Futures, Optionen und Swaps. Jede Art von Derivat dient einem anderen Zweck, und verschiedene Investoren kaufen oder verkaufen sie aus den unterschiedlichsten Gründen. Einige der Gründe, warum Anleger mit Derivaten handeln, sind: um sich gegen die Volatilität des zugrunde liegenden Vermögenswertes abzusichern, um auf eine vermutete Preisbewegung des zugrunde liegenden Vermögenswertes zu spekulieren oder um ihre Bestände zu hebeln. Derivate gelten von Natur aus als extrem risikoreich und man sollte beim Handel mit ihnen über ein fundiertes Finanzwissen sowie Strategien verfügen.

Der in DeFi-Derivaten DApps gebundene Gesamtwert beträgt derzeit 5,82 Mrd. US-Dollar und macht somit 8,2 % des DeFi-Ökosystems aus. Dezentralisierte Derivate haben sich aufgrund der hohen Gasgebühren auf Ethereum schwergetan, sich durchzusetzen. Daher ist die Marktkapitalisierung im Vergleich zu anderen DeFi-Sektoren, wie z. B. dem Kreditmarkt (10,68 Mrd. USD), relativ gering.Einige der wichtigsten Protokolle für DeFi-Derivate sind *Synthetix* und *bZx*.

Obwohl es viele DeFi-Derivatprotokolle gibt, werden wir uns mit den wichtigsten Protokollen, nämlich Synthetix und Opyn, befassen.

Synthetix

Wie der Name vielleicht schon vermuten lässt, ist *Synthetix* ein Protokoll für synthetische Assets (auch „*Synths*“ genannt). Das Protokoll basiert auf der Ethereum-Blockchain und besteht aus zwei Teilen:

- **Synthetische Assets** (Synths)
- und **Synthetix.Exchange**, den sich auf den *Synths* beziehenden Handel.

Synthetix ermöglicht also die Ausgabe sowie den Handel von *Synths.*

Was versteht man unter synthetischen Vermögenswerten („Synths“)?

Als *Synths* bezeichnet man Vermögenswerte oder eine Mischung aus unterschiedlichen Vermögenswerten, die denselben Wert oder dieselbe Wirkung haben wie ein anderer externer Vermögenswert. *Synths* verfolgen die Preisentwicklung der zugrundeliegenden Vermögenswerte und ermöglichen ein Engagement in den Vermögenswerten, ohne dass der eigentliche Vermögenswert gehalten werden muss. Man unterscheidet hierbei zwischen:

- den **herkömmlichen Synths** und
- den **inversen Synths**.

Herkömmliche *Synths* korrelieren mit dem Basiswert, auf den sie sich beziehen. Das bedeutet, wenn sich z. B. ein *Synth* auf den Goldpreis bezieht, wird die Wertentwicklung immer direkt gleichbleibend abgebildet.

Bei inversen *Synths* ist dies genau anders herum und es wird eine Gegenentwicklung des Bezugswerts abgebildet. Inverse *Synths* haben also eine negative Korrelation.

Ein Beispiel für einen synthetischen Vermögenswert ist synthetisches Gold (Kürzel: *sXAU*), welches die Preisentwicklung von Gold verfolgt. Synthetix verfolgt reale Vermögenspreise aus den Finanzmärkten weltweit, indem es die Dienste von *Chainlink* in Anspruch nimmt, einer intelligenten *Blockchain*-Funktion, welche zur Verhinderung von Manipulationen die benötigten Preisinformationen von mehreren vertrauenswürdigen Quellen einholt und diese untereinander vergleicht. Man spricht hierbei von einem *Oracle*, einem programmierten Agenten, der externe Informationen aller Art auf die *Ethereum*-Blockchain bringt und somit eine exakte Preisangabe ermöglicht.

Ein weiteres Beispiel ist der inverse *Synth*, der sich auf Bitcoin bezieht: ***iBTC***. Dieser ist so gesehen die umgekehrte Darstellung des *Bitcoin*-Preises. Steigt z. B. der Wert eines *Bitcoins* um 5 %, fällt der Wert des *Synths* um 5 %.

Ein inverser *Synth* orientiert sich an den drei folgenden Faktoren:

- dem **Einstiegspreis**,
- der **preislichen Untergrenze** sowie
- der **preislichen Obergrenze**.

Gehen wir davon aus, dass dieser *iBTC* sich am derzeitigen *Bitcoin*-Preis von z. B. 10.600 US-Dollar orientiert – das wäre somit der Einstiegspreis. Wenn der Bitcoin-Preis nun um 400 US-Dollar auf 10.200 US-Dollar fallen würde, würde der *iBTC-Synth* diese 400 US-Dollar an Wert hinzugewinnen und einen Preis von 11.000 US-Dollar haben. Natürlich könnte hier auch das Gegenteil der Fall sein, falls der Bitcoin-Preis um 400 US-Dollar an Wert zulegen und auf 11.000 US-

Dollar steigen würde, würde jetzt der iBTC-Synth nur noch einen Wert von 10.200 US-Dollar haben.

Inverse *Synths* werden in einem Bereich mit einer Ober- und Untergrenze von 50 % des Einstiegspreises gehandelt. Dies setzt eine Obergrenze für den maximalen Gewinn oder Verlust fest, den man bei inversen *Synths* erzielen kann. Sobald eines der beiden Limits (die Obergrenze oder Untergrenze) erreicht ist, werden die Wechselkurse der Kryptowährungen eingefroren und die Positionen liquidiert. Sobald diese inversen *Synths* deaktiviert und liquidiert sind, kannst du diese eingegangene Trading-Position bei *Synthetix.Exchange* nur noch zu diesen festgesetzten Werten eintauschen. Sie werden dann mit unterschiedlichen Grenzwerten zurückgesetzt.

Was bezweckt man mit solchen synthetischen Vermögenswerten („Synths")?

Mit *Synths* kann man sich so gesehen gegen einen Preissturz bei den eigenen in der Wallet befindlichen Kryptowährungen absichern. Man kann aber auch auf einen Preisverlauf des jeweiligen Vermögenswerts setzen, ohne dass man den zugrunde liegenden Vermögenswert tatsächlich selbst besitzen müsste. Im Vergleich zu traditionellen Goldmaklergeschäften ermöglicht z. B. synthetisches Gold (sXAU) einem Trader die Teilnahme am Markt mit viel weniger Aufwand (keine Anmeldungen, keine Reisen, kein Zwischenhändler usw.).

Synths haben noch einen weiteren Nutzen: Sie können reibungslos untereinander gehandelt werden, d. h. synthetisches Gold kann einfach auf der *Synthetix.Exchange* gegen synthetischen JPY (japanische Yen), synthetisches Silber oder synthetische *Bitcoin* getauscht werden. Dies bedeutet auch, dass jeder, der eine *Ethereum*-Wallet besitzt, hiermit auch einen offenen Zugang zu jedem realen Vermögenswert hat!

Wie entstehen eigentlich Synths?

Die dezentrale Idee, welche hinter der Schaffung von Synths steht, ähnelt der Gründung von *DAI* bei *Maker* (siehe Kapitel 5). Du musst hierbei zuerst eine gewisse Menge an *Ether* als Sicherheit auf einem *Smart Contract* von Maker hinterlegen, bevor du *DAI* auf der Basis der hinterlegten Sicherheiten erstellen darfst.

Bei *Synths* hingegen musst du zunächst eine gewisse Menge an *Synthetix Network Token* (Symbol: SNX) einsetzen, welche als Sicherheit für das gesamte System dienen. Diese *SNX-Token* sind im Vergleich zur Ether weitaus weniger liquide und ihr Preis ist im Allgemeinen volatiler. Um dieser Volatilität entgegenzuwirken, ist bei *Synthetix* eine hohe anfängliche Mindestsicherheit von 500 % erforderlich, verglichen mit der Mindestsicherheit von 150 %, welche beim Maker-Protokoll erforderlich ist.
Das bedeutet, dass du für die Prägung (das *Minting*) von synthetischen US-Dollar (sUSD) im Wert von 100 US-Dollar mindestens *SNX-Token* im Wert von 500 US-Dollar als Sicherheit benötigen wirst.

Hinweis: Seit Januar 2021 können die Benutzer nur noch sUSD prägen.

Die Prägung von *Synths* ist an sich ein ziemlich kompliziertes System. Das bringt es mit sich, dass ein *Staker* (jemand der Kryptowährungen bei Synthetix hält, um Zinsen oder sonstige Belohnungen dafür zu erhalten) gewisse Schulden aufnimmt, deren Höhe sich je nach dem Gesamtwert der *Synths* im globalen Schuldenpool dynamisch verändert, wodurch seine Schulden mit den sich ändernden Werten schwanken. Wenn z. B. 100 % der *Synths* im System nur synthetische *Ether* (sETH) wären und sich der Preis verdoppelt, würde sich die Verschuldung aller verdoppeln, auch die der Staker.

Sobald *Synth-Token* geprägt, d. h. entsprechend bei Synthetix erzeugt wurden, kann man diese auf der Synthetix Exchange handeln oder dies z. B. auch bei Uniswap tun.

Falls du mit *Synths* handeln möchtest, aber keine Schulden dafür aufnehmen oder eigene *Synths* prägen lassen willst, kannst du diese übrigens auch im *sETH-Uniswap-Pool* auf *Uniswap* kaufen. Er ist mit über 35.000 Ether an Liquidität einer der größten Liquiditäts-Pools auf *Uniswap*.

Welche Vermögenswerte werden als Synths unterstützt?

Folgende Vermögenswerte werden zum Zeitpunkt des Erscheinungstermin dieses Buchs (Stand: April 2021) von Synthetix unterstützt (vollständige Liste: docs.synthetix.io/tokens/list/):

Kryptowährungen	❍ Ether **(ETH)** ❍ Bitcoin **(BTC)** ❍ Dash **(DASH)** ❍ Cardano **(ADA)** ❍ EOS **(EOS)** ❍ Ethereum Classic **(ETC)** ❍ Monero **(XMR)** ❍ Binance Coin **(BNB)** ❍ Tezoz **(XTZ)** ❍ Tron **(TRX)** ❍ Litecoin **(LTC)** ❍ Chainlink (LINK) ❍ Ripple (XRP) ❍ Ren (REN) ❍ Aave (AAVE) ❍ Compound **(COMP)** ❍ Uniswap (UNI) ❍ Yearn Finance (YFI) ❍ Polkadot **(DOT)**
Rohstoffe	❍ Gold **(XAU)** ❍ Silber **(XAG)** ❍ Oil **(OIL)**
Fiat-Währungen	❍ US-Dollar **(USD)** ❍ Australischer Dollar **(AUD)** ❍ Schweizer Franken **(CHF)** ❍ Japanischer Yen **(JPY)** ❍ Euro **(EUR)** ❍ Britische Pfund **(GBP)**
Indizes	❍ **Centralised Exchange Index (CEX)** ❍ **FTSE 100 Index (FTSE)** ❍ **Nikkei 225 Index (NIKKEI)** ❍ **DeFi-Index (DEFI)** DeFi-Indizes setzen sich aus den größten DeFi-Tokens zusammen. Man setzt also auf die steigende Bekanntheit und das Wachstum bei DeFi. Mit dem inversen DeFi-Index hält man dagegen.
Stocks / Aktien	❍ **Tesla(TSLA)** ❍

Index-Synths

Einer der interessanten *Synths* auf *Synthetix* sind die Index-Synths. Zum Zeitpunkt der Erstellung dieses Artikels (April 2021) gibt es vier verschiedene Index-Synths, nämlich sCEX, sDEFI, sFTSE und sNIKKEI.

Index-Synths bieten Händlern ein Engagement in einem Korb von Token, ohne dass sie alle zugrunde liegenden Token kaufen müssen. Der Index spiegelt die Gesamtperformance der zugrunde liegenden Token wider. Index-Synths ermöglichen ein Engagement in bestimmten Branchensegmenten und eine Diversifizierung der Risiken, ohne dass verschiedene Token gehalten und verwaltet werden müssen.

sCEX

sCEX ist ein *Index-Synth*, der Händlern ein Engagement in einem Korb von Centralized Exchange (CEX) Token ermöglicht, der in etwa deren gewichtete Marktkapitalisierung widerspiegelt. Der aktuelle *sCEX Index* besteht z. B. aus *Binance Coin* (BNB), *Crypto.com* (CRO), Bitfinex's *LEO Token* (LEO), *Huobi Token* (HT), *OKEx Token* (OKB), *FTX Token* (FTT) und *KuCoin Shares* (KCS).

Es gibt auch den *Inverse Synth* namens iCEX, der eine Umkehrung des sCEX Index Synth ist und wie andere Inverse Synths funktioniert.

sDEFI

Aufgrund des wachsenden Interesses an DeFi wurde der *sDEFI Index Synth* eingeführt, um Händlern ein Index-Engagement in einem Korb

von DeFi Utility-Token im Ökosystem zu bieten. Der aktuelle *sDEFI-Index* besteht aus den folgenden Token: *Aave* (AAVE), *Synthetix Network Token* (SNX), *Uniswap* (UNI), *Maker* (MKR), *Balancer* (BAL), *Compound* (COMP), *Curve* (CRV), *Kyber Network* (KNC), *Ren* (REN), *Sushiswap* (SUSHI), *UMA* (UMA), *Yearn Finance* (YFI), *1inch* (1INCH) und *Bancor* (BNT).
Die Umkehrung dieses Indexsynths wird iDEFI genannt.

sFTSE und sNIKKEI verfolgen den Kurs des FTSE 100 Index (FTSE100) und des Nikkei 225 Index (NIKKEI225) über die von *Chainlink* Orakel gelieferten Kursdaten.

Was genau ist die Synthetix.Exchange?

Die *Synthetix.Exchange* ist eine dezentrale Börsenplattform, welche für den Handel von *SNX-Token* und *Synths* ohne Auftragsbücher konzipiert wurde und von den meisten anderen dezentralen Börsen ebenso genutzt wird. Das heißt, im Gegensatz zu einem *Peer-to-Peer-System* (z. B. *Uniswap*), welches sich bei der Bereitstellung von Liquidität auf die Benutzer verlässt, ermöglicht *Synthetix.Exchange* den Benutzern, direkt gegen einen Kontrakt zu handeln, der ständig eine ausreichende Liquidität aufrechterhält, wodurch theoretisch das Risiko eines unerwarteten Preisrutsches oder mangelnder Liquidität reduziert wird.

Da die Benutzer einen synthetischen Kontrakt kaufen, anstatt mit dem zugrunde liegenden Vermögenswert zu handeln, können die Benutzer bis zum Gesamtbetrag der Sicherheiten im System kaufen, ohne dass sich dies auf den Preis des Kontrakts auswirkt. Zum Beispiel würde ein BTC-Kauf-/Verkaufsauftrag im Wert von 10.000.000 US-Dollar wahrscheinlich zu beträchtlichen Kursabweichungen an traditionellen Börsen führen, aber nicht an der *Synthetix*-Börse, da die Benutzer direkt gegen den *Synthetix*-Kontrakt handeln und ein solcher Trade somit keine Auswirkung auf die wirklichen Kryptowährungen hat.

In den kommenden Jahren möchte man eine Reihe weiterer Handelsfunktionen einführen, darunter sind auch neue Vermögenswerte wie synthetische Indizes und Aktien, Leveraged Trading, binäre Optionen, synthetische Futures und ausgelöste Aufträge.

Die Statistiken des *Synthetix*-Protokolls findest du unter dashboard.synthetix.io/#synths

Und das war es schon mit *Synthetix*. Wenn du das Ganze ausprobieren möchtest, haben wir eine Schritt-für-Schritt-Anleitung für die Prägung eines *Synths* beigefügt. Ansonsten kannst du im nächsten Abschnitt mehr über die nächste DeFi-Dapp erfahren!

Synthetix: Eine Schritt-für-Schritt-Anleitung

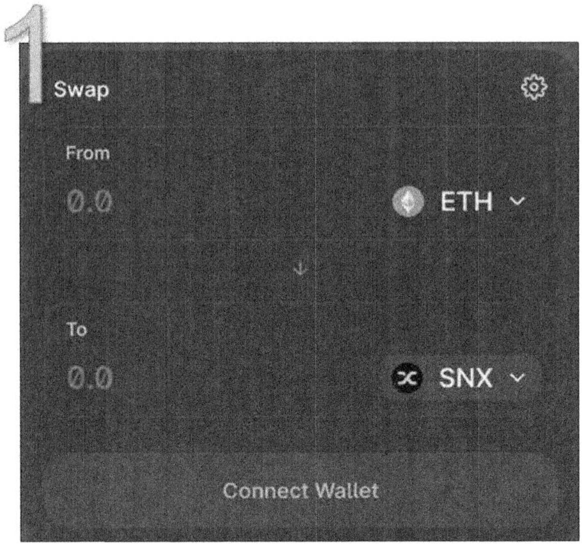

Schritt 1

- Bevor du irgendeinen Synth prägen kannst, benötigst du einen *SNX-Token*, welcher dir als Sicherheit (Collateral) angerechnet wird.
- Wenn du keins hast, kannst du auf unserer *SNX*-Seite (https://www.coingecko.com/en/coins/synthetix-network-token#markets) die Liste der verfügbaren Börsen einsehen, an denen du es eintauschen kannst
- In diesem Tutorial tauschen wir unsere *Ether* gegen *SNX* auf *Uniswap* (https://uniswap.exchange/swap)
- Verbinde danach deine Wallet und gebe den Betrag der *Ether* ein, den du gegen *SNX* tauschen möchtest.

Schritt 2

- Um dein *Synth* prägen (*Minting*) zu können, gehe bitte auf https://staking.synthetix.io/
- Verbinde nun deine Wallet mit der Plattform.
- Klicke „*MINT sUSD*“

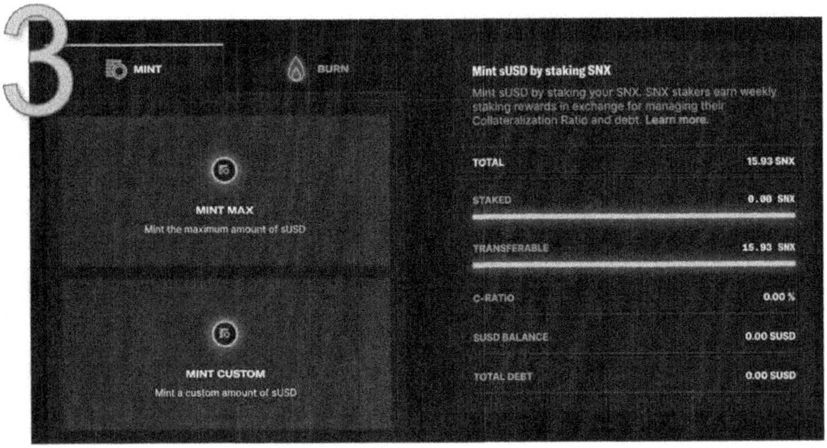

Schritt 3

- Sobald du auf der Seite bist, musst du "*MINT MAX*"oder „*MINT CUSTOM*“ auswählen.
- Für dieses Beispiel haben wir „*MINT MAX*“ ausgewählt.

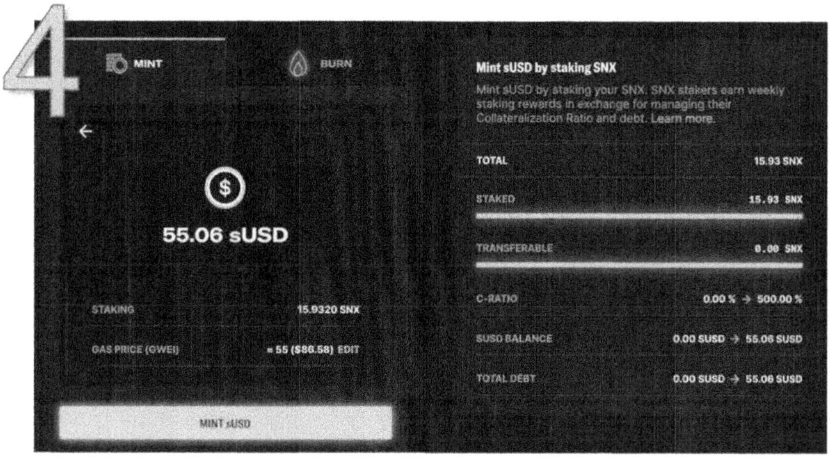

Schritt 4

- Der für die Prägung zur Verfügung stehende Betrag hängt von der Collateral Ratio von *SNX* gegenüber dem *Synth* ab
- Seit April 2021 beträgt die aktuelle *Collateral Ratio* 500%, wie aus dem C-RATIO auf der rechten Seite hervorgeht
- - 275,55 US-Dollar/500% entsprechen also ungefähr 55,06 *sUSD*
- Klicke nun auf "*MINT sUSD*".

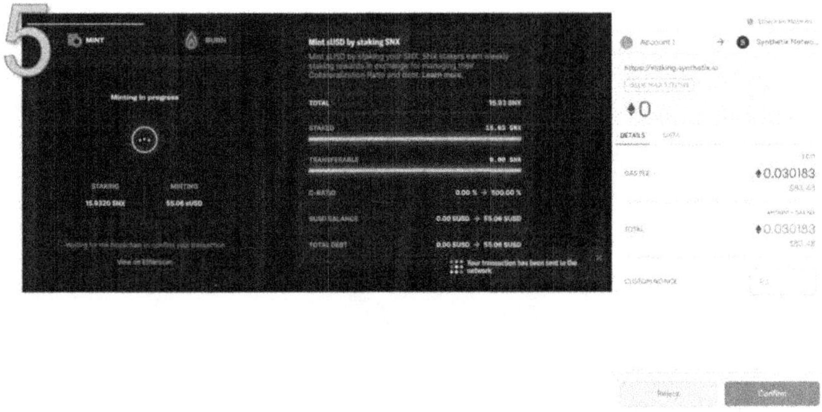

Schritt 5

- Es erscheint ein *Metamask-Pop-up*, klicke hier nun auf "**Confirm**".
- Auf der Website wird die laufende Prägung angezeigt, während wir darauf warten, dass die Transaktion abgeschlossen wird.

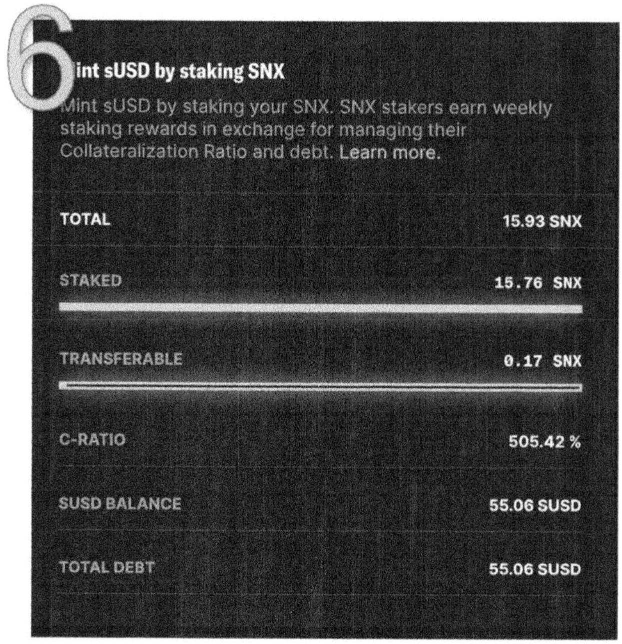

Schritt 6

- Nach der Bestätigung kannst du deine *sUSD* in deinem Guthaben sehen.

Empfohlene Literatur hierzu:

1. Crypto Derivatives, Lending, and a touch of Stablecoin (Gary Basin) https://blockgeeks.com/guides/defi-use-cases-the-best-examples-of-decentralised-finance/#_Tool_2_DeFi_Derivatives
2. DeFi Use cases: The Best Examples of Decentralised Finance (Rajarshi Mitra) https://hackernoon.com/crypto-derivatives-lending-and-a-touch-of-stablecoin-59e727510024
3. The Ultimate Guide To Synthetix. (DefiZap and @DegenSpartan) https://defitutorials.substack.com/p/the-ultimate-guide-to-synthetix
4. Synthetix (Cooper Turley and Lucas Campbell) https://fitznerblockchain.consulting/synthetix/
5. Synthetix for dummies (TwiceCrypto) https://medium.com/@TwiceCrypto/synthetix-for-dummies-477a0760d335
6. Synthetic Instruments In DeFi : Synthetix (Joel John) https://www.decentralised.co/understanding-synthetix/amp/?
7. Synthetic Assets in DeFi: Use Cases & Opportunities (Dmitriy Berenzon) https://medium.com/zenith-ventures/synthetic-assets-in-defi-use-cases-opportunities-19b11f57a776
8. The Value and Risk of Synthetix (Gavin Low) https://medium.com/the-spartan-group/the-value-and-risk-of-synthetix-45204346ce

Opyn

Was ist Opyn?

Opyn ist ein dezentraler Anbieter von Optionen und bietet Schutz gegen die Preisvolatilität deiner Vermögenswerte sowie eine Versicherung für *Smart Contracts*. Nutzer können sich somit gegen Risiken bei *Ethereum* (ETH), *Wrapped Bitcoin* (WBTC), *Yearn Finance* (YFI), *Uniswap* (UNI), *DeFiPulseIndex* (DPI) und *USDC*- und *DAI*-Einlagen bei *Compound (COMP)* absichern.

Neben dem Ausfall von *Smart Contracts* schützt *Opyn* auch vor anderen Risiken wie finanziellen und administrativen Risiken. *Opyn* tut dies durch den Einsatz von Finanzderivaten, sogenannte **Optionen**.

Was sind Optionen?

Grundsätzlich unterscheidet man zwischen zwei Arten von Optionen:

- die **Kaufoption**
- und die **Verkaufsoption**.

Eine Kaufoption (**Call**) ist ein Recht, aber keine Verpflichtung, einen Vermögenswert zu einem bestimmten Ausübungspreis innerhalb eines bestimmten Zeitraums zu kaufen.

Eine Verkaufsoption (**Put**) hingegen ist ein Recht, aber nicht die Verpflichtung, einen Vermögenswert zu einem bestimmten Ausübungspreis innerhalb eines bestimmten Zeitraums zu verkaufen.

Für jeden Käufer einer Option muss es einen Verkäufer einer Option geben. Der Käufer einer Option zahlt dem Verkäufer der Option eine Prämie, um dieses Recht zu erhalten. Um dir dies noch besser verdeutlichen zu können, findest du hier eine Analogie zu Halloween:

August

Ein bestimmtes Halloween-Kostüm, dass du schon seit einiger Zeit im Auge hast, könntest du jetzt für 100 Euro erwerben. Es könnte das angesagteste Kostüm auf der bevorstehenden Party sein, aber auch ein reiner Flop werden.

Du hast nun folgende Optionen:

A Du zahlst die 100 Euro jetzt und gönnst dir dein Kostüm. Sicher ist sicher!

B Du wartest lieber bis Halloween vor der Tür steht. Vielleicht wird es billiger!

C Du kaufst dir eine **Option** für 5 Euro, die dir das Recht gibt, das besagte Kostüm für 100 Euro kaufen zu können.

Je nachdem, wie du dich im August entschieden hast, könnte folgendes Szenario im Oktober nun eintreten:

Szenario _A_: **Oktober** (und 2 Tage vor Halloween)

Vom Geschmack her lagst du goldrichtig. Das Kostüm ist auf jeden Fall angesagt und sehr gefragt. Die Nachfrage danach ist ebenfalls sehr hoch, so dass das Kostüm nun für 200 Euro angeboten wird. **Aufgrund deiner Entscheidung im August gibt es nun folgende Szenarien**:

A Du hast jeden Grund zu feiern. Alle anderen zahlen 200 Euro und du hast dein Kostüm.

B Es ist zum Kotzen! 200 Euro? Völlig überteuert für dieses Kostüm. Kaufst du es dennoch?

C Du löst deine Option ein und kaufst dir dein Kostüm für 100 Euro. Insgesamt zahlst du also nur 105 Euro anstatt der jetzt verlangten 200.

Szenario _B_: **Oktober** (und 2 Tage vor Halloween)

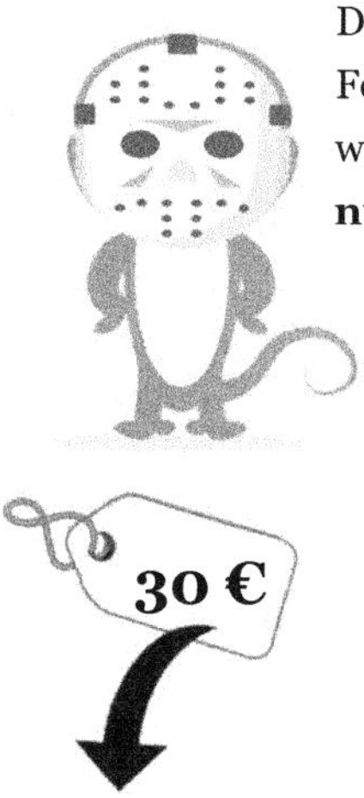

Du lagst mit deinem Geschmack leider absolut daneben. Das Kostüm findet die Mehrheit eher uncool und das hat zur Folge, dass es nun für 30 Euro bei den Restposten verramscht wird. **Aufgrund deiner Entscheidung im August gibt es nun folgende Szenarien**:

A Tut dir irgendwie schon weh, dieses Kostüm für 100 Euro gekauft zu haben. Pech!

B 70 Euro weniger aber einfach nicht mehr angesagt. Gut, dass du es nicht gekauft hast.

C Irgendwie waren es die 5 Euro doch schon wert. Jetzt da dieses Kostüm nicht mehr In sind, musst du es auch nicht mehr kaufen.

Weiterhin unterscheidet man zwischen zwei unterschiedlichen Ausführungsvarianten von Optionen:

- der **amerikanischen Option**
- und der **europäischen Option**.

Der Unterschied zwischen diesen beiden Varianten besteht darin, dass bei einer amerikanischen Option der Käufer die Option jederzeit vor dem Verfallsdatum ausüben kann, während der Käufer bei einer europäischen Option die Option nur am Ausübungsdatum ausüben kann.

Wie funktioniert Opyn?

Opyn ermöglicht es den Nutzern, sich gegen das Risiko von Preisschwankungen, die Ausnutzung von *Smart Contracts*, Verwaltungs-/*Governance*-Risiken und Black Swan-Ereignissen abzusichern. Mit *Opyn* können Nutzer zum Beispiel Verkaufsoptionen auf *ETH* und *WBTC* kaufen.

Mit *Opyn* kann ein Händler *oTokens* kaufen, die als Recht verwendet werden können, *ETH* zu verkaufen und im Falle eines massiven Preissturzes *USDC* zurückzuerhalten und sich so gegen das Abwärtsrisiko zu schützen.

Nehmen wir zum Beispiel an, dass ein Nutzer eine Put-Option auf *ETH* mit einem Ausübungspreis von 2.400 US-Dollar kauft. Wenn der *ETH*-Kurs unter den Ausübungspreis fallen würde, sagen wir auf 2.000 US-Dollar, könnte sich der Optionsinhaber mit den *oToken* die Preisdifferenz (400 US-Dollar) auszahlen lassen. Obwohl für den Kauf von Optionen eine Prämie erhoben wird, die je nach Marktteilnehmer variieren kann, überwiegen im Extremfall die Vorteile bei weitem die

Kosten, da die Höhe der Verluste für den Inhaber begrenzt wird. Als Gegenpartei für die Ausübung der Optionen ist keine zentralisierte Einrichtung erforderlich, so dass es sich um eine wirklich dezentrale Versicherungsplattform handelt.

Wie viel kosten die Optionen?

Der Preis für Optionen und Versicherungen auf *Opyn* variiert je nach Protokoll, Optionsart, Deckungszeitraum und Deckungsbetrag. In *Opyn* Version 1 können die auf *Opyn* geprägten oTokens an dezentralen Börsen wie *Uniswap* gehandelt werden, aber in *Opyn Version 2* werden Optionen über ein Orderbuchmodell gehandelt, bei dem Käufer und Verkäufer ihre Limit-Orders platzieren können. Unabhängig davon schwankt der Wert der *oTokens* je nach Angebot und Nachfrage von Optionen für ein bestimmtes Protokoll.

Der angegebene Preis spiegelt in der Regel den inneren Wert der Option wider. Beträgt beispielsweise der Ausübungspreis einer Verkaufsoption 2.000 US-Dollar und der aktuelle Preis des Vermögenswerts 1.000 US-Dollar, würde man erwarten, dass der Preis der Verkaufsoption mindestens der Differenz zwischen dem Preis des Vermögenswerts und dem Ausübungspreis entspricht. In diesem Fall wäre die Option mindestens 1.000 US-Dollar wert. Andere Faktoren wie der Zeitverfall oder grundsätzlich negative Veränderungen im Wert eines Vermögenswerts würden jedoch ebenfalls zu einem Abschlag auf die Optionsprämie führen.

Da der Preis von *oTokens* durch Angebot und Nachfrage bestimmt wird, kann man dies als Signalmechanismus nutzen, um zu überprüfen, ob die Optionen über- oder unterbewertet sind. Wenn die Leute glauben, dass die Option unterbewertet ist, werden sie anfangen, mehr *oTokens* zu kaufen, und die *oTokens* würden im Preis steigen.

Warum sollte jemand eine Absicherung auf Opyn verkaufen?

Für jeden Käufer einer Versicherung (Käufer einer Verkaufsoption) auf *Opyn* muss es einen Anbieter einer Versicherung (Verkäufer einer Verkaufsoption) auf *Opyn* geben. Als Versicherungsanbieter auf *Opyn* können Einzelpersonen eine Rendite auf ihre Bestände an *ETH, YFI, UNI, WBTC* oder *DPI* erzielen.

Dazu muss man zunächst eines dieser Vermögenswerte als Sicherheit für den *Smart Contract* von *Opyn* bereitstellen. Je nach der verkauften Versicherung sind unterschiedliche Besicherungsquoten erforderlich. Für zusammengesetzte Einlagen ist ein Verhältnis von 140 % erforderlich, während für alle anderen Verkaufs- und Kaufoptionen 100 % erforderlich sind.

Sobald die Sicherheiten gestellt wurden, können *oTokens* geprägt werden. Von dort aus können Prämien auf zwei Arten verdient werden:

1. **Ein Liquiditätsanbieter auf Uniswap sein**
(uniswap.exchange/add-liquidity?token=0x98cc3bd6af1880fcfda17ac477b2f612980e5e33)

   Als Liquiditätsanbieter auf *Uniswap* kann man Transaktionsgebühren von Personen einnehmen, die auf der *Opyn*-Plattform über *Uniswap* kaufen und verkaufen. Liquiditätsanbieter haben die Möglichkeit, mit der Bereitstellung von Liquidität auf *Uniswap* einen hohen, aber variablen Ertrag zu erzielen. Liquiditätsanbieter können jederzeit Mittel abziehen. Unser Abschnitt über *Uniswap* zeigt dir die Schritte zur Bereitstellung von Liquidität auf *Uniswap*.

2. Verkauf von oTokens auf Uniswap

(uniswap.exchange/swap?inputCurrency=0x98cc3bd6af1880fcfda17ac477b2f612980e5e33)

Die geprägten *oTokens* können auf *Uniswap* verkauft werden. Um die Rendite für den Verkauf von *oTokens* auf *Uniswap* zu berechnen, können Sie auf *Opyns* Registerkarte "Verkaufsschutz" nachsehen. Die Rendite für die Versicherung von *Compound Deposits* ist die Differenz zwischen der unversicherten Rendite und der versicherten Rendite. Die Renditen für Kauf- und Verkaufsoptionen für andere Vermögenswerte können in den Spalten "Prämien verdienen" und "Ertrag (annualisierte Rendite)" eingesehen werden.

Die Prämien, die mit den gestellten Sicherheiten verdient werden können, sind recht lukrativ. Die Erzielung dieser Rendite ist jedoch nicht ohne Risiko. Durch den Verkauf einer Put-Option gegen Rendite geht der Optionsverkäufer das Risiko ein, dass ein unerwünschtes Ereignis nicht eintritt (z. B. technische Risiken wie Hacks). Der Einzelne muss außerdem seine jeweiligen Besicherungsquoten einhalten, um eine Liquidation zu vermeiden.

Ist Opyn sicher?

Opyn verfügt über einen öffentlich verifizierbaren intelligenten Vertrag und wurde von *OpenZeppelin*, einem Unternehmen für die Prüfung *Smart Contracts*, geprüft. Der vollständige Bericht ist hier verfügbar: https://blog.openzeppelin.com/opyn-contracts-audit/

Opyn ist außerdem nicht vertrauenswürdig, da es auf Anreize angewiesen ist, damit es funktioniert.

Opyn Version 2

Die Version 2 von *Opyn* wurde am 30. Dezember 2020 veröffentlicht und trägt den Namen *Gamma Protocol* (Die Version 1 hieß *Convexity Protocol*). Die Version 2 bietet europäische Optionen mit einem Barausgleich im Gegensatz zu den amerikanischen Optionen mit physischem Ausgleich in Version 1.

Neben der Veränderung des Produkts bietet die neueste Version eine Reihe von zusätzlichen Funktionen:

- Margin-Verbesserungen
  Benutzer können Put Credit Spreads und Put Debit Spreads erstellen, was die Kapitaleffizienz erheblich verbessert

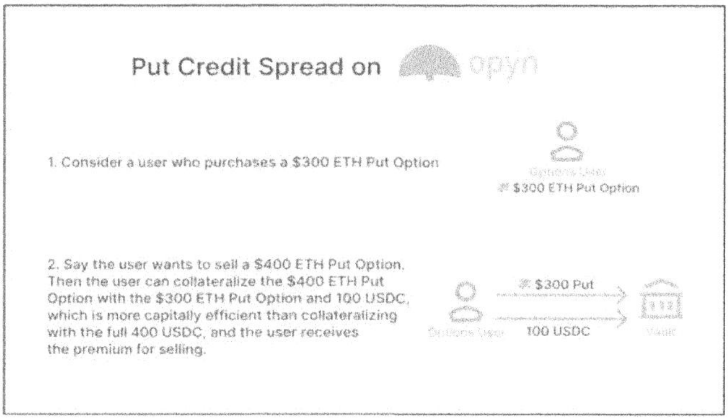

- In-the-money-Optionen werden bei Ablauf automatisch ausgeübt
- Jeder kann neue Optionen erstellen, wenn der Vermögenswert in die *Whitelist* aufgenommen wurde.
- Renditetragende Vermögenswerte (z. B. *cTokens, aTokens, yTokens*) können als Sicherheiten verwendet werden

Optionen der Version 2 werden an der *0x Exchange* gehandelt. Obwohl *Opyn Version 2* veröffentlicht wurde, ist Version 1 auch noch in Betrieb. Zum Zeitpunkt der Erstellung dieses Buches (April 2021) unterstützt die Version 2 nur die Optionen auf *Wrapped Ether*.

Schauen wir uns nun an, wie du über beide Versionen von Opyn einige Verkaufsoptionen für sich selbst erwerben kannst.

Opyn Version 1: Schritt-für-Schritt-Anleitung

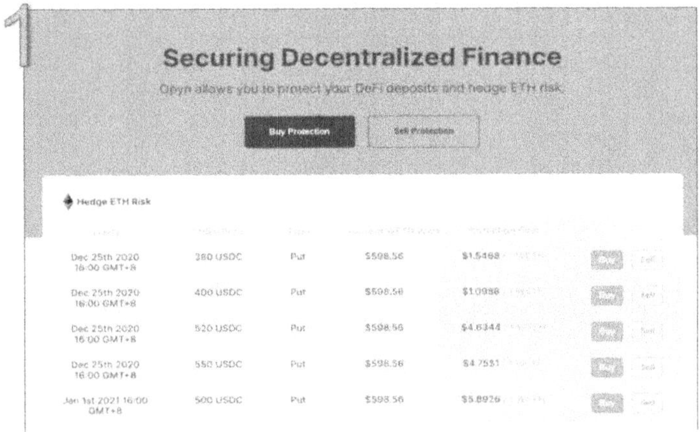

Schritt 1

- Gehe auf https://v1.opyn.co/#/ und klicke dort auf "Buy Protection". Wir werden hier in dem Beispiel nun einige *WETH* versichern.

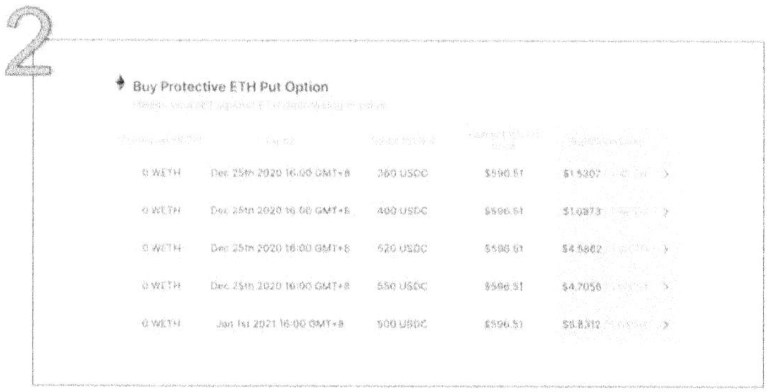

Schritt 2

- Auf der Seite "***Buy Protection***" sind alle Vermögenswerte aufgeführt, für die *Opyn* Optionen anbietet.
- Scrolle zur Liste der *ETH*-Verkaufsoptionen und klicke auf "**Buy**" für eine Verkaufsoption deiner Wahl.

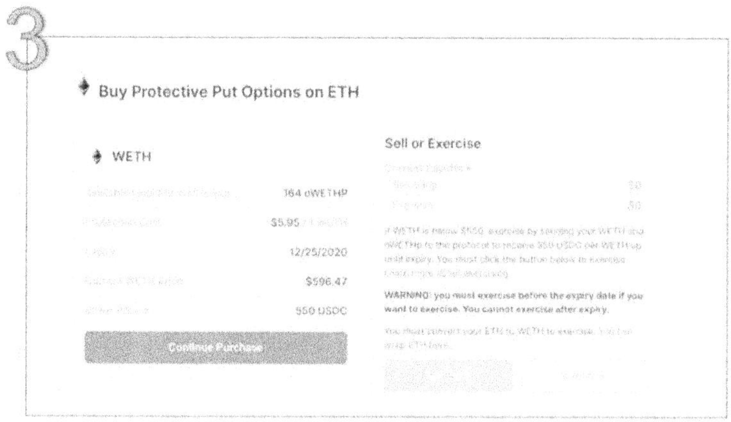

Schritt 3

- Wenn du "**Buy**" für eine der Verkaufsoptionen wählst, erhältst du weitere Details
- Wenn die Schaltfläche "**Continue Purchase**" ausgegraut ist, musst du deine *ETH* möglicherweise auf einer DEX umwandeln.
- Klicke auf "**Continue Purchase**", um fortzufahren.

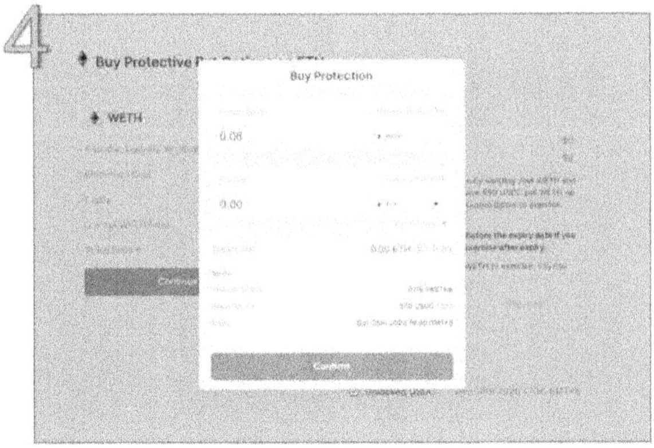

Schritt 4

- Es erscheint ein Dialogfeld. Lege den Betrag in WETH fest, den du abdecken möchtest, sowie den Vermögenswert, auf den die Gebühr lauten soll.
- Überprüfe die Details noch einmal und klicke auf "Bestätigen", um die Transaktion zu genehmigen.

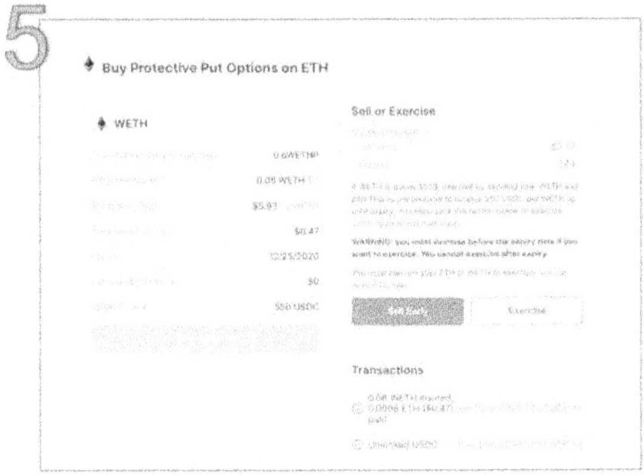

Schritt 5

- Sobald die Transaktion verarbeitet wurde, zeigt Opyn die Transaktion an.
- Du bist nun gegen einen ETH-Preisverfall versichert!

Opyn Version 2: Schritt-für-Schritt-Anleitung

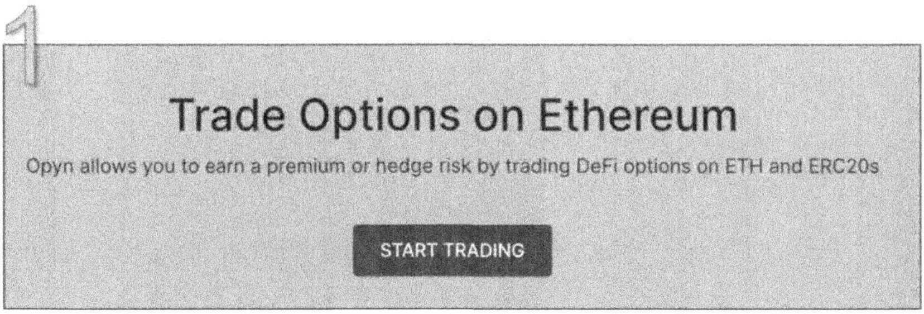

Schritt 1

- Gehe auf https://opyn.co/#/ und klicke auf "**START TRADING**". Wir werden hier nun einige *WETH* versichern.

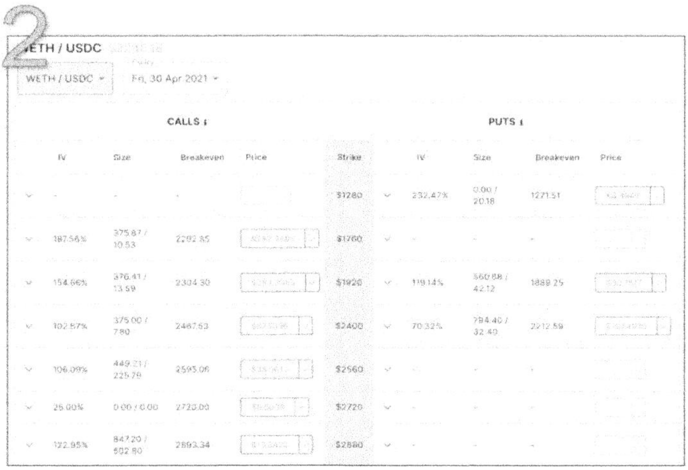

Schritt 2

- Wähle das gewünschte Ablaufdatum. In diesem Beispiel haben wir den 30-Apr-2021 gewählt.
- Wähle den gewünschten Ausübungspreis. Wir haben 1.280 US-Dollar gewählt.
- Klicke auf den Preis

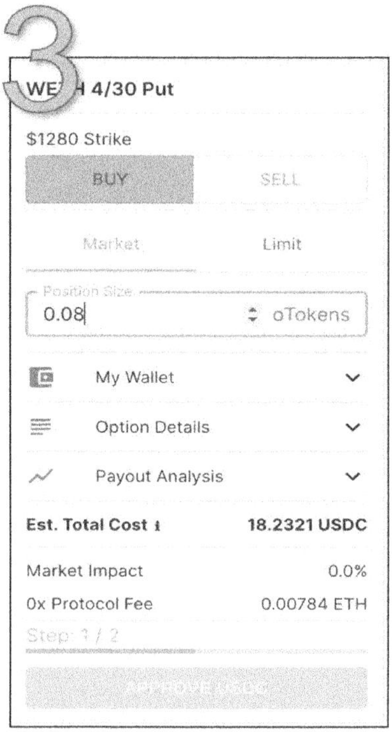

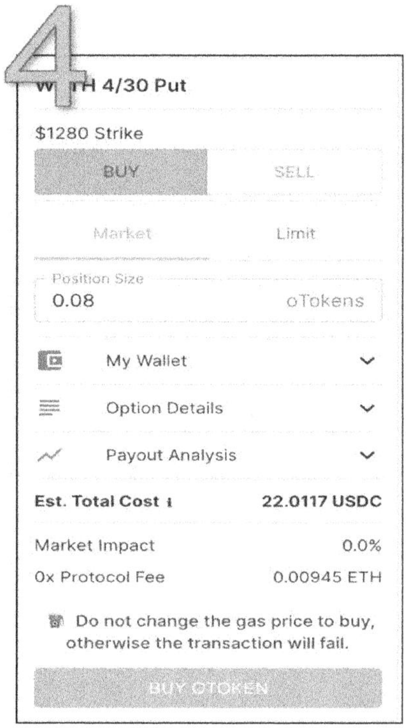

Schritt 3

- Es wird ein neues Fenster mit weiteren Details angezeigt, z. B. den Gesamtkosten und der Aufschlüsselung der Gebühren.
- Gebe die Menge an oTokens ein, die du kaufen möchtest.
- Klicke auf die Schaltfläche, um die Ausgabe Ihrer USDC zu genehmigen und die Transaktionsgebühr zu bezahlen.

Schritt 4

- Klicke auf '***oToken* kaufen**'.
- Du bist jetzt gegen einen *ETH*-Preisverfall versichert!
- Wenn der *ETH*-Preis am 30. April 2021 unter 1.280 US-Dollar liegt, können wir unsere *oTokens* ausüben.

Empfohlene Literatur hierzu

1. Convexity Protocol Announcement (Zubin Koticha) https://twitter.com/snarkyzk/status/1194442219530280960
2. Options Protocol Brings 'Insurance' to DeFi Deposits on Compound (Brady Dale) https://www.coindesk.com/options-protocol-brings-insurance-to-defi-deposits-on-compound
3. Getting Started (Opyn) https://opyn.gitbook.io/opyn/
4. Opyn launches insurance platform to protect DeFi users (Zubin Koticha) https://medium.com/opyn/opyn-launches-insurance-platform-to-protect-defi-users-fdcabaca7d97
5. Exploring the Decentralized Insurance Arena That's Rising on Ethereum (William Peaster) https://blockonomi.com/decentralized-insurance-ethereum/

Kapitel 9: Dezentrales Vermögensmanagement

Das Fondsmanagement oder auch die Vermögensverwaltung ist der Prozess der Überwachung deines Vermögens und der Verwaltung deines Cashflows, um eine Rendite auf deine Investitionen zu erzielen. Innovative DeFi-Teams haben damit begonnen, Wege für die Nutzer zu finden, ihre Kryptowährungen in der DeFi-Welt besser dezentral verwalten und managen zu können.

In der dezentralisierten Welt wird die Vermögensverwaltung in einer Weise durchgeführt, bei der ein menschlicher Investmentmanager nicht mehr erforderlich ist und du die Vermögensverwaltungsstrategie wählen kannst, die deinen finanziellen Bedürfnissen am besten entspricht. Die dezentrale Vermögensverwaltung reduziert ebenso die zu entrichtenden Gebühren, da ein dezentralisiertes Protokoll die Arbeit der Vermögensverwaltung für dich übernimmt.

Um zu verstehen, wie ein solches Vermögensmanagement in einem dezentralen System funktionieren kann, stellen wir dir die Token-Sets vor.

TokenSets

TokenSets ist eine Plattform, die es Krypto-Benutzern ermöglicht, sogenannte *Strategy Enabled Tokens* (SET) zu kaufen. Diese Token verfügen über automatisierte Vermögensverwaltungsstrategien, die es dir ermöglichen, dein Portfolio an Kryptowährungen einfach zu verwalten, ohne dass du die Handelsstrategie manuell ausführen musst. Mit einer automatisierten Handelsstrategie musst du den Markt nicht Tag und Nacht selbst überwachen. Die dezentralisierte Form der Vermögensverwaltung vereinfacht deine Anlagestrategie und macht das Ganze zu einer passiven Geschichte, bei der sämtliche Emotionalität deinerseits wegfällt und die Strategie dem Algorithmus anvertraut wird. Jedes *TokenSet* ist ein *ERC20-Token* (auf Ethereum basierend) und besteht aus einem großen Korb unterschiedlicher Kryptowährungen, welcher die Bestände auf der Grundlage der von dir ausgewählten Strategie ständig automatisiert erneuert. Mit anderen Worten: SET implementiert im Wesentlichen die sinnvollen Handelsstrategien für Kryptowährungen in der Form eines Tokens.

Zwischen welchen Arten von Sets unterscheidet man?

In unserer ersten Ausgabe gab es Social- und Robo Sets. Diese wurden jedoch im ersten Quartal 2021 abgeschafft. Es gibt jetzt zwei Arten von Sets:

(i) ***Index Sets*** und

(ii) ***Yield Farming Sets***.

Index-Sets

Index-Sets ermöglichen es den Nutzern, sich an mehr Vermögenswerten zu beteiligen und die Gas-Gebühren zu reduzieren, indem sie einen einzigen Token kaufen, anstatt mehrere

Vermögenswerte einzeln zu erwerben. Das beliebteste *Index-Set* ist der *DeFiPulse Index* (**DPI**), ein Index, der die Wertentwicklung von DeFi-Tokens auf der Grundlage eines nach Marktkapitalisierung gewichteten Indexes abbildet.

Zum Zeitpunkt der Erstellung dieses Buches (April 2021) gibt es 14 DeFi-Assets unter DPI:

1. Uniswap (UNI)
2. Aave (AAVE)
3. Synthetix Network Token (SNX)
4. Sushiswap (SUSHI)
5. Maker (MKR)
6. Compound (COMP)
7. Yearn.Finance (YFI)
8. REN (REN)
9. Loopring (LRC)
10. Balancer (BAL)
11. Kyber Network (KNC)

12. Harvest Finance (FARM)
13. Cream Finance (CREAM)
14. Meta (MTA)

Yield Farming Sets

Yield Farming Sets ermöglichen es den Nutzern, Benzin zu sparen, indem sie nicht ständig mehrere *Smart-Contract*-Transaktionen durchführen müssen, um mit *Yield Farming*-Protokollen Erträge zu generieren. Die Strategien dieser Sets fordern in regelmäßigen Abständen *Liquidity Provider* (LP) *Rewards* ein, verkaufen diese für die kuratierten Assets und setzen diese Assets ein, um weitere LP Rewards zu generieren. Im Grunde ist dies ein Beispiel für die DeFi-Art eines Zinseszinses!

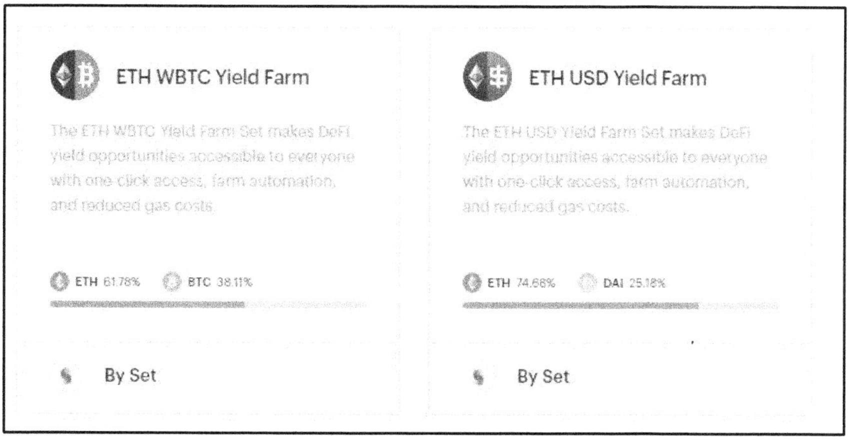

Warum könnten solche Sets für mich sinnvoll sein?

Mit den beschriebenen Sets werden im Wesentlichen gewisse Trading-Strategien in *Token* eingebracht. Wenn du eine der ausgewählten Handelsstrategien ausprobieren oder in die Fußstapfen professioneller Trader treten möchtest, kann ein solches Set der einfachste Weg sein, dies zu tun.

Trotzdem solltest du dir immer erst ein genaues Bild von allem machen und dich gründlich informieren. Nur weil ein Set in der Vergangenheit gute Erfolge eingefahren hat, bedeutet das nicht, dass es dies auch weiterhin tun wird. Der Markt von Kryptowährungen ist generell sehr volatil und das alte Sprichwort, dass „vergangene Leistungen kein Indikator für künftige Ergebnisse darstellen", trifft hier besonders zu. Am besten ist, du recherchierst hier selbst und vergleichst die verfügbaren Strategien, um herauszufinden, welche für dich am sinnvollsten wäre.

Wir werden einen der beliebten Indexsätze als Beispiel durchgehen - den *DeFi Pulse* Indexsatz. In diesem Fall folgt das Index-Set der Strategie der Marktkapitalisierungsgewichtung, die das Set auf der Grundlage der Marktkapitalisierung der zugrunde liegenden Vermögenswerte neu gewichtet. Diese Handelsstrategie verzeichnete seit ihrer Auflegung (10. September 2020 - 1. April 2021) einen Wertzuwachs von 252 %.

Es mag sein, dass dieser Indexsatz nicht so gut abschneidet wie einige seiner Basiswerte im Einzelnen. Er übertraf jedoch die meisten seiner Basiswerte bei weitem (11 von 14). Solange die Nutzer keine nachhaltigen Wettbewerbsvorteile beim aktiven Investieren haben, ist das passive Investieren über Index-Sets die beste Option für ein diversifiziertes Engagement in diesem Bereich.

Das war es auch schon über die TokenSets - wenn du einsteigen oder es ausprobieren möchtest, haben wir eine Schritt-für-Schritt-Anleitung für den Einstieg in Sets beigefügt. Ansonsten kannst du im nächsten Kapitel mehr über die nächste DeFi-Dapp erfahren!

TokenSets: Eine Schritt-für-Schritt-Anleitung

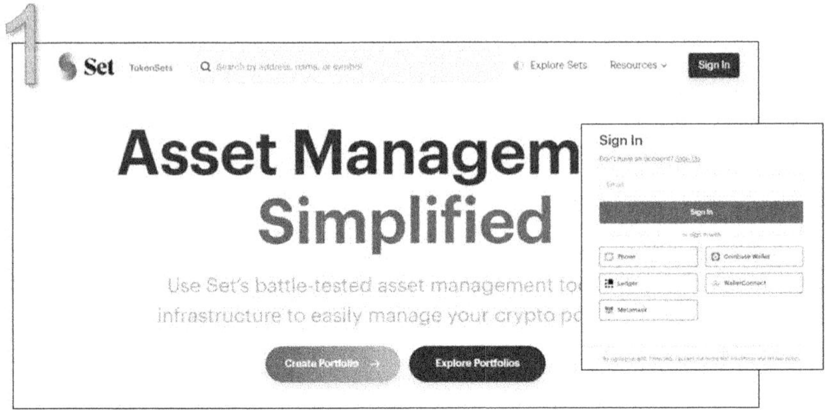

Schritt 1

- Gehe auf: https://www.tokensets.com/
- Klicke hier oben rechts auf “Sign In ”
- Wähle „Sign in“ mit *Metamask* oder einer beliebigen Wallet deiner Wahl

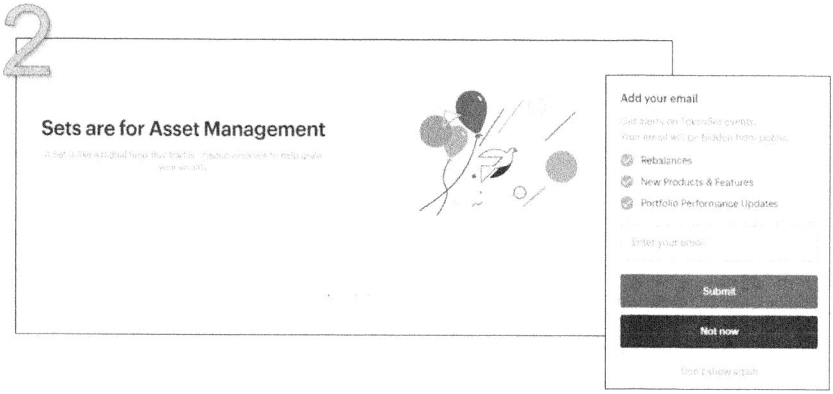

Schritt 2

- Du wirst zu einer neuen Schnittstelle weitergeleitet.
- Ein Popup-Fenster fragt dich nach deiner E-Mail-Adresse. Du kannst es ignorieren, da es optional ist.

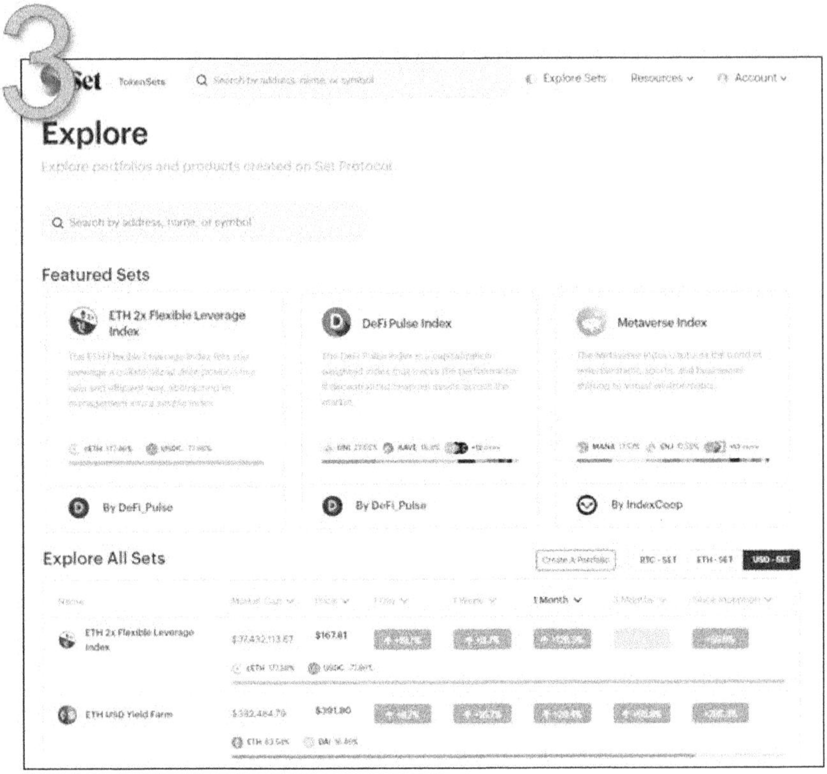

Schritt 3

- Schließlich gelangst du zur Seite "EXPLORE".
- Du siehst eine Liste der verfügbaren Sets.
- Index-Sets haben in der Regel das Wort "Index" und Farm-Index hat das Wort "Farm".
- Zum Beispiel: "*DeFi Pulse Index*" und "*ETH-USD Yield Farm*"

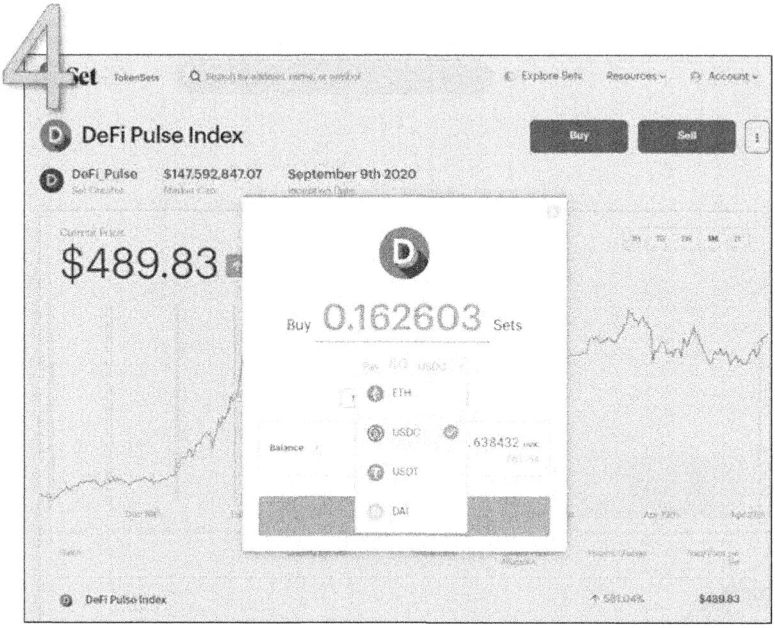

Schritt 4

- Schauen wir uns an, wie du eines der Sets kaufen kannst. Wir haben den DeFi Pulse Index als Beispiel gewählt.
- Klicke im Explorer auf DeFi Pulse
- Klicke dann auf "**Buy**".
- Ein Pop-up-Fenster wird angezeigt
- Du kannst wählen, ob du mit einer der vier unterstützten Währungen kaufen möchtest
- Wir haben uns für den Kauf von *DPI* im Wert von 80 *USDC* (80 US-Dollar) entschieden.
- Klicke auf "Submit".

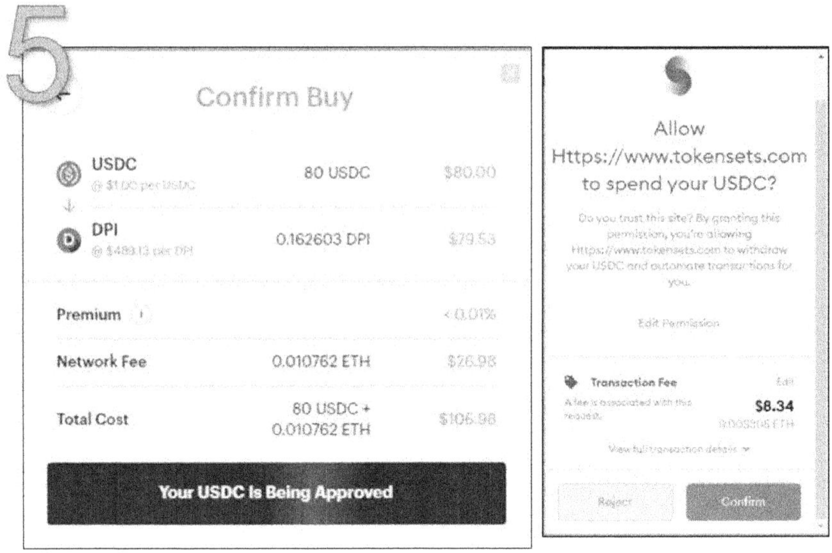

Schritt 5:

- Du musst *TokenSets* separat in deiner *Wallet* genehmigen, um deine *USDC* auszugeben.
- Klicke auf „**Confirm**" auf deiner *Metamask*.

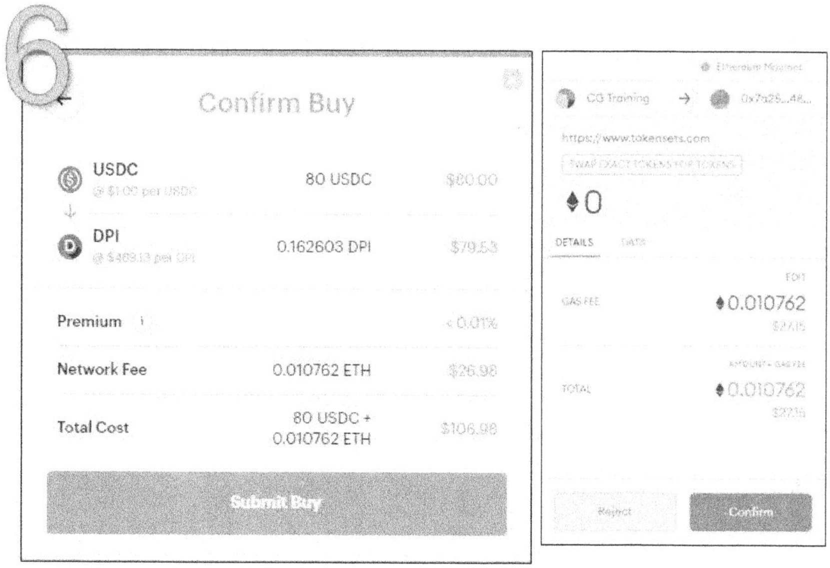

Schritt 6

- Sobald die Genehmigung bestätigt ist, kannst du deinen Kauf abschicken.
- Eine weitere Transaktionsgenehmigung ist erforderlich
- Klicke auf "**Confirm**" in deiner *Metamask*
- Fertig!

Empfohlene Literatur hierzu:

1. Automated Asset Management with Set Protocol. (Zerion) https://blog.zerion.io/tokensets-explained-af5771208860?gi=3beb1e590e6f
2. DeFi10 Part 1: Lessons in Building a DeFi Portfolio https://thedefiant.substack.com/p/defi10-part-1-lessons-in-building
3. DeFi10 Part2: Becoming a Programmable Money Fund Manager https://thedefiant.substack.com/p/defi10-part2-becoming-a-programmable
4. Returns of Hodling versus DeFi-ing (Evgeny Yurtaev) https://blog.zerion.io/returns-of-holding-vs-defi-ing-c6f050e89c8e

Kapitel 10: Dezentrale Lotterie

Bislang haben wir uns mit den unterschiedlichsten Protokollen für *Stablecoins*, *dezentralisierten Börsen*, *Swaps* und *Derivaten* beschäftigt – alles ernsthafte Bereiche eines Finanzmarkts. In diesem Abschnitt wird es etwas lockerer – eine Lotterie in dezentraler Ausprägung und das sogar ganz ohne irgendwelche Verluste.
Anfang Februar 2020 gewann ein solcher Lotterieteilnehmer, welcher nur 10 US-Dollar eingezahlt hatte, ganze 1.648 US-Dollar im wöchentlichen *DAI*-Preispool von *PoolTogether*, einem dezentralisierten Lotterie-Protokoll (twitter.com/PoolTogether_/status/1225875154019979265).

PoolTogether

PoolTogether ist eine dezentrale Lotterie, bei der du die Chance auf einen Gewinn hast, es aber keinen Verlust gibt. Ja, das hast du richtig gelesen: kein Verlust. Dein Einzahlungsbetrag ist dein Einsatz beim Lotteriespiel, welchen du nach der Ziehung des Lotteriegewinns komplett zurückerhältst. Das Preisgeld bzw. der Lotteriegewinn wird nicht mit den gekauften Lottoscheinen finanziert, sondern durch die erwirtschafteten Zinsen, die alle Einzahlungen zusammen am Kapitalmarkt innerhalb der Los-Zeit erbracht haben. Auch bei *PoolTogether* handelt es sich um ein dezentralisiertes Protokoll, welches all die Einzahlungen dann z. B. zu Compound oder anderen DeFi-Plattformen schickt, um für die Los-Zeit einen Zinsbetrag zu erwirtschaften. Nach dem Zufallsprinzip wird am Ende der Gewinner bzw. seine Wallet-Adresse ermittelt und an diesen die erbrachte Einlage sowie der gesamte Zinsgewinn gesendet.

Die Teilnahme bei *PoolTogether* ist nach gewohnter DeFi-Manier ebenfalls ziemlich unkompliziert: „Kaufe“ einfach sogenannte *PoolTogether*-Tickets mit der Einzahlung von DAI, USDC, UNI oder COMP Token. Jeder einzelne eingezahlte Stablecoin entspricht hierbei einem Los bzw. Ticket und deine Gewinnchance steigt proportional mit der Anzahl deiner gekauften Tickets. *PoolTogether* unterstützt derzeit verschiedene Lotterie-Programme – einen wöchentlichen DAI-Pool (eingeführt im Dezember 2019) und einen täglichen USDC-Pool (eingeführt im Februar 2020) sowie einen *UNI*- und einen *COMP-Pool.* Sponsoren können dem Pool zusätzliche Belohnungen in Form von Token zur Verfügung stellen, was als Loot Box bekannt ist. In Bezug auf die Sicherheit hat *PoolTogether* mehrere Sicherheitsprüfungen durchlaufen, um ihre Codes zu überprüfen.

Ein Teil des Gewinns wird neben den erwirtschafteten Kapitalerträgen auch von Sponsoren zur Verfügung gestellt, um die Teilnehmerzahl zu erhöhen, Aufmerksamkeit zu generieren und den Einsatzpool in Zukunft vergrößern zu können. Sponsoren, die freiwillig etwas zum Preisgeld bzw. Gewinn hinzugeben, dürfen nicht am Gewinnspiel teilnehmen. Es handelt sich hierbei übrigens nicht um ein komplett neues Konzept, sondern ähnelt dem sogenannten Prize-Linked-Savings Account (PLSA), welches in einigen Ländern vor allem die Arbeiterklasse zum Sparen anregen soll. Eines der bekanntesten Programme ist das „Save to Win“-Programm der Michigan Credit Union League, eine Art Sparkasse in den USA.

Was spricht für dezentrale Lotterien?

Der Anreiz besteht darin, dass Spieleinsätze nicht über einen Mittelsmann oder einen Makler laufen, sondern stattdessen über einen *Smart Contract* direkt verwendet werden. Ebenso gibt es gewöhnlich auch keine Sperrfrist für die Spieleinsätze, sodass man seinen Spieleinsatz jederzeit (sogar vor Gewinnbekanntgabe) dem Protokoll wieder entnehmen kann. Und natürlich ist auch hier keinerlei Registrierung erforderlich und die Anmeldung erfolgt lediglich durch deine zugeordnete Einzahlung deiner Wallet.

Traditionell haben Rechtsprechung und Schutzgesetze der Glücksspielindustrie dafür gesorgt, dass in der realen Welt verlustfreie Lotterien wie die *PLSA-Programme* nur Benutzern aus bestimmten geografischen Gebieten den Beitritt ermöglichen. Es scheint, als ob diese Form von Glücksspiel von politischer Seite eher ungern gesehen und in westlichen Ländern kaum geduldet wird. Dem erfahrenen DeFi-Teilnehmer kann dies jedoch völlig egal sein, denn zu diesem Zeitpunkt gelten für dezentralisierte Anwendungen keine konkreten Regularien und somit kann jeder an solchen dezentralisierten Programmen teilnehmen.

Wo ist der Haken dieses Angebots?

Oftmals sagt man, dass es kein „Free Lunch" gibt und schlussendlich immer einen Preis bezahlt. Richtig! Es gibt bei der Sache einen kleinen Haken – die Opportunitätskosten für deinen Spieleinsatz. In der Zeit, in der du deine Kryptowährungen als Spieleinsatz z. B. in das *PoolTogether*-Protokoll einbringst, verzichtest du darauf, es gewinnbringend auf anderen DeFi-Plattformen wie z. B. Compound anzulegen. Deine „Gebühr" für die Teilnahme an dieser Lotterie ist im

Grunde genommen der Zins, auf den du hierfür verzichtest, und eine kleine *Mining Fee*, die für den Transfer deiner Kryptowährungen über die Blockchain anfällt.

Wie hoch sind die Gewinnchancen?

Die Gewinnchancen hängen von der Anzahl der gekauften Lose ab. Wenn sich beispielsweise 1.000 Lose im Pool befinden und du ein Los kaufst, liegt deine Gewinnchance bei 1 zu 1.000. Du kannst deine Gewinnchancen jederzeit auf der PoolTogether-Kontoseite überprüfen.

Was ist neu in der Version 3 von PoolTogether?

Jetzt kann jeder seinen eigenen verlustfreien Preispool mit *PoolTogether* erstellen, mit Unterstützung für alle *ERC 20-Token.* Außerdem hat sich das Protokoll entschieden, neben Compound Lending auch andere Renditequellen wie *Yearn Finance* und *Aave* zu unterstützen. So kann das Preisgeld nun über verschiedene Renditequellen finanziert werden.

PoolTogether-Token

Der *Governance-Token* für das *PoolTogether*-Protokoll - ***POOL*** - wurde am 18. Februar 2021 veröffentlicht. 14% des Gesamtangebots wurden an alle Nutzer vor dem 14. Januar 2021 ausgegeben. Es war eine große Überraschung für die Leser unseres Buches, die es geschafft haben, die Plattform zu nutzen.

Die Verteilung erfolgte auf der Grundlage des eingezahlten Betrags und der Verweildauer im Pool. Einer unserer Kollegen, der zwei Monate lang nur 5 *DAI* eingezahlt hatte, erhielt zum Beispiel *300 POOL.* Bei einem anfänglichen Handelspreis von etwa 20 US-Dollar war der *Airdrop* somit etwa 6.000 US-Dollar wert.

Im Rahmen des Liquiditätsabbauprogramms wurden seit dem 17. Februar 2021 über 14 Wochen hinweg 5 % des Gesamtangebots an alle Einzahler verteilt. Das ist ein Preispool von 5.100 *POOL* pro Tag, d.h. 102.000 US-Dollar pro Tag!

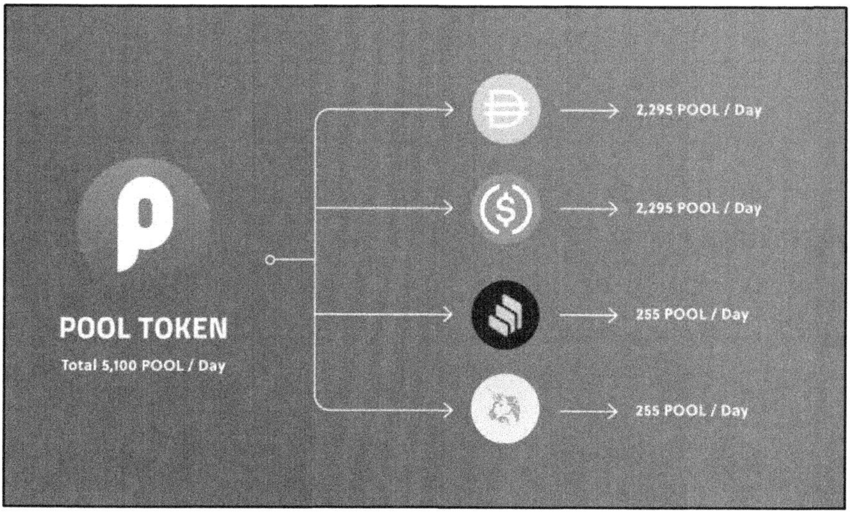

57,54 % des Angebots werden in der Protokoll-Schatzkammer platziert, wo die Verwendung durch die Governance bestimmt wird. Zum Beispiel können POOL-Token-Inhaber abstimmen über:

- Schaffung eines Empfehlungsprogramms
- Einrichtung eines Liquiditätsabbauprogramms für die Zukunft
- Einrichtung eines Stipendienprogramms

PoolTogether Governance

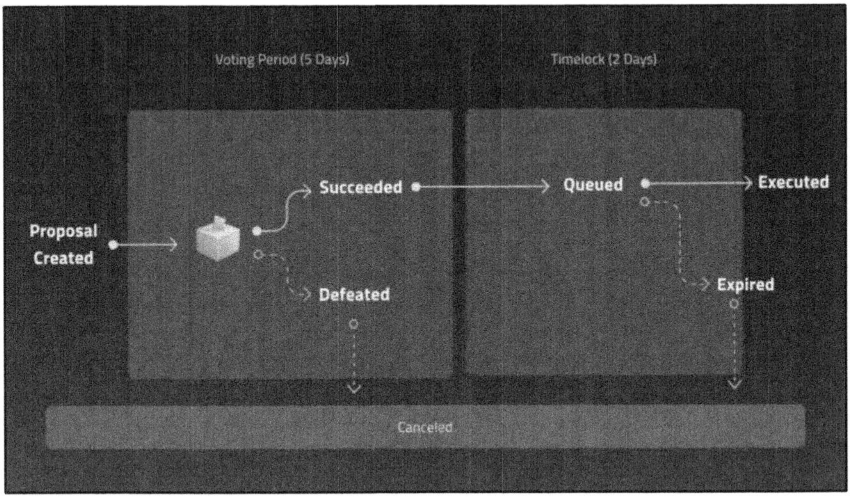

Um einen *Governance*-Vorschlag einzureichen, müssen die Nutzer entweder 10.000 *POOL-Token* (0,1 % des Gesamtangebots) besitzen oder 10.000 *POOL-Token* an sich selbst delegieren lassen. Es gibt eine fünftägige Abstimmungsfrist. Bei einem *Quorum* von 1 % (mindestens 100.000 abgegebene Stimmen) gilt der Vorschlag als mit Mehrheit angenommen. Der Vorschlag wird nach einer zweitägigen Sperrfrist umgesetzt.

Um eine Delegation zu erhalten, müssen die Nutzer sich selbst auf der *Sybil Governance*-Website (sybil.org/#/delegates/pool) delegieren. Zunächst werden *POOL-Token*-Inhaber in der Lage sein, darüber abzustimmen:

- Anpassung der Anzahl der Gewinner für einen Preispool
- Anpassung der Preisfrequenz
- neue Preisstrategien zu genehmigen
- neue Preispools einführen

Wenn du gleich loslegen oder es ausprobieren möchtest, haben wir eine Schritt-für-Schritt-Anleitung zur Nutzung von *PoolTogether* beigefügt. Ansonsten kannst du im nächsten Kapitel mehr über die nächste DeFi DApp erfahren.

PoolTogether: Eine Schritt-für-Schritt-Anleitung

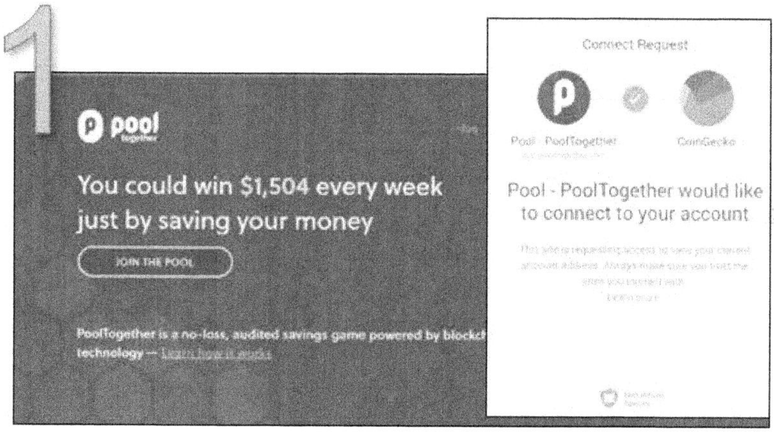

Schritt 1

- Gehe zu https://www.pooltogether.com/.
- Verbinde deine Wallet
- Stelle sicher, dass du über *DAI, USDC, UNI* oder *COMP* in deiner Wallet verfügst. Für dieses Beispiel benutzen wir DAI.

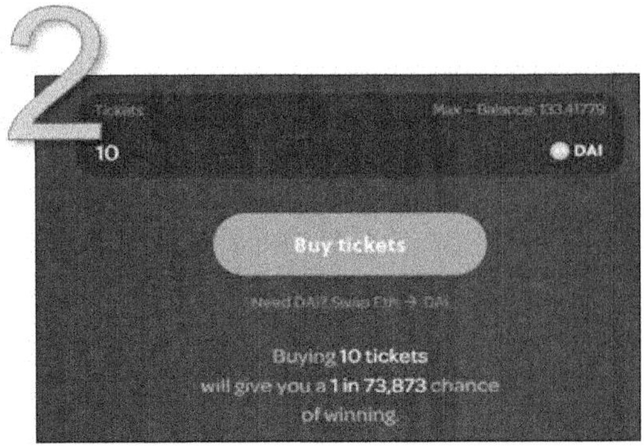

Schritt 2

- Gebe die Anzahl der Tickets ein, die du kaufen möchtest.
- Hinweis: 1 Lotterie-Ticket kostet dich 1 *DAI* und steht für eine Teilnahme. Deine Gewinnwahrscheinlichkeit steigt mit der Anzahl der Lose.

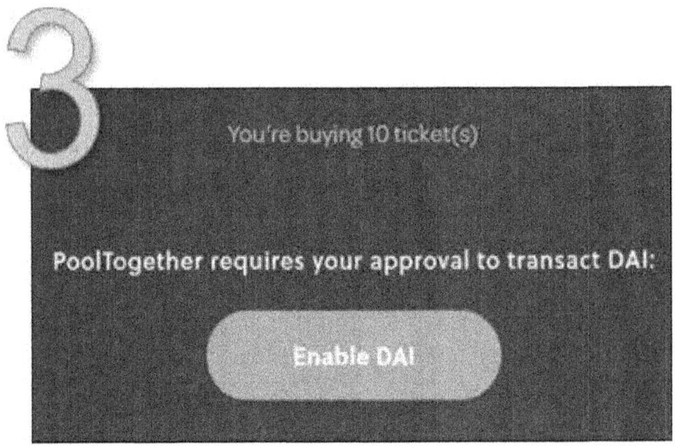

Schritt 3

- Bevor du dir mit deinen *DAI* bei *PoolTogether* deine Tickets kaufen kannst, musst du diese Interaktion zwischen deiner *Wallet* und dem Protokoll freigeben. Klicke hierfür auf „***Enable DAI***“.

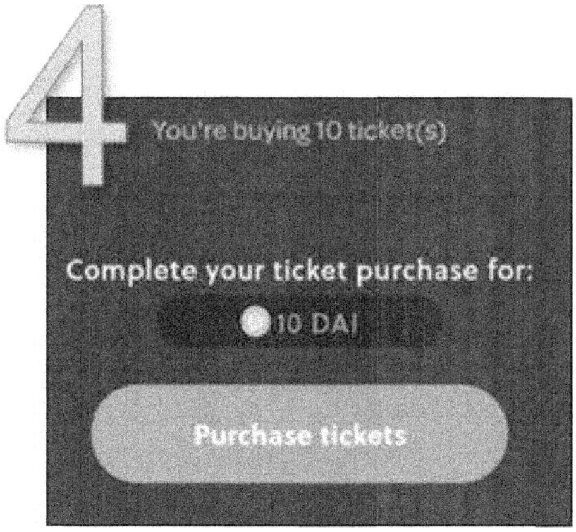

Schritt 4

- Danach fährst du mit dem Kauf fort.

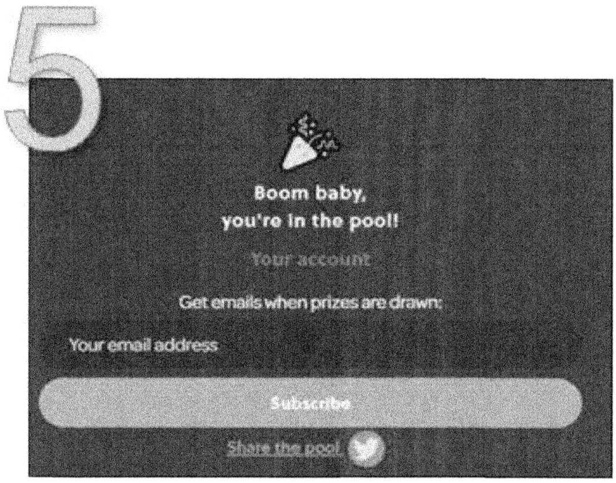

Schritt 5

- FERTIG! Warte einfach darauf, dass *PoolTogether* jede Woche den Gewinner bekannt gibt!

Empfohlene Literatur hierzu

1. A Simple Explanation of Risks Using PoolTogether (PoolTogether) https://medium.com/pooltogether/a-simple-explanation-of-risks-using-pooltogether-fdf6fecd3864
2. How PoolTogether Selects Winners https://medium.com/pooltogether/how-pooltogether-selects-winners-9301f8d76730
3. No Loss Lottery Now Holds $1 Million Tokenized Dollars (TrustNodes) https://www.trustnodes.com/2020/01/29/no-loss-lottery-now-holds-1-million-tokenized-dollars
4. PoolTogether - Prize Linked Savings Account (Nick Sawinyh) https://defiprime.com/pooltogether
5. How PoolTogether Turns Saving Money Into a Game (Binance) https://www.binance.vision/tutorials/how-pool-together-turns-saving-money-into-a-game
6. Leighton Cusack Explains How PoolTogether, a No-Loss Lottery Works - Ep. 6 (CoinGecko Podcast) https://podcast.coingecko.com/719703/2879608-leighton-cusack-explains-how-pooltogether-a-no-loss-lottery-works-ep-6
7. A data-driven look inside Pool Together (TokenAnalyst) https://research.tokenanalyst.io/a-look-inside-pool-together/

Kapitel 11: Dezentrale Zahlungsanbieter

Dezentralisierte Zahlungen konnten und können zwar bereits durch das direkte Versenden von Ether und Dai erfolgen, aber das könnte man doch noch besser, schneller und dezentraler gestalten, oder? Denk dabei an billigere und schnellere Transaktionen, zeitgesteuerte Überweisungen, Überweisung nach deinen festgelegten Regeln sowie standardisierte Rechnungsformate und mehr. Einige der bekannteren Projekte, die sich mit dezentralisierten Zahlungen befassen, sind das *Lighting Network* (lightning.network/), das *Request Network* (request.network/en/), der *xDai* (xdaichain.com/) und *Sablier* (sablier.finance/).

In diesem Kapitel werden wir uns beispielsweise mit *Sablier* befassen – ein Projekt, das wir persönlich interessant finden und welches das Potenzial hat, einige der offenen Fragen von Menschen zu lösen, die kein oder kaum Zugang zum traditionellen Bankensystem haben.

Sablier

Der Anbieter *Sablier* ist eine Mischung aus Zahlungsdienstleister und Streaming-Service, quasi eine Mischung aus *PayPal* und *Spotify*, nur eben auf Kryptowährungen bezogen. Dieser Service ermöglicht dir Ein- und Auszahlungen in Echtzeit und in kleinen Schritten (und zwar sekundengenau!) zwischen verschiedenen Parteien. Stell dir Zahlungen vor für stündliche Aufträge als Freelancer, tägliche Vertragsarbeiter oder monatliche Mietzahlungen, welche in Echtzeit erfolgen. Exakt so, wie du vielleicht deine Musik auf *Spotify* streamst, kannst du auch Geld auf *Sablier* streamen!

Wie kann man denn Zahlungen streamen?

Anstatt auf einen festen Zeitpunkt (z. B. monatlich, alle zwei Wochen oder wöchentlich) für die Bezahlung warten zu müssen, werden die Zahlungen in Echtzeit in von beiden Parteien definierten und vereinbarten Zeiträumen gesendet. Durch *Sablier* können die Zahlungsempfänger ihren Lohn direkt erhalten und ihn natürlich, wann immer sie es wollen, von der *Sablier-Plattform* abheben. Dein *Sablier*-Kontostand wächst also als Zahlungsempfänger jede Minute an. Aber auch als Zahlender profitierst du von der Tatsache, dass eine vereinbarte Zahlung nicht sofort in voller Höhe dein Konto verlässt, sondern leistungs- und zeitbezogen von deinem Konto abfließt.

Warum könnte so ein Modell wichtig sein?

Wir sind überzeugt, dass *Sablier* das Potenzial hat, denjenigen, die von Gehaltsscheck zu Gehaltsscheck leben müssen, zu helfen. Diese Menschen sind am anfälligsten für Einkommensverzögerungen, bei denen selbst ein paar Tage Verzögerung bedeuten würden, dass sie nicht die Mittel haben, das Essen für ihre Familien auf den Tisch zu bringen.

Wenn solche Verzögerungen vorkommen, greifen oftmals genau die Ärmsten auf sogenannte Zahltagkredite zurück – kurzfristige, unbesicherte Kredite mit sehr hohen Zinssätzen (bis zu 500 % effektiver Jahreszins). Bei astronomischen Zinssätzen und begrenztem Einkommen sind Zahltagkreditnehmer besonders anfällig für Schuldenspiralen – eine Spirale, die z. B. in den USA dazu führte, dass viele der Kreditnehmer verhaftet wurden, da sie nicht in der Lage waren, ihren Kredit zurückzuzahlen.

Die Bezahlung nach dem Stream-Prinzip kann vor allem für neue, weit entfernte Vertragsarbeiter nützlich sein, die zuvor darauf vertrauen mussten, dass ihre neuen Arbeitgeber sie für die geleistete Arbeit auch tatsächlich bezahlen. Wenn ein Vertrag über *Sablier* unterzeichnet wird, wissen beide Parteien sicher, dass die Zahlungen geleistet werden und jede der Parteien kann dies in Echtzeit überprüfen.

Traditionell werden die Gehälter oft monatlich oder alle zwei Wochen ausgezahlt, aber es kann Fälle geben, in denen Gelder sofort benötigt werden und die Zahlungsströme bei *Sablier* können dabei helfen. Ein Angestellter muss nicht bis zum Zahltag warten, um auf sein Gehalt zugreifen zu können – er kann so viel abheben, wie er bis dahin verdient hat, was unmittelbare Bedenken ausräumen kann. Darüber hinaus ist dies auch hilfreich, um Verzögerungen zu vermeiden. Selbst wenn ein Arbeitnehmer seinem Arbeitgeber volles Vertrauen entgegenbringt, garantieren solche *Streaming Paychecks*, dass die Auszahlung am Ende des Zeitraums in voller Höhe erfolgt!

Wie funktioniert das genau?

Stell dir vor, du würdest Online-Beratungsdienste für eine Gebühr von 60 US-Dollar je Stunde (1 US-Dollar je Minute) anbieten, wobei du zunächst wahrscheinlich darüber nachdenken müsstest, ob du:

1. die Bezahlung im Voraus fordern solltest, dies kann jedoch für einige Neukunden abschreckend sein, ODER
2. die Bezahlung später in Rechnung stellen solltest, d. h. du müsstest darauf vertrauen, dass dein Kunde dich bezahlt, ODER
3. ob du einen Treuhandservice/eine Treuhandplattform verwenden musst, um dich und deinen Vertragspartner gegen eine Provision in Sicherheit zu wiegen.

Mit dem Einsatz von Zahlungsströmen müsste jedoch keine der beiden Parteien mehr nur in den Geschäftspartner vertrauen. Du könntest auf Minutenbasis bezahlt werden, um sicherzustellen, dass du und deine Kunden eine genaue Abrechnung haben. Im Wesentlichen wurde der „Vertrauens“-Teil einer Online-Transaktion von einer Person auf Zeilen mit unveränderlichem Code verlagert (in Form von *Blockchain* und *Smart Contract*). Das hat Reuben Bramanathan, ein Berater für Kryptowährungen und Blockchain, getan, um seinem Kunden eine 30-minütige Beratung zu berechnen.[4]

Für diejenigen, die neugierig auf Streaming-Zahlungen sind, haben wir eine Schritt-für-Schritt-Anleitung für die ersten Schritte mit Sablier erstellt. Der Prozess ist einfach und unkompliziert.

---

[4] (medium.com/@bramanathan/what-i-learned-from-tokenizing-myself-bb222da07906).

Sablier: Eine Schritt-für-Schritt-Anleitung

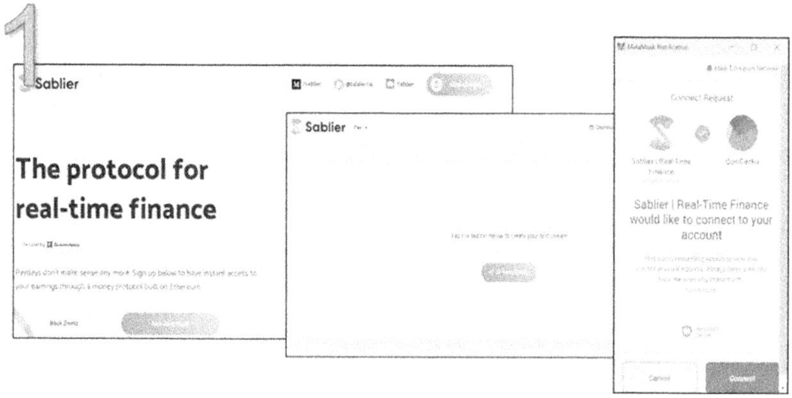

Schritt 1:

Geh zu https://pay.sablier.finance/ und klicke auf „Use Dapp Now"
Du wirst auf „Pay.Sablier.Finance" weitergeleitet
Melde dich mit deiner Ethereum Wallet an

Schritt 2:

- Entscheide dich für einen Token aus der Auflistung.
- Lege einen Betrag fest, den du an einen Zahlungsempfänger versenden möchtest.
- Trage den Zahlungsempfänger ein (in Form einer Ethereum-Adresse)
- Bestimme einen Zeitraum, über den die Zahlung erfolgen soll (Stunden, Minuten, Tage).

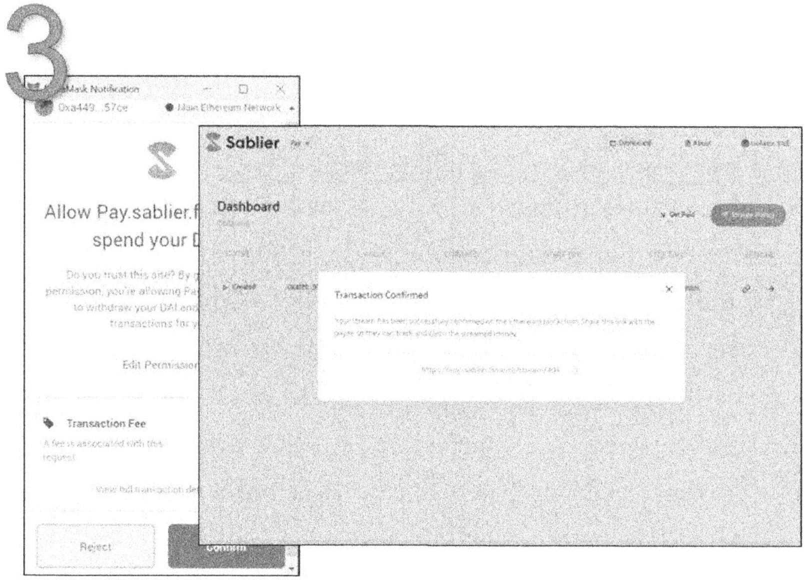

Schritt 3:

- Bestätige deine Transaktion bei *Sablier* und auch in deiner Wallet.

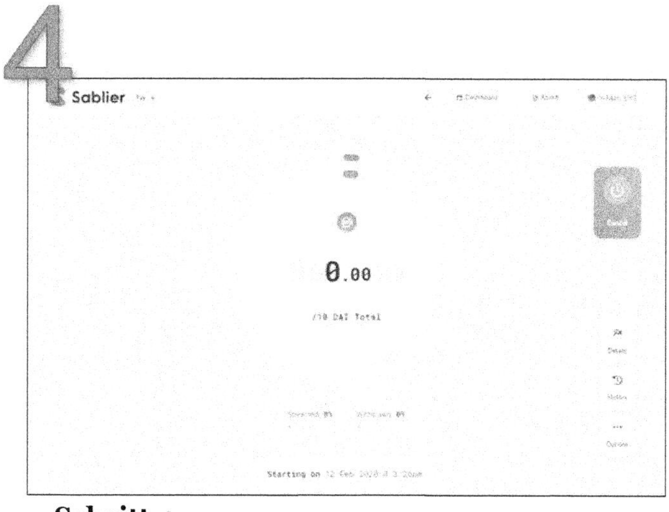

Schritt 4:

- Nachdem deine Transaktion über die Blockchain dokumentiert wurde, wird dir ein *Payment-Link* angezeigt. Teile diesen dem Zahlungsempfänger mit.

Fazit

Dezentralisierte Zahlungsplattformen verbessern die Art und Weise, wie wir für Dienstleistungen und Produkte bezahlen, indem sie die Leistungsfähigkeit der Blockchain-Technologie nutzen, um Zahlungsströme in Echtzeit und auf "vertrauenslose" Weise zu liefern. Eine solche Funktionalität ebnet den Weg für neue Formen von Arbeitnehmer-Arbeitgeber- und Hersteller-Verbraucher-Beziehungen. Darüber hinaus können diese Plattformen in der heutigen Zeit, in der Arbeitsverträge immer mehr an Bedeutung gewinnen und sich Einkommensausfälle als nachteilig erweisen könnten, dazu beitragen, bessere finanzielle und persönliche Ergebnisse für die Parteien auf beiden Seiten einer Transaktion zu erzielen

Empfohlene Literatur hierzu

1. Sablier v1 is Live (Paul Razvan Berg) https://medium.com/sablier/sablier-v1-is-live-5a5350db16ae
2. Sablier The protocol for real-time finance (State of the Dapps) https://www.stateoftheDapps.com/Dapps/sablier
3. Building with Sablier (Sablier) https://twitter.com/SablierHQ/status/1214239545220386819?s=19
4. DeFi Dive: Sablier – the protocol for real-time finance on Ethereum https://defipulse.com/blog/defi-dive-sablier-protocol/

Kapitel 12: Dezentrale Versicherungen

Um ein Teil der DeFi-Welt zu werden, muss man seine *Tokens* bzw. Kryptowährungen in *Smart Contracts* stecken und darauf vertrauen, dass alles ohne Probleme verläuft. Diese *Smart Contracts* sind aber auch ein beliebtes Ziel für Hackerangriffe und es gibt keine oder kaum Garantien dafür, dass hier alles reibungslos verlaufen wird. Die meisten DeFi-Projekte haben ihre Protokolle zwar gründlich auf Anfälligkeiten oder Sicherheitslücken überprüft oder sogar von Dritten überprüfen lassen, aber du wirst dir nie sicher sein können, ob ein *Smart Contract*, in dem deine Kryptowährungen stecken, auch wirklich sicher ist.

Eine der bekanntesten Sicherheitslücken betraf eine DeFi-Dapp namens bZx. Die Plattform wurde im Februar 2020 und im September 2020 zweimal angegriffen. Der erste Angriff am 15. Februar 2020 führte zu einem Verlust von 1.193 *ETH* (318.000 $), während beim zweiten Angriff am 18. Februar 2020 2.388 *ETH* (636.000 $) verloren gingen. Am 13. September 2020 schließlich wurde *bZx* zum dritten Mal gehackt und verlor 8,1 Millionen US-Dollar, was fast 30 % des gesamten gesperrten Wertes entspricht. Insgesamt erlitt *bZx* im Jahr 2020 einen Verlust von fast 10 Millionen US-Dollar. Diese Verstöße betrafen hochkomplexe Transaktionen, an denen mehrere DeFi-DApps beteiligt waren.

Seitdem sind weitere Hacks aufgetreten. Im vierten Quartal 2020 gab es nicht weniger als fünf hochkarätige Angriffe auf mehrere beliebte DeFi-DApps. Im Oktober 2020 wurde Harvest Finance, ein *Yield-Farming*-Protokoll, von einem Hacker angegriffen, der 50 Millionen Dollar durch Flash-Darlehen abhob. Im November wurden *Akropolis*, *Value DeFi*, *Origin Protocol* und *Pickle Finance* in unterschiedlichem

Ausmaß von Sicherheitsverletzungen betroffen. Insgesamt beliefen sich die Angriffe auf einen erschütternden Verlust von 69 Millionen Dollar für die DeFi-Branche. Diese Hacks zeigen, dass es immer noch zu Angriffen kommen kann, auch wenn diese DApps zuvor geprüft wurden.

Das sind die Schattenseiten der DeFi-Welt und das Potenzial für massive Verlustrisiken in der Welt der Kryptowährungen wird auch in der nächsten Zeit wohl kaum abnehmen. Die Risiken für die Nutzer sind:

- die **technischen Risiken** – wenn *Smart Contracts* gehackt oder systematisch ausgenutzt werden
- die **Liquiditäts-Risiken** – wenn DeFi-Protokolle keine oder nicht genügend Liquidität haben, um ihre Verpflichtungen gegenüber den Nutzern zu erfüllen
- die **Admin-Key-Risiken** – wenn der *Master Key* (Verwaltungsschlüssel) von DeFi-Protokollen veruntreut oder negativ beeinflusst wird

All diese enormen Risiken zeigen uns, dass eine Versicherung hierfür praktisch wäre. Eine Versicherung, die für die riesigen Beträge auf DeFi-Protokolle im Ernstfall einspringen würde. In diesem Kapitel werden wir dir zwei der marktführenden Anbieter solcher Versicherungen vorstellen. Und wie sollte es anders sein, auch diese Anbieter sind natürlich dezentral und vollautomatisiert. Sie helfen dir dabei, deine DeFi-Transaktionen zu schützen, und sollten bei jeder größeren Transaktion von dir verwendet werden: *Nexus Mutual* und dessen Makler *Armor*. Darüber hinaus stellen wir auch andere Versicherungsplattformen wie *NSure Network* und *Cover Protocol* kurz vor.

Nexus Mutual

Nexus Mutual ist ein dezentralisiertes Versicherungsprotokoll, welches auf Ethereum aufbaut und derzeit für sämtliche *Smart Contracts* auf der Ethereum-Blockchain eine Deckung bzw. Absicherung für zentralisierte Kreditgeber und Börsen wie Celsius, Blockfi, Nexo, Binance, Coinbase, Kraken und Gemini anbietet. Ab Dezember 2020 bietet Nexus Mutual Versicherungsschutz für 64 Smart-Contract-Protokolle. Hier findest du eine Liste mit einigen der DeFi-bezogenen *Smart Contracts*, die von *Nexus Mutual* gedeckt werden können:

Von Nexus Mutual unterstützte *DeFi-Smart Contracts* (Dez. 2020)			
Nr.	**DeFi Smart Contract**	**Nr.**	**DeFi Smart Contract**
1	MakerDAO	18	Compound
2	Moloch DAO	19	Uniswap v1
3	Nuo	20	Uniswap v2
4	Gnosis	21	Paraswap
5	0x	22	SushiSwap
6	Tornado Cash	23	Yearn Finance
7	Uniswap	24	Cover Protocol
8	Argent	25	Opyn
9	dYdX	26	Celcius
10	Set Protocol	27	Hegic
11	Fulcrum	28	C.R.E.A.M.
12	Aave v1	29	Akropolis Delphi
13	Aave v2	30	Yam Finance
14	Edgeware	31	Bancor Network
15	IDEX	32	Balancer
16	Instadapp	33	Synthetix
17	DDEX	34	Pool Together

Derzeit bietet *Nexus Mutual* diverse Absicherungen gegen Schäden an *Smart Contracts* an, welche auch vor potenziellen Fehlern im Code eines *Smart Contracts* schützen. Diese Deckung bzw. Versicherung kann dich vor möglichen finanziellen Verlusten schützen, wenn z. B. aufgrund eines Hacks oder Exploits (Missbrauch), ein *Smart Contract*, in dem du investiert bist, angegriffen wird. Beachte dabei bitte, dass die Deckung bzw. Versicherung für *Smart Contracts* nur gegen „unbeabsichtigte Verwendungen" schützt, sodass hoffentlich nicht eintretende Ereignisse wie der Verlust deines *Private Keys* oder der Angriff auf eine zentralisierte Kryptowährungsbörse hierdurch nicht abgedeckt werden.

Die Custody-Deckung zielt darauf ab, Nutzer zu schützen, die Gelder bei Organisationen anlegen, die Gelder und Vermögenswerte von Nutzern aufbewahren, wie z. B. zentralisierte Börsen und zentralisierte Leih- und Darlehensplattformen. Die Nutzer sind in folgenden Fällen abgesichert:

1. Der Verwahrer wird gehackt und der Nutzer verliert mehr als 10 % seiner Gelder, oder

2. Abhebungen von der Verwahrstelle werden für mehr als 90 Tage gestoppt.

Wie funktioniert so ein Versicherungsschutz?

Um Versicherungsschutz zu erhalten, musst du zunächst einen Antrag auf Mitgliedschaft bei Nexus Mutual stellen. Sobald dieser genehmigt ist, musst du zuerst die Deckungsperiode und den Deckungsbetrag wählen. Die Deckungssumme ist exakt der Betrag, für den du eine Deckung kaufen möchtest und der dir im Falle eines Versicherungsfalls ausgezahlt werden würde. Der Deckungszeitraum ist die Zeitspanne, für die der Deckungsbetrag aktiv sein wird. Im Falle eines Defekts eines

Smart Contracts findet im Nachhinein ein Schadensfeststellungsverfahren statt, welches von Schadensgutachtern bewertet wird. Sobald diese Untersuchung erfolgreich abgeschlossen wurde, wird dir der besagte Deckungsbetrag ausgezahlt.

Wie viel kosten mich ein Versicherungsschutz?

Während alle *Smart Contracts* von *Nexus Mutual* abgedeckt werden können, basiert der Preis einer Versicherung deines *Smart Contracts* auf mehreren Kriterien, wie z. B.:

1. die **Merkmale des *Smart Contracts***, der eine Deckung erfordert; Beispiele hierfür sind der im Vertrag enthaltene Wert, abgewickelte Transaktionen usw.,
2. der **Deckungsbetrag** (z. B. 2 Ether),
3. die **Deckungsperiode** (in Tagen),
4. der von Risikoanalysten geschätzte **Risikowert** (oder auch Risikoanfälligkeit) bzgl. des *Smart Contracts.*

Ein *Smart Contract*, für den kein ausreichender Wert ermittelt werden kann oder der nicht kampferprobt genug ist, liefert ein Angebot, das nicht versichert werden kann.

Nehmen wir zum Beispiel an, du schließt eine Versicherung im Wert von 5 Ether für einen Smart Contract bei Compound ab, wenn ein *Ether* 200 US-Dollar kostet. Angenommen, die Deckung beträgt 0,013 *Ether* je einem ganzen *Ether* der Deckung für ein Jahr, dann würde dich dies insgesamt 0,065 *Ether* für ein Jahr der Deckung bzw. Absicherung kosten. Sollte Compound während dieser Zeitspanne gehackt werden, wirst du deine versicherten 5 *Ether* zurückerhalten, unabhängig vom Preis der *Ether* während der Zeit des Hacks. Wenn die *Ether* während des Hacks auf 300 US-Dollar gestiegen sind, erhältst du trotzdem 5 *Ether* zurück, solange dein Versicherungsanspruch anerkannt wird.

Beachte bitte auch, dass jeder eine solche Versicherung für einen *Smart Contract* abschließen kann und somit ebenfalls einen Antrag einreichen kann, sobald eine unbeabsichtigte Nutzung des *Smart Contracts* vorliegt. Bei einer dezentralisierten Versicherung benötigt man keinen Nachweis, dass du deine Kryptowährungen auch wirklich in einem *Smart Contract* platziert und nun einen Verlust erlitten hast.

So versicherst du dir deine DeFi-Anwendung:

1. Suche dir deine zu versichernde DeFi-Anwendung heraus und gebe an, für welchen *Smart Contract* du eine Versicherung abschließen möchtest.
2. Gib die notwendigen Daten zum gewünschten Deckungsbetrag an sowie die betroffene Kryptowährung (z. B. Ether oder Dai) und auch die erwünschte Deckungsperiode.
3. Lass dir dein Angebot („*Quote*") erstellen und bestätige dieses Angebot final mit deiner *MetaMask*. Somit wird die Transaktion final abgeschlossen.
4. Glückwunsch, du hast deine DeFi-Investition nun versichert!

NXM-Token

Nexus Mutual verfügt über eine eigene Kryptowährung bzw. einen eigenen Token mit der Bezeichnung *NXM*. Dieser Token muss beim Kauf einer *Smart Contract*-Versicherung auf der Plattform verwendet werden. Der Token selbst kann von dir nur direkt auf der Website von Nexus Mutual gegen eine entsprechende Zahlung von Ether erworben werden. Hierfür gibt es eine entsprechende *SWAP-Funktion*, die dir ähnlich wie *Uniswap* (siehe Kapitel 7) einen einfachen Tausch deiner Ether in die gewünschte Menge an *NXM-Token* ermöglicht. Leider wird es ab diesem Punkt nicht mehr ganz so zentral, denn ein solcher Kauf setzt eine Mitgliedschaft voraus, bei der 0,002 Ether als Aufnahmegebühr fällig werden und man seit neuestem aus rechtlichen Gründen auch seine Identität offenlegen muss. Der Anmeldeprozess erfolgt online mit Computer und/oder Smartphone und kann danach in der Überprüfung bis zu 24 Stunden dauern.

Mit dem Erwerb des *NXM-Tokens* erhältst du automatisch gewisse Mitgliedschaftsrechte und ebenso den Anspruch auf einen Anteil des Kapitalstocks von Nexus Mutual. Zudem hat der *NXM-Token* eine wichtige Funktion bei der Risiko- und Schadensbewertung. Der *NXM-Token* berechtigt dich auch zur Teilnahme an der *Governance* (Machtausübung innerhalb des Protokolls) mit entsprechenden Stimmrechten.

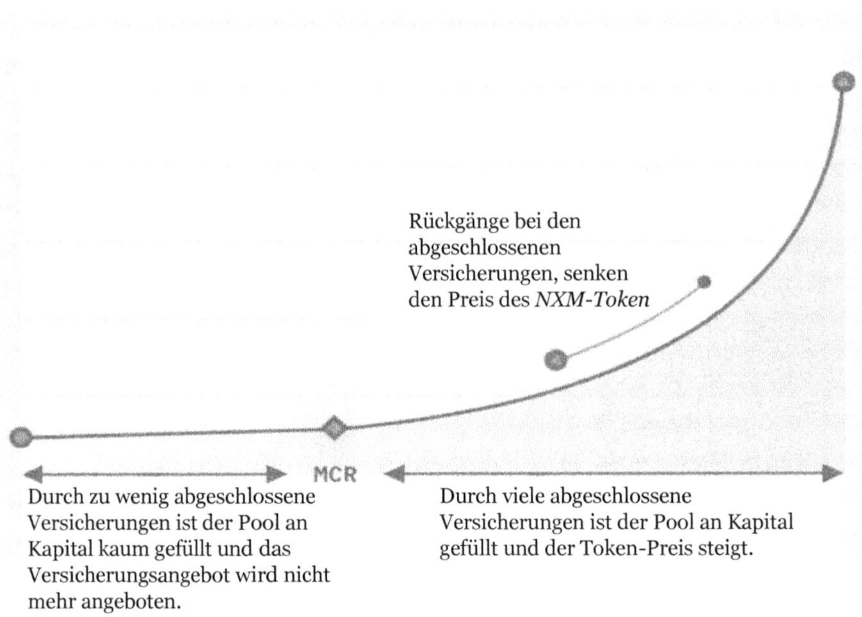

Abbildung 7 - Preisentwicklung des NXM-Token

Im Gegensatz zu anderen Kryptowährungen bzw. Token wird der Preis vom *NXM-Token* übrigens nicht am Markt nach Angebot und Nachfrage bestimmt, sondern über eine sogenannte Bindungskurve (auch „Bonding Curve“) ermittelt. Der Preis eines *NXM-Tokens* steigt, je mehr Versicherungen gekauft werden. Der Preis fällt, wenn Versicherungsfristen auslaufen oder es zum Versicherungsfall (auszahlungspflichtiger Schaden) kommt. Theoretisch könnte der Preis des *NXM-Tokens* unendlich hoch steigen und es gibt keine festgelegte Maximalanzahl von *NXM-Token*. Mit zunehmendem Kapitalstock steigt auch der Wert von *NXM*.

wNXM-Token

wNXM ist eine "verpackte" Version des *NXM-Tokens*. Im Gegensatz zu *NXM* ist *wNXM* frei übertragbar und kann auf dem offenen Markt über Kryptowährungsbörsen gekauft und verkauft werden.

Um den *wNXM-Token* nutzen zu können, muss er zunächst von einem registrierten *Nexus Mutual*-Mitglied in *NXM* umgewandelt werden. Nach dem Auspacken wird *wNXM* zu *NXM* und kann wie gewohnt auf der *Nexus Mutual-Plattform* verwendet werden.

Was ist ein Risk Assessor?

Ein *Risk Assessor* ist jemand, der Risiken aktiv bewertet.

Anders als bei traditionellen Versicherungen, bei denen meist professionalisierte Spezialisten mit einer Vielzahl an mathematischen Formeln die vorhandenen Risiken bewerten, ist es bei *Nexual Mutual* möglich, selbst eine solche Rolle wahrzunehmen. Das Ganze geht sogar noch einen Schritt weiter, indem ein solcher Risk Assessor auch persönliche Risiken eingeht und dafür mitbürgt, dass ein entsprechender *Smart Contract* im DeFi-Bereich auch wirklich sicher ist. Er setzt hierfür einen gewissen Wert in Form von *NXM-Token* ein. Das wird im Krypto-Bereich auch als „*Staking*“ bezeichnet.

Für dieses Bürgen und das *Staking* erhält er dafür wiederum eine Belohnung in Form von *NXM-Token*, was man auch als „*Staking Rewards*“ bezeichnet. Je mehr *NXM-Token* beim *Staking* auf einen *Smart Contract* „gesetzt“ werden, desto mehr *NXM Staking Rewards* werden ausgeschüttet. Falls es jedoch zu einem Hack kommen sollte, werden die im *Staking* eingeschlossenen und gesetzten *NXM-Token* gesperrt und verbraucht. Sowas ist sinnvoll, wenn

- du dich mit der Programmiersprache *SOLIDITY* und *Smart Contracts* auskennst,
- es dir zutraust, *DApps* und ihre Sicherheit zu beurteilen oder
- einem Auditor oder einer Audit-Organisation vertraust, die den betreffenden *Smart Contract* als vertrauenswürdig und sicher beurteilt.

Gab es denn schon Schadensfälle, bei denen einen solche Versicherung half?

Ja! Im Fall eines *bZx Flash-loan events* (eine dezentralisierte Verleihung von Kryptowährungen) im Februar 2020 gab es sechs versicherte Mitglieder, die durch den *Smart Contract* von *Nexus Mutual* für eine Gesamtdeckung von etwa 87.000 US-Dollar abgesichert waren. In diesem Fall wurden drei Anträge auf Schadensersatz in Höhe von 34.996 US-Dollar durch *Nexus Mutual* und deren Token-Halter angenommen, welche ihre Auszahlungen unmittelbar nach der Abstimmung der Risikoprüfer erhielten.

Auf dem sogenannten *Nexus Mutual*-Tracker finden sich auch eine Übersicht der angemeldeten Auszahlungsansprüche und die jeweiligen Abstimmungsergebnisse. Diesen findest du unter dem folgenden Link: https://nexustracker.io/claims

Nexus Mutual: Eine Schritt-für-Schritt-Anleitung

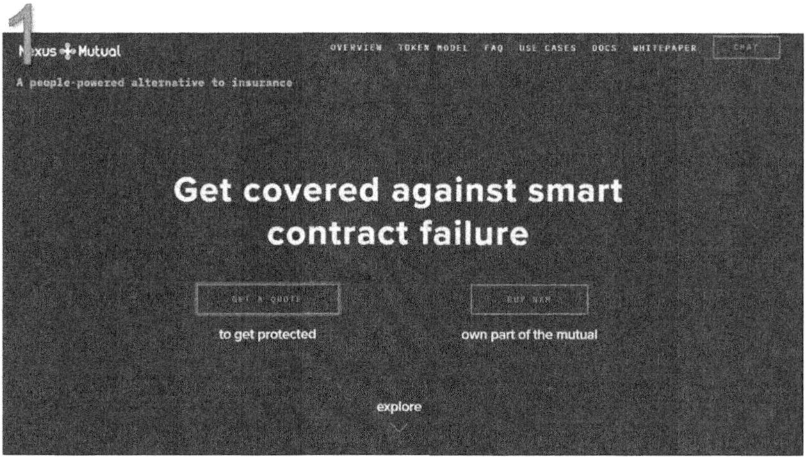

Schritt 1:

- Besuche die Website https://nexusmutual.io/ und klicke dort auf „Get a quote“

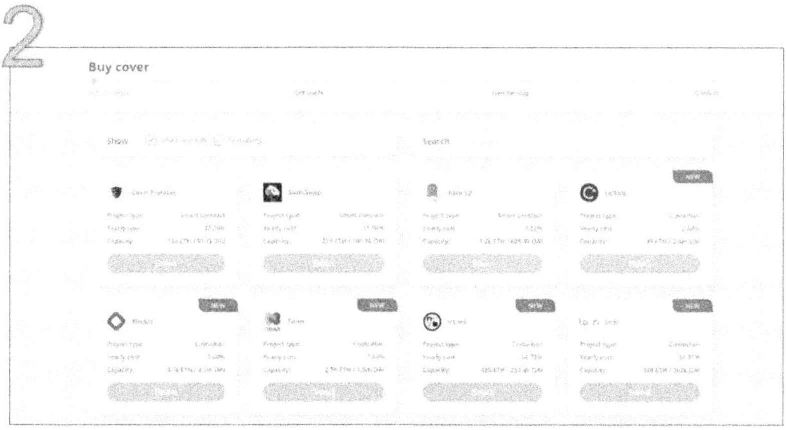

Schritt 2:

- Wähle eine Smart-Contract-Plattform, die du abdecken möchtest. Wir haben uns für *Uniswap v2* entschieden.

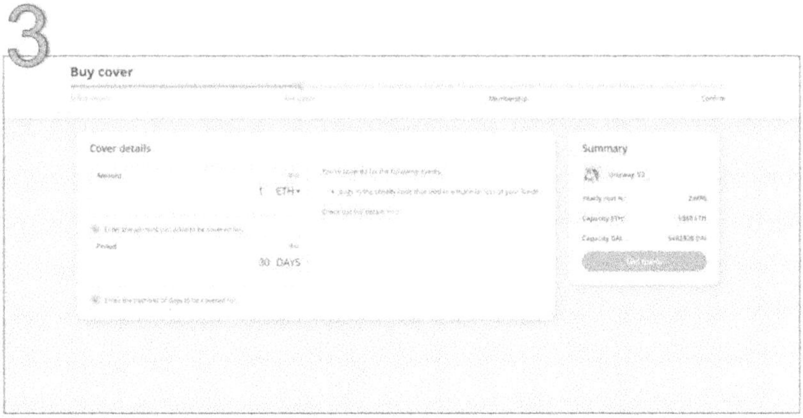

Schritt 3:

- Gebe den Deckungsbetrag und den Zeitraum ein. Der Mindestdeckungsbetrag beträgt 1 *ETH* oder 1 *DAI*, während der Deckungszeitraum zwischen 30 und 365 Tagen liegt.
- Wenn du fertig bist, klicke auf "Angebot einholen".

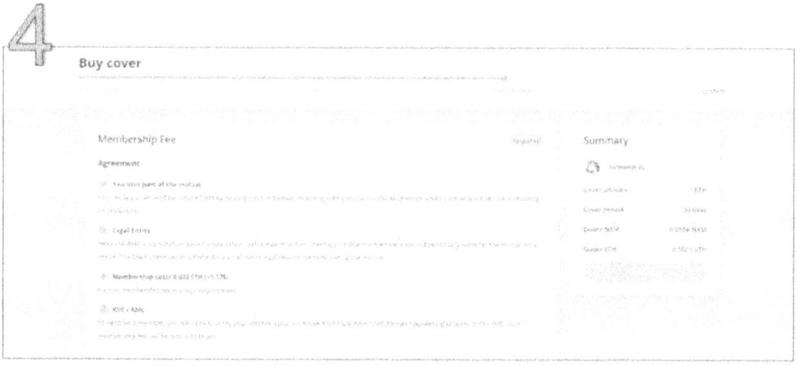

Schritt 4:

- Nachdem das Angebot erstellt wurde, zeigt Nexus Mutual die Kosten für den Versicherungsschutz an. Außerdem wird die Plattform dich auffordern, dich als Mitglied anzumelden.
- Um Mitglied zu werden, bestehen folgende Voraussetzungen:

    1. Du darfst nicht in den folgenden Ländern ansässig sein: China, Mexiko, Syrien, Äthiopien, Nordkorea, Trinidad und Tobago, Indien, Russland, Tunesien, Iran, Serbien, Vanuatu, Irak, Südkorea, Jemen, Japan oder Sri Lanka
    2. KYC und AML abschließen
    3. Zahlung einer einmalige Mitgliedsgebühr von 0,002 ETH
    4. Sobald deine Mitgliedschaft genehmigt ist, kannst du deine Versicherung abschließen

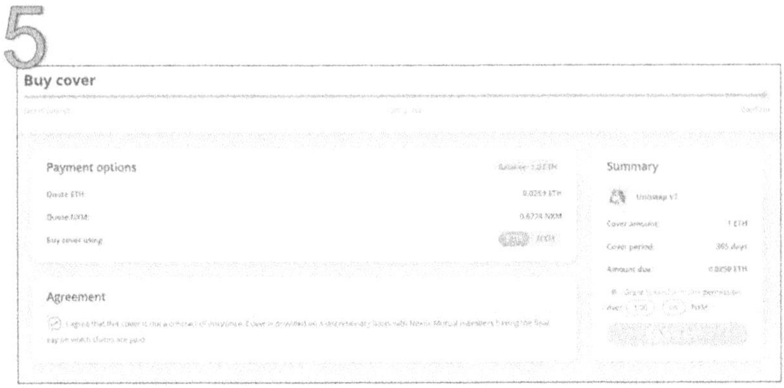

Schritt 5:

- Kreuze das Zustimmungsfeld an, wenn alle angezeigten Details korrekt sind.
- Erlaube *Nexus Mutual*, sich mit deiner Brieftasche zu verbinden und klicke auf "**Buy cover**".
- Du hast soeben eine Versicherung abgeschlossen!

Armor

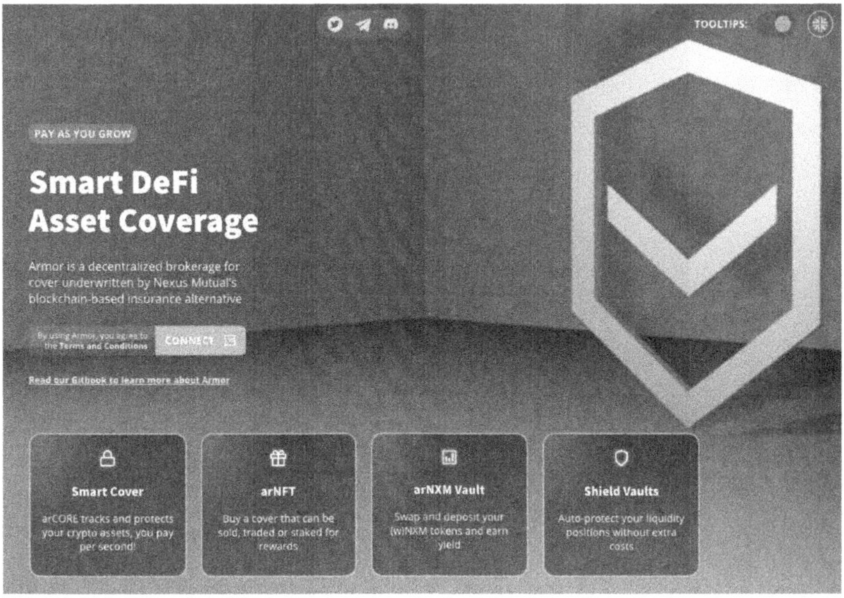

Armor ist der erste Versicherungsaggregator für DeFi. Es nutzt die Underwriting-Fähigkeit von *Nexus Mutual* und bietet ebenso Versicherungsprodukte nach dem *Pay-as-you-go*-Prinzip sowie die Möglichkeit, Versicherungsdeckungen ohne *KYC* zu kaufen.

Nutzer, die sich nicht einer KYC unterziehen möchten oder aufgrund der geografischen Beschränkungen von Nexus Mutual keinen Versicherungsschutz erwerben können, können sich über Armor versichern lassen.

Armor: Schritt-für-Schritt-Anleitung

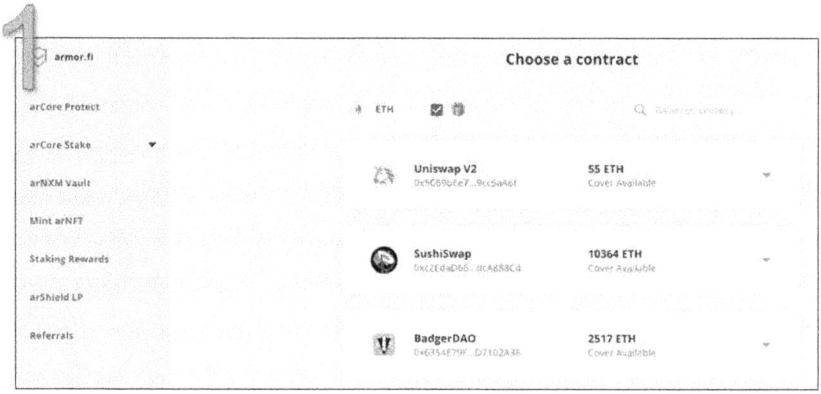

Schritt 1

- Gehe zu **Armor.fi** und klicke auf "***mint arNFT***“

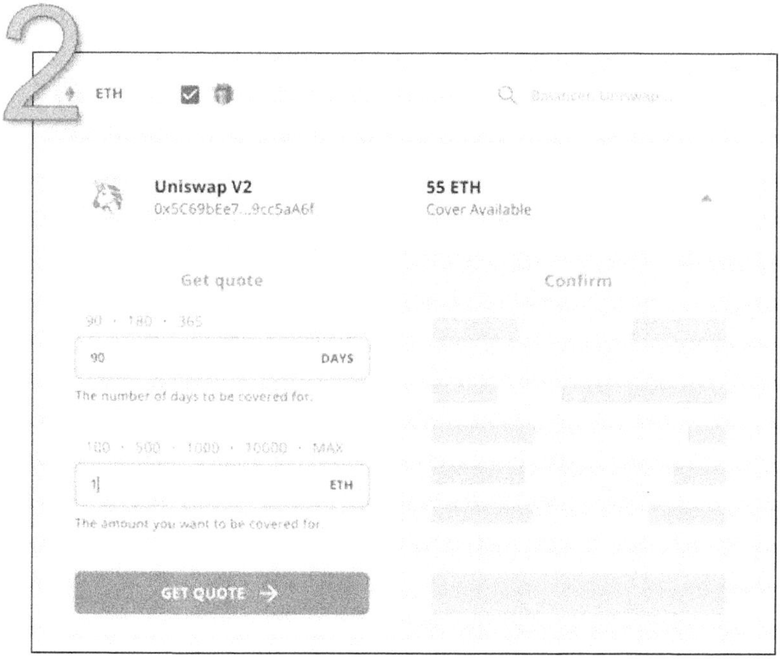

Schritt 2

- Wähle den *Smart Contract*, den du abdecken möchtest. Wir haben uns wieder für *Uniswap v2* entschieden. Gebe den Deckungszeitraum und den Betrag ein.
- Klicke dann auf "**GET QUOTE**", um dir ein Versicherungsangebot einzuholen.

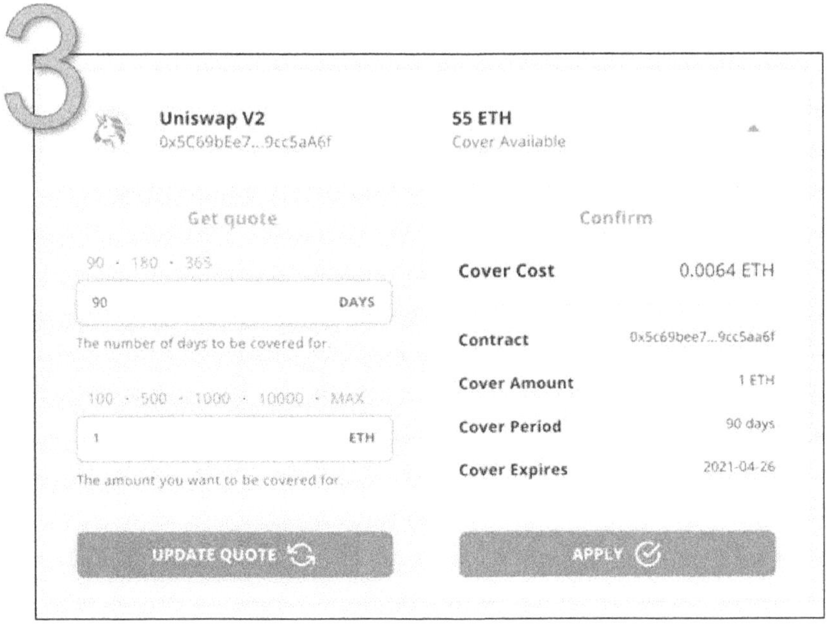

Schritt 3

- Armor erstellt ein Angebot. Klicke auf Anwenden und autorisiere die Transaktion über deine Brieftasche.
- Du hast soeben eine Versicherung abgeschlossen!

Andere Versicherungsplattformen

In dem Maße, in dem sich der DeFi-Bereich weiterentwickelt und reift, steigt die Komplexität der Transaktionen und die Neigung der DApps, "Money-Lego"-Interaktionen durchzuführen. Diese „Geld-Lego-Bausteine“ sind ein Konzept, das eine DeFi-Architektur beschreibt, die in hohem Maße zusammensetzbar und interoperabel ist; Protokolle können aufeinander aufgebaut werden, wobei die bestehenden angebotenen Dienste genutzt werden, anstatt sie unabhängig voneinander zu entwickeln. Eine hohe Kompositionsfähigkeit kann jedoch ein zweischneidiges Schwert sein, da sie ein systemisches Risiko mit sich bringt, da ein Ausfall nun potenziell mehr Protokolle betreffen kann. Diese natürliche Entwicklung wird weiterhin zu einer stärkeren Dezentralisierung und Innovation führen, gleichzeitig aber auch die potenziellen technischen, finanziellen, administrativen und *Smart-Contract*-Risiken vergrößern.

Die Bewältigung dieser potenziellen Risiken und Schutzlücken wird aufgrund des noch jungen Charakters von DeFi in absehbarer Zukunft eine Herausforderung bleiben. In diesem Abschnitt werden wir kurz auf zwei weitere Versicherungsplattformen eingehen, die kürzlich in den DeFi-Versicherungsbereich eingetreten sind - *Nsure Network* und *Cover Protocol.*

Nsure Network

Das *Nsure Network* ist ein dezentralisiertes Versicherungsprojekt, das sich an der Idee von *Lloyd's of London* orientiert, einem Marktplatz für den Handel mit Versicherungsrisiken. Die Preise für Prämien werden mithilfe eines dynamischen Preismodells festgelegt, bei dem Kapitalangebot und -nachfrage gemeinsam die Prämien bestimmen, ähnlich dem Preisbildungsmechanismus des freien Marktes.

Die *Governance-Token* von *Nsure Network* (NSURE) werden durch die gekauften Policen unterlegt. Der Preis passt sich selbst an die Bewegung von Kapitalangebot und -nachfrage an, unterliegt aber der Stabilisierung durch das zugrunde liegende Modell. Im Gegensatz zu *Nexus Mutual*, das ein Gegenseitigkeitsmodell verfolgt, folgt *Nsure Network* einem Aktionärsmodell, bei dem die *Token* des *Nsure Network* dem Besitz eines Anteils am Netzwerk gleichkommen.

Cover-Protokoll

Cover Protocol ist ein Peer-to-Peer-Versicherungsmarktplatz, der ähnlich wie ein Prognosemarkt funktioniert. Im Gegensatz zu anderen Versicherungsprotokollen wird der *Governance-Token* hierbei nicht zur Risikoübernahme verwendet.

Um die Deckung für dieses neue Protokoll zu erhöhen, werden Market Maker dazu angeregt, *DAI*- oder *yDAI*-Sicherheiten einzusetzen, um *CLAIM*- und *NOCLAIM-Token* zu prägen. Die *Cover-Protokoll*-Versicherung deckt ein ausgewähltes Protokoll ab, und alle haben ein bestimmtes Ablaufdatum. Während des Verfallsdatums haben entweder *CLAIM*- oder *NOCLAIM-Token* den vollen Anspruch auf die Sicherheiten.

Wenn zum Beispiel 100 *DAI* verwendet werden, um das *Compound*-Protokoll bis zu einem bestimmten Ablaufdatum abzudecken, werden 100 *CLAIM*- und 100 *NOCLAIM-Token* ausgegeben. Tritt am Verfallsdatum ein gültiges Claim-Ereignis ein, erhalten alle *CLAIM-Token 1 DAI,* während alle *NOCLAIM-Token* wertlos verfallen. Im umgekehrten Fall, wenn kein gültiger Schadensfall eintritt, erhalten alle *NOCLAIM-Token* 1 *DAI*, während alle *CLAIM-Token* wertlos verfallen.

Um einen Versicherungsschutz im Wert von 100 *DAI* zu erhalten, müssen die Nutzer 100 *CLAIM-Token* an einer Börse kaufen, da diese im Falle eines gültigen Schadensfalls zu 100 *DAI* verfallen. Die Kosten für den Kauf der 100 *CLAIM-Token* entsprechen der Versicherungsprämie.

Fazit

Versicherungen sind immer noch ein Nischensegment in der DeFi-Welt und ziehen im Allgemeinen nur sehr wenige Marktteilnehmer an. Da jedoch immer mehr anspruchsvolle Marktteilnehmer auf den Markt kommen, werden sie zweifellos bessere Risikomanagement-Tools fordern.

Letztendlich liegt die Entscheidung, ob du dich versicherst oder nicht, bei dir allein. Wir von *CoinGecko* würden jedoch auf jeden Fall den Abschluss einer Versicherung empfehlen, da im DeFi alles passieren kann.

Empfohlene Literatur hierzu

1. A guide to financial risk in DeFi (Seth Goldfarb) https://defiprime.com/risks-in-defi
2. Nexus Mutual NXM Token Explainer (Hugh Karp) https://medium.com/nexus-mutual/nexus-mutual-nxm-token-explainer-b468bc537543
3. Nexus Mutual (Fitzner Blockchain) https://tokentuesdays.substack.com/p/nexus-mutual
4. The Potential for Bonding Curves and Nexus Mutual (Fitzner Blockchain) https://tokentuesdays.substack.com/p/the-potential-for-bonding-curves
5. Why Nexus Mutual should be on your radar (Defi Dad) https://twitter.com/DeFi_Dad/status/1227165545608335360?s=0
6. Cover Protocol - Decentralized Insurance Marketplace https://defiprime.com/cover-protocol
7. Armor.fi Living Documentation https://armorfi.gitbook.io/armor/
8. Total coverage sold breached $800 mil only one month after launch https://twitter.com/ArmorFi/status/1365872579119108098?s=20

Kapitel 13: Governance

Ein Großteil der veröffentlichten Literatur der Wirtschaftswissenschaften befasst sich mit der effektiven Unternehmensführung in großen öffentlichen Unternehmen. Damit sich DeFi-Protokolle jedoch erfolgreich selbst verwalten können, müssen innovative und effizientere Methoden eingesetzt werden.

Stell dir vor, du verwaltest eine weltweite Online-Gemeinschaft, deren Mitglieder aus verschiedenen Zeitzonen kommen, unterschiedliche Ziele verfolgen und größtenteils anonym sind, um einen gewissen Kontext zu schaffen. Dies wird noch komplexer, wenn große Kapitalbeträge im Spiel sind und die Kommunikation weitgehend auf Social-Media-Plattformen (z. B. Telegram, Discord usw.) beschränkt ist.

Wie gehen DeFi-Projekte also mit Interessenkonflikten und Machtkämpfen um? Wer entscheidet über die Verwendung der Gelder und deren Verteilungsmethoden? Welche Initiativen müssen die Projekte priorisieren?

Im Gegensatz zu traditionellen Unternehmen mit einer zentralisierten Managementstruktur müssen DeFi-Protokolle keine anderen Regeln befolgen als die, die auf der *Blockchain* in Form von Programmcode hinterlegt sind. Dies wird gemeinhin als "**Code is Law**" bezeichnet.

DeFi-Protokolle organisieren sich als Dezentrale Autonome Organisationen (DAOs), Organisationen, die durch Smart Contracts auf der Blockchain gesteuert werden. DAOs ermöglichen es Gruppen von

Menschen, ohne zentrale Verwaltung zusammenzuarbeiten und sich auf der Grundlage gemeinsamer Regeln zu koordinieren, um eine gemeinsame Aufgabe zu erfüllen.

Um die *Governance* eines DeFi-Protokolls anzugehen, haben Projekte wie *Compound* hier Pionierarbeit mit dem *Governance-Token*-Modell geleistet. *Governance-Tokens* verleihen Stimmrecht und ermöglichen es den *Token*-Inhabern, über Protokollvorschläge abzustimmen, die jedes Community-Mitglied einreichen kann.

Zugegeben, dieses System ist nicht perfekt. Es gibt alle möglichen Probleme, wie z. B. Apathie der Wähler, hohe Teilnahmekosten aufgrund von Gas-Gebühren und nicht bindende Abstimmungsergebnisse (bei einem Nichterreichen des Quorums). Dennoch darf man nicht vergessen, dass die DeFi-Welt noch in den Kinderschuhen steckt. Bis ein neueres und besseres *Governance-System* entwickelt wird, wird dieses Modell der Industriestandard bleiben.

Nachdem du nun ein besseres Verständnis dafür hast, wie sich DeFi-Protokolle selbst regeln, möchten wir dir zwei Projekte vorstellen, die *Governance*-Tools für DeFi-Projekte anbieten, die du nutzen kannst: Aragon und Snapshot.

Aragon

Was ist Aragon?

Aragon ist ein gemeinschaftliches Projekt innerhalb der Krypto-Community, welches sich zum Ziel gesetzt hat, die Freiheit zu stärken, indem es Werkzeuge für das Gedeihen dezentraler Organisationen (DAOs) entwickelt.
Angesichts des rasanten technologischen Fortschritts gibt es Bedenken hinsichtlich der Rolle, die diese Technologie bei der Schaffung eines globalen Regimes der zentralen Kontrolle, Überwachung und Unterdrückung spielt. *Aragon* ist entschlossen, eine Gesellschaft zu schaffen, die frei, offen und fair ist.

Aragon wurde geboren, um die Gründung und Aufrechterhaltung von Unternehmen und anderen Organisationsstrukturen zu verändern.

Das *Aragon*-Projekt wird von der *Aragon Association* verwaltet, einer gemeinnützigen Organisation mit Sitz in Zug, Schweiz, die von den Inhabern des *Aragon Network Token* (ANT) verwaltet wird.

Was ist der Aragon Court?

Aragon Court ist die von *Aragon* entwickelte Lösung, die die Funktion von Gerichten in der traditionellen Geschäftswelt nachahmt. Wenn es zu Konflikten kommt, können die Teilnehmer diese vor dem *Aragon Court* austragen, wo die Juroren entscheiden, ob eine Partei bestraft werden sollte.

Die Juroren werden nach dem Zufallsprinzip aus dem Jurorenkreis ausgewählt, um den Streitfall zu prüfen und zu entscheiden, indem sie *ANJ-Token* sperren. Im Gegensatz zu traditionellen Gerichten werden die Juroren mit Streitwertgebühren entschädigt, wenn sie für das Mehrheitsergebnis stimmen. Das System ist also nicht auf unvoreingenommene Entscheidungen ausgerichtet, sondern stützt sich vielmehr auf den gesellschaftlichen Konsens.

Juroren, die für das Ergebnis der Minderheit gestimmt haben, wird ein Teil ihrer *ANJ-Token* abgezogen und den Juroren, die für die Mehrheit gestimmt haben, gutgeschrieben. Wenn das Ergebnis nicht zufriedenstellend ist, kann jede Partei eine Gebühr zahlen, um den Streitfall anzufechten, der dann von einer größeren Anzahl von Juroren überprüft wird. Dieser Vorgang kann so lange wiederholt werden, bis der gesamte Jurorenkreis über den Streitfall entschieden hat.

Juroren verdienen auch monatliche Abonnementgebühren zusätzlich zu den Gebühren für den Streitfall, wenn sie nicht einberufen werden.

Wie wird man Jurymitglied?

Um Juror zu werden, benötigen Sie mindestens 10.000 *Aragon Court (ANJ) Token* (coingecko.com/de/coins/aragon-court), die du auf einer *DEX* wie z. B. *Uniswap* erwerben kannst. ANJ werden durch das Sperren von Aragon (ANT) Token (coingecko.com/de/coins/aragon) in einer Bindungskurve erzeugt - je mehr *ANT* gesperrt sind, desto mehr *ANJ* können erzeugt werden.

Seit April 2021 werden *ANJ* und *ANT* zusammengelegt, da die Community die Notwendigkeit zweier *Token* eher skeptisch sieht und glaubt, dass die Komplexität die Vorteile überwiegt. Es wird erwartet, dass die Fusion in zwei Teilen abgeschlossen wird.
Der erste Teil ist im April 2021 in Kraft treten, wo *ANJ*-Inhaber ihre *Token* zu 0,015 *ANT* je *ANJ* einlösen können. Der zweite Teil der *ANJ*-

Fusion wird es *ANJ*-Inhabern ermöglichen, gesperrte *ANT* einzulösen. Der Kurs wird 0,044 *ANT* je *ANJ* betragen, mit einer 12-monatigen Sperre.

Wer nutzt Aragon?

Prominente DeFi-Projekte wie *Aave* und *Curve* nutzen *Aragon*. Bis September 2020 wurden mehr als 1.600 *DAO*s mit 350 Millionen US-Dollar in *Aragon* angelegt. [5]

Aragon Eine Schritt-für-Schritt-Anleitung

Schritt 1

- Besuche https://client.aragon.org/#/, wähle " Open an existing organization ".

[5] Powered by Aragon. Retrieved January 29, 2021 from https://poweredby.aragon.org/

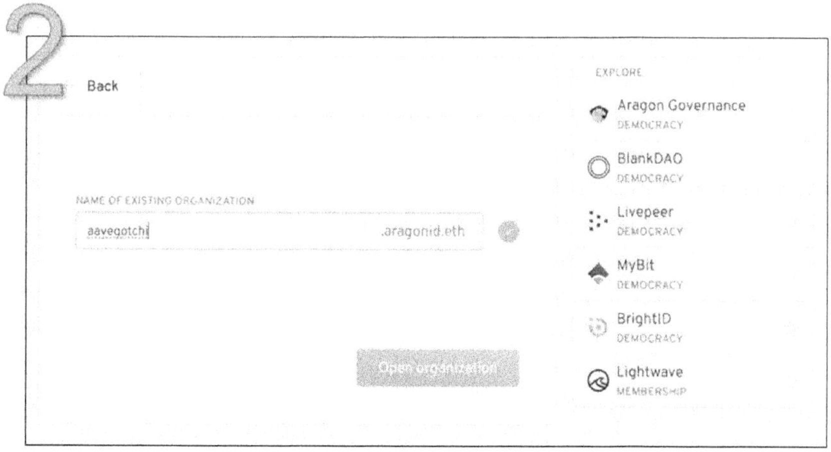

Schritt 2

- In diesem Beispiel werden wir für das *Aavegotchi*-Protokoll stimmen. Nachdem wir den Namen eingegeben haben, sehen wir, dass die Organisation verfügbar ist, was durch das grüne Häkchen angezeigt wird.
- Klicke auf "**Open Organization**".

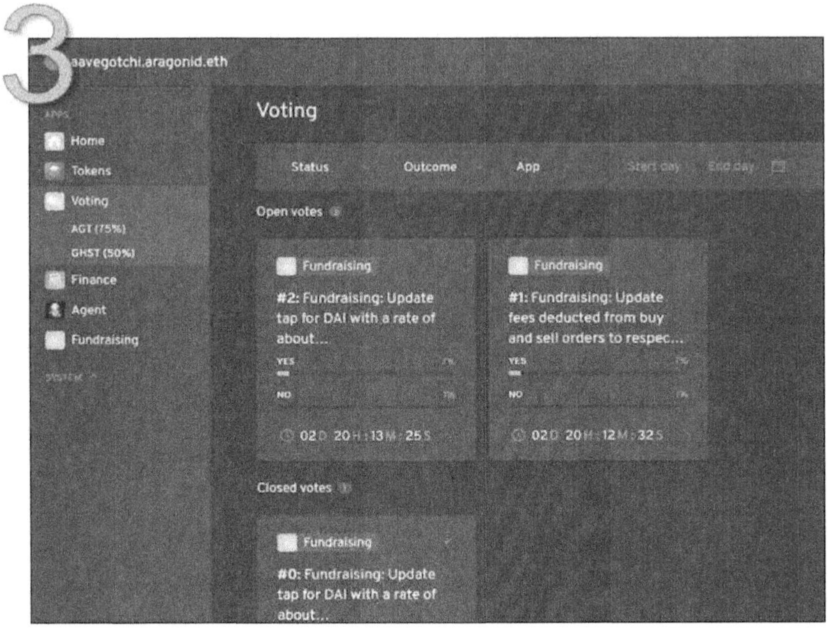

Schritt 3

- Klicke im linken Menü auf die Registerkarte „**Voting**". Es werden offene Abstimmungen angezeigt.
- Wähle die Optionen aus, für die du stimmen möchtest.

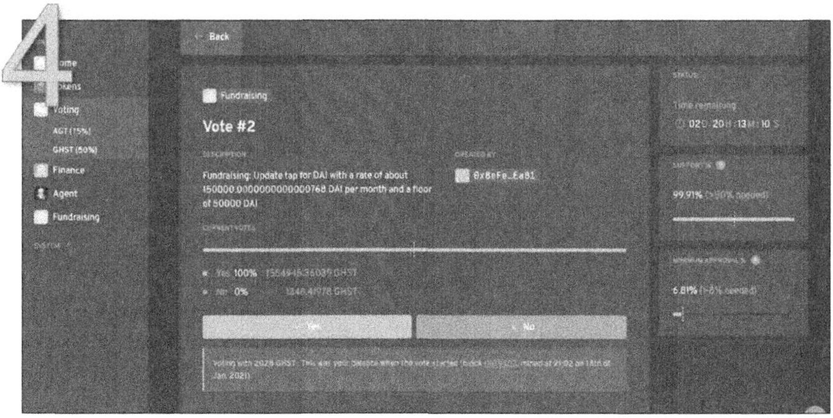

Schritt 4:

- Wähle „**Yes**“ oder „**No**“ und vervollständige die *Metamask*-Transaktion.
- Du hast nun abgestimmt!

Empfohlene Literatur hierzu

1. Aragon DAOs (Placeholder VC)
   https://www.placeholder.vc/blog/2020/5/7/aragon-daos
2. 'The World is Crying for the Tech We're Building:' An interview with DAO maker Aragon's Luis Cuende (Decrypt)
   https://decrypt.co/32280/the-world-is-crying-for-the-tech-were-building-an-interview-with-dao-maker-aragons-luis-cuende
3. DAOs Will Never Govern the World At This Pace (Coindesk)
   https://www.coindesk.com/daos-govern-world-pace

Snapshot

Was ist Snapshot?

Aufgrund der steigenden *Ethereum-Gas*-Gebühren sind die Kosten für Abstimmungen auf einer Blockchain untragbar teuer geworden, was kleinere *Token*-Inhaber daran hindert, am *Governance*-Prozess teilzunehmen. Snapshot versucht, dieses Problem zu lösen, indem es einen Schnappschuss von Abstimmungen außerhalb der Kette macht, wodurch der Abstimmungsprozess effektiv gasfrei wird.

Snapshot wurde bereits von vielen DeFi-Projekten genutzt, um *Governance*-Prozesse einzurichten. Seit Januar 2021 ist die Nutzung von *Snapshot* kostenlos, und bereits 418 verschiedene Projekte haben sich für die Nutzung von Snapshot registriert.

Was sind die Nachteile der Verwendung von Snapshot?
Da *Snapshot* sogenannte *Off-Chain*-Abstimmungen (also außerhalb der Blockchain) verwendet, sind die erzielten Abstimmungsergebnisse nicht durch *Smart Contracts* auf der Blockchain verbindlich. Vielmehr müssen die Projektteams oder *Multi-Sig*-Inhaber das Abstimmungsergebnis auf der Blockchain umsetzen, was bei strittigen Ergebnissen möglicherweise nicht möglich ist.

Effektiv wird *Snapshot* zu einer Umfrage, bei der die Macht der Ausführung weiterhin bei anderen Parteien liegt. Obwohl dies bedeutet, dass die Macht immer noch etwas zentralisiert ist, bleibt die von *Snapshot* angebotene Lösung eine praktische und kosteneffiziente

Lösung für DeFi-Projekte, die es den Community-Mitgliedern ermöglicht, sich am *Governance*-Prozess zu beteiligen.

Snapshot: Schritt-für-Schritt-Anleitung

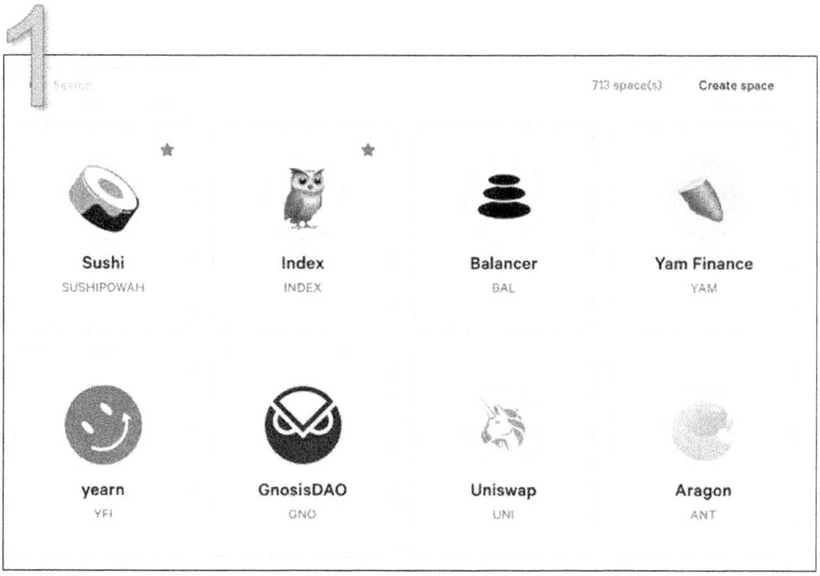

Schritt 1

- Besuche https://snapshot.page/#/ und wähle das Projekt aus, für das du stimmen möchtest.
- In diesem Beispiel werden wir uns *Sushiswap* (SUSHI) ansehen.

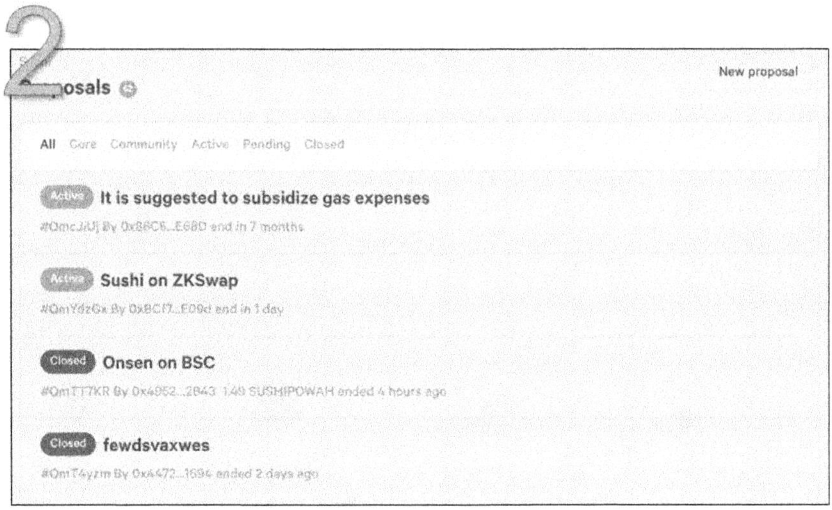

Schritt 2

- Klicke auf den aktiven Vorschlag, für den du stimmen möchtest. In diesem Beispiel wählen wir den ersten Vorschlag.

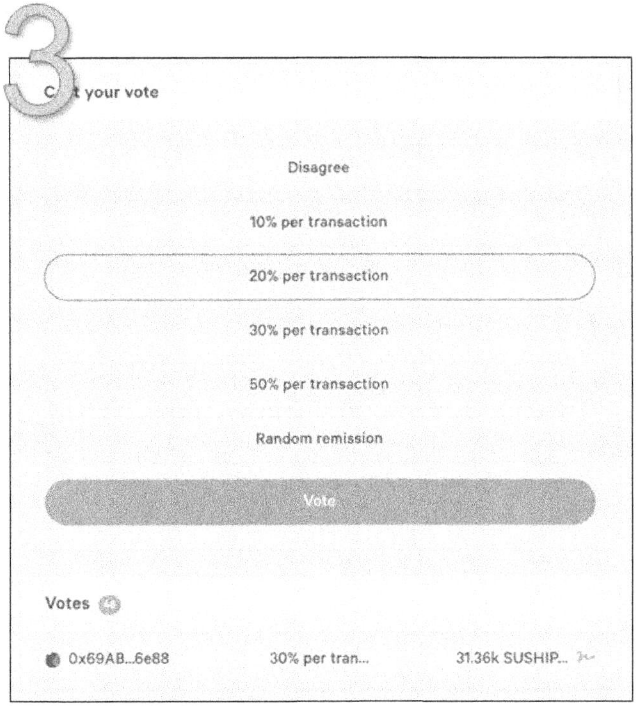

Schritt 3

- Lies den Vorschlag und scrolle nach unten, bis du die Abstimmungsoptionen siehst. Wir können die Abstimmungshistorie der Adressen sehen, die abgestimmt haben. In diesem Beispiel ist der *SUSHI-Token* für die Abstimmung erforderlich.
- Klicke auf die Option, für die du stimmen möchtest, und klicke auf „**Vote**".

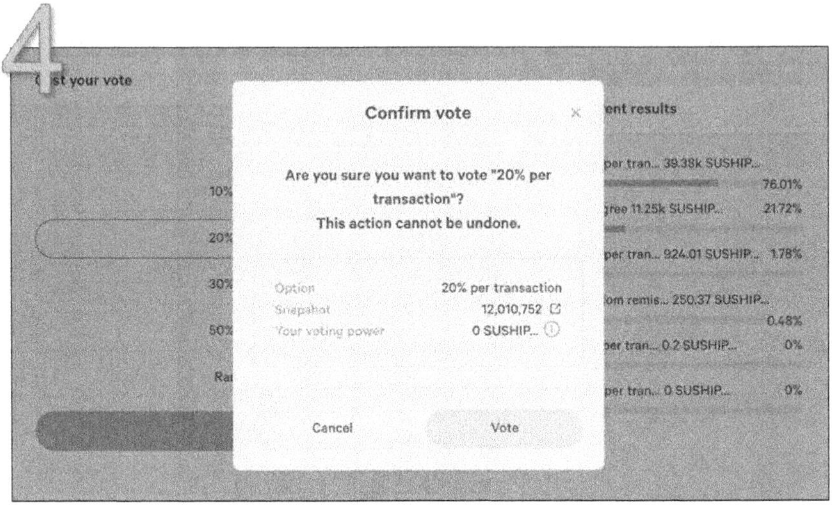

Schritt 4

- Nachdem du die Stimmberechtigung und die richtige Option überprüft hast, klicke auf „Vote."

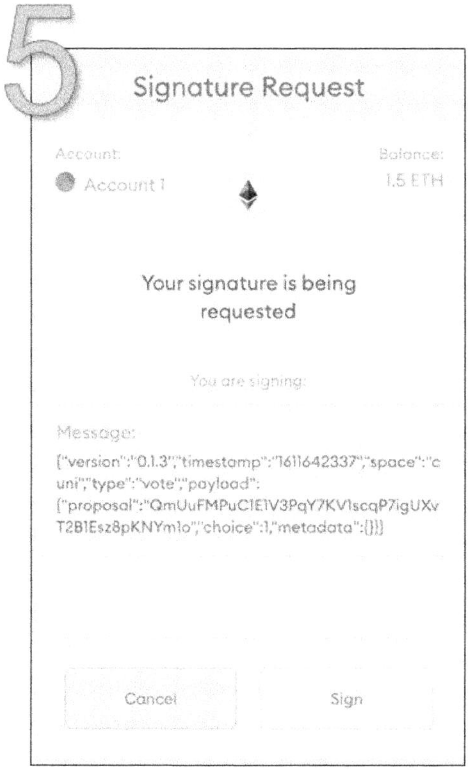

Schritt 5

- Klicke auf "**Sign**" in der Signaturnachricht. Für den gesamten Vorgang fallen keine Gebühren an.
- Du hast abgestimmt. Du kannst zur Vorschlagsseite zurückkehren, um deine Stimmabgabe zu überprüfen.

Empfohlene Literatur hierzu

1. The holy grail: Off-chain polling with on-chain execution (Aragon) https://aragon.org/blog/snapshot
2. Decentralized Governance. How to Put Power Into the Hands of the People (Trust Wallet) https://trustwallet.com/blog/decentralized-governance-power-in-hands-of-people
3. DAO or Die: How to Fully Decentralize the Off-chain Governance of Your Crypto Project (Otonomos) https://otonomos.com/2020/05/dao-or-die-how-to-fully-decentralize-the-off-chain-governance-of-your-crypto-project/

Kapitel 14: DeFi-Dashboard

Ein *Dashboard* ist eine visualisierte Übersicht all deiner DeFi-Aktivitäten auf einer Plattform zusammengefasst. Das kann ein nützliches Werkzeug sein, um alles gebündelt zu visualisieren und verfolgen zu können, auf welche DeFi-Protokolle deine Kryptowährungen derzeit verteilt sind. Ein solches Dashboard ist ebenso in der Lage, dein Vermögen in verschiedene Kategorien wie Einlagen, Schulden und Investitionen zu unterteilen.

Damit eine Plattform ein solches Dashboard für dich erstellen und anzeigen kann, musst du in der Regel deine Ethereum-Adresse angeben (dein *Public Key*, z. B.: **0x4Cdc86fa95Ec2704f084xxx**) oder alternativ deine *Ethereum* Name (z. B.: **MaxMuster@eth**).

Eine *Ethereum*-Namensadresse bzw. eine *ENS-Domain* (ENS steht für Ethereum Name Service) kannst du für einen zeitlich begrenzten Zeitraum erwerben unter https://app.ens.domains/. Falls du an so einem Namen interessiert bist, findest du unter diesem Link hier eine genaue Anleitung.

Es gibt mehrere solcher Dashboard-Anbieter, die sich darauf spezialisiert haben, deine Kryptowährungen sowie deine Investitionen in DeFi-Anwendungen darzustellen. Die beiden führenden Anbieter sind *Zapper* (vorher bekannt als DeFiSnap) und *Zerion*.

Wir haben uns der Einfachheit halber für *Zapper* entschieden und werden dir diese Dashboard-Anwendung nun in einer Schritt-für-Schritt-Anleitung erklären.

Zapper: Eine Schritt-für-Schritt-Anleitung

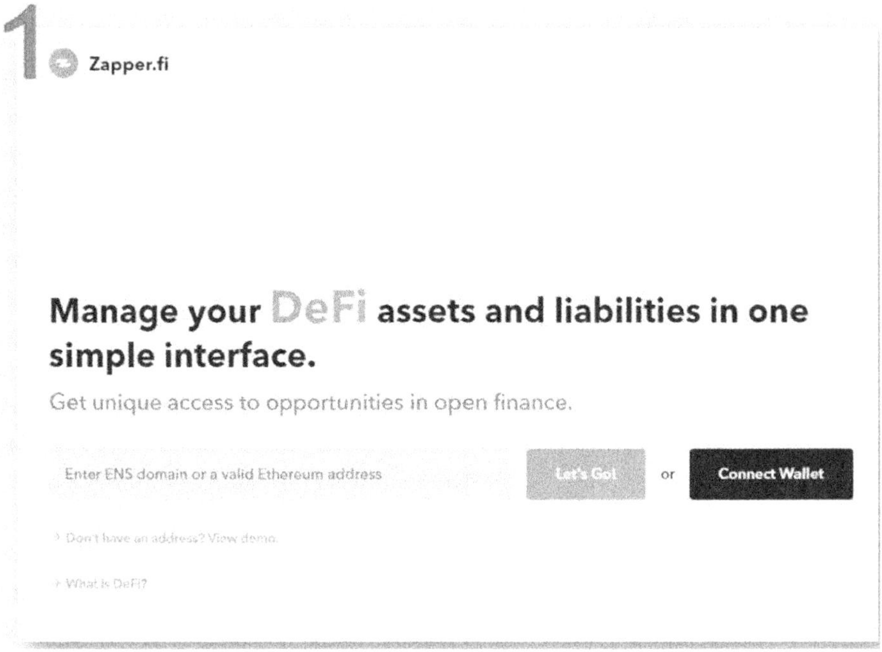

Schritt 1

- Gehe auf die Seite von https://zapper.fi/

- Gebe deine ENS-Domain oder deine Ethereum-Addresse ein oder aber klicke auf »Connect Wallet«

- Hier haben wir *defiportal.eth* verwendet, aber wir können auch Folgendes eingeben: 0x358a6c0f7614c44b344381b0699e2397b1483252

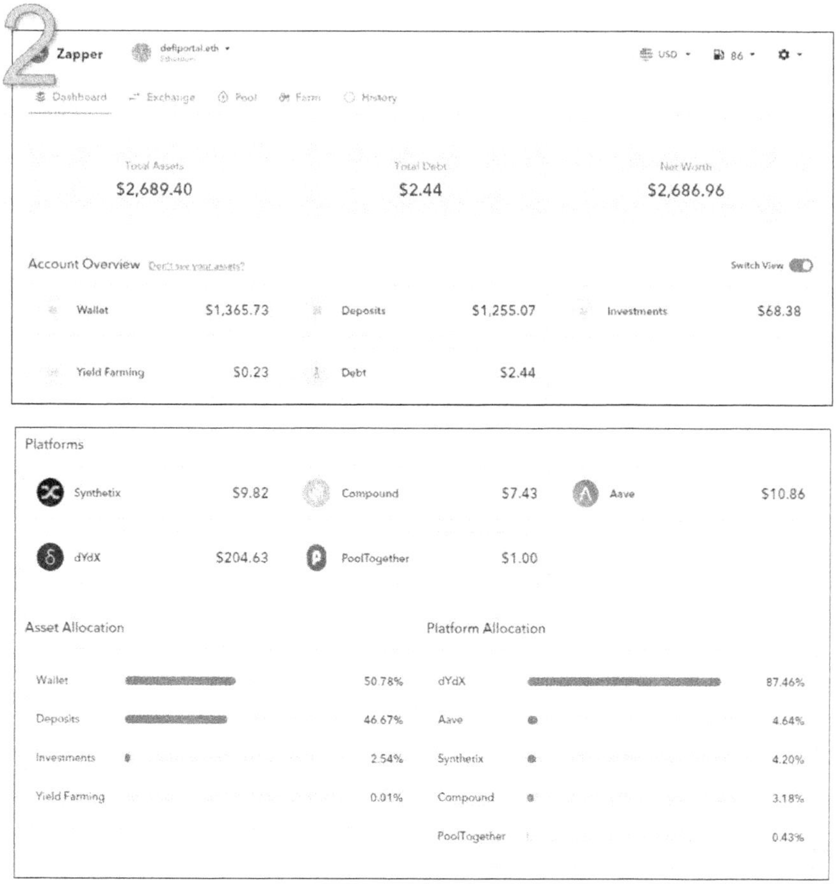

Schritt 2

- Du befindest dich nun auf deinem Dashboard, welches deine Werte aus deiner Wallet heraus zusammenbringt und hier darstellt.
- Scrolle weiter nach unten, um zu sehen, in welchen Protokollen deine Assets derzeit gesperrt sind.

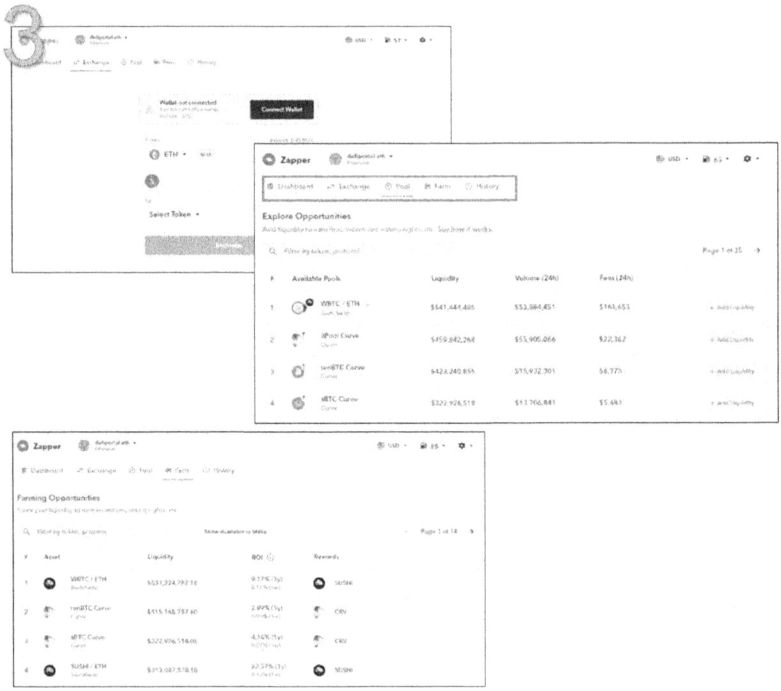

Schritt 3

- Abgesehen davon, dass du deine Asset-Allokation auf der Kette siehst, dient Zapper als All-in-One-Dashboard, auf dem du deine Investitionsentscheidungen treffen kannst, z. B. den Tausch von Token, die Bereitstellung von Liquidität und die Teilnahme an Renditefarmen.

Alternativ kannst du dir auch andere Dashboards ansehen:

- https://zerion.io/
- https://mydefi.org/apps (von Zerion übernommen, aber noch in Betrieb)
- https://frontierwallet.com / (Dashboard für Mobiltelefone)
- https://debank.com /
- https://unspent.io /

Kapitel 15: DeFi in der realen Welt

In den vorangegangenen Kapiteln versuchten wir, dir das Konzept von DeFi sowie die unterschiedlichen Anwendungsmöglichkeiten näherzubringen. Es bleiben jedoch Fragen offen, etwa wie dezentralisiert solche *DeFi-DApps* sind und ob es eine Zielgruppe gibt, die DeFi-Produkte tatsächlich im wirklichen Leben verwenden wird. In diesem Abschnitt werden wir versuchen, dir das DeFi-Konzept in Alltagssituationen anhand von zwei Fallstudien näherzubringen. Wir hoffen, dass du dadurch das Zukunftspotenzial sowie die Nützlichkeit von DeFi besser nachvollziehen kannst.

Beispiel 1: Überleben in Argentiniens Hyperinflation

Während einer branchenbekannten Ethereum-Konferenz im Oktober 2019 hielt Mariano Conti, Leiter des *Smart Contract-Bereichs* bei der *Maker Foundation*, einen Vortrag darüber, wie er persönlich mit der Inflation und der Wirtschaftskrise in Argentinien umgeht. Die Inflationsrate in Argentinien erreichte im Jahr 2019 einen Höchstwert von 53,8 %, was den höchsten Inflationswert seit 28 Jahren darstellte. Damit gehörte Argentinien zu den fünf Ländern mit den höchsten Inflationsraten weltweit. Um das noch einmal zu verdeutlichen: Eine Inflation von 53,8 % in einem Jahr bedeutet, dass deine Währung sowie dein gesamtes Geldvermögen um 53,8 % an Wert verliert.

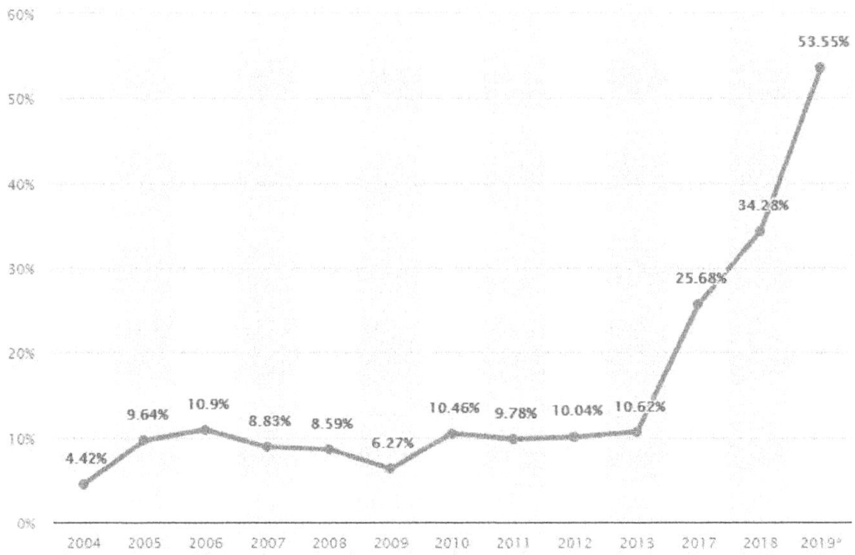

Abbildung 8 - Argentinische Inflationsrate von 2004 bis 2019 in Prozent

In einem Land zu leben, in dem sich der Wert der Landeswährung praktisch jedes Jahr aufs Neue halbiert, ist nicht einfach und schafft ein wirtschaftlich unsicheres Umfeld. Um in Argentinien überleben zu können, versuchte Mariano, sich sein Gehalt und all seine Bezahlungen vollständig in DAI auszahlen zu lassen. Wie du es vielleicht aus den vorherigen Kapiteln noch in Erinnerung hast, ist DAI eine stabile, an den US-Dollar gebundene Kryptowährung. Laut Mariano ist unter den Argentiniern der US-Dollar generell hoch angesehen, aber trotzdem nicht einfach als Ersatzwährung einsetzbar. Zum einen wird er politisch oft verboten und dessen Verwendung strafrechtlich verfolgt, zum anderen ist der Tauschkurs zum argentinischen Peso ebenso inflationär, unbeständig und unterliegt vielen Mittelsmännern. Durch einen gesetzlich definierten Höchstwert von 200 US-Dollar und der ständigen Unsicherheit begann der Schwarzmarkt für den US-Dollar als Alternativwährung zu blühen, was zur Folge hatte, dass der

Tauschkurs vom argentinischen Peso zum US-Dollar um 30 % höher war, als es die internationalen Währungsbörsen angaben.[6]

Selbst Argentinier, die bei ausländischen Unternehmen beschäftigt sind und von ihrem Arbeitgeber in US-Dollar ausbezahlt werden, sind dazu verpflichtet, ihren Lohn innerhalb von fünf Tagen in argentinische Pesos umzutauschen. Das führte schon früh dazu, dass sich vor allem argentinische Freiberufler bevorzugt von ihren Kunden in Bitcoin bezahlen ließen. Das funktionierte eine Zeit lang hervorragend, bis es Anfang 2018 nach einer Kursrallye nach oben mit dem Kurs von Bitcoin steil bergab ging. Von diesem Zeitpunkt an war klar, dass der Bitcoin als Zahlungsersatzmittel im Alltag nicht infrage kommen würde, da seine Volatilität ihn zu instabil erscheinen lässt. Für Mariano selbst schien das Konzept von DAI die Lösung des Problems zu sein, um die Vorteile der Anonymität und Geschwindigkeit von Kryptowährungen gepaart mit der Stabilität des US-Dollars in einer Währung haben zu können. Aber wie verwendet er den DAI? Einmal im Monat hebt er ein Minimum seines Geldbetrags ab, um seine Miete, Lebensmittel und Kreditkartenschulden zu bezahlen. Seinen Kontostand in argentinischen Peso versucht er dabei immer nach dem Begleichen seiner Rechnungen auf null zu halten, während er gleichzeitig sein verbleibendes Geld in den Kauf von Ether investiert und DAI zur Verzinsung anlegt.

Das ist für Mariano und viele seiner Landsleute eine inzwischen reguläre Form der Geldanlage, um sich nicht auf eine zerfallende Landeswährung oder ein marodes Bankensystem verlassen zu müssen. Natürlich ist man sich bei der Verwendung von DeFi-DApps den

6 „Argentina's ‚little trees' blossom as forex controls fuel black ..." 5 Feb. 2020, https://www.reuters.com/article/us-argentina-currency-blackmarket/argentinas-little-trees-blossom-as-forex-controls-fuel-black-market-idUSKBN1ZZ1H1.

einhergehenden Risiken von *Smart Contracts* oder den *DeFi-Plattformen* durchaus bewusst, aber die Alternative ist ein noch höheres Risiko mit dem lokalen Banken- und Währungssystem. Solch ein Beispiel findet sich nicht nur in Argentinien, sondern ebenso in vielen anderen wirtschaftlich angeschlagenen Ländern dieser Welt und hierbei bietet DeFi bereits eine der Lösungen für die dort betroffenen Menschen.

Übrigens, falls du an der Präsentation von Mariano interessiert bist, findest du Sie unter diesem Link:

https://slideslive.com/38920018/living-on-defi-how-i-survive-argentinas-50-inflation

Beispiel 2: Die Verbannung durch Uniswap

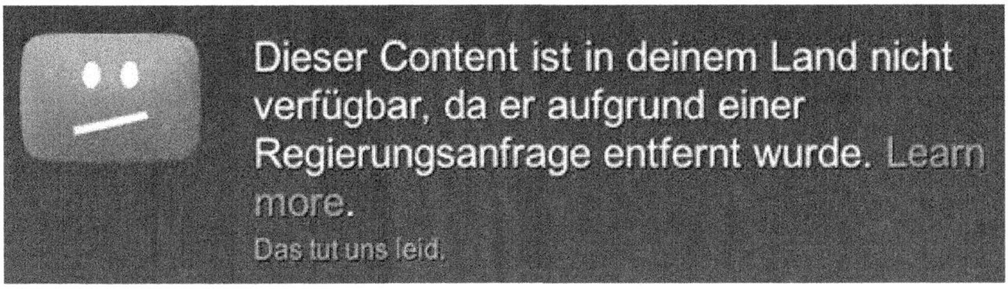

„Dieser Content ist in deinem Lang nicht verfügbar, da er aufgrund einer Regierungsanfrage entfernt wurde“

Vielleicht hast du diesen Hinweis schon einmal während dem Surfen im Internet gesehen. Es gibt Videos, Websites oder Apps, die wir uns aufgrund staatlicher oder rechtlicher Eingriffe nicht ansehen dürfen. Dies liegt meistens an nationalen Gesetzen, die uns die Nutzung dieser Medien und/oder Anwendungen untersagen. Das ist nervig, aber wir haben uns wahrscheinlich alle irgendwie damit abfinden müssen, an manchen Stellen immer wieder einmal zensiert oder bevormundet zu werden. Das Leben geht weiter und wir gucken, ob wir das gewünschte Video auf einer anderen Website sehen oder die Anwendung woanders im World Wide Web besorgen können.

Verbote von Videos, Apps oder Anwendungen sollten keine allzu nachteiligen Auswirkungen auf unser Online-Leben haben, aber stimmt diese Aussage auch noch, wenn uns der Zugang zu einer Bank oder einem Finanzinstitut verwehrt wird? Genau das trifft meistens diejenigen am härtesten, die einen solchen Zugang am dringendsten benötigen würden. Viele Personen sehen sich dazu gezwungen, Kredite aufnehmen zu müssen, um die eigenen Ausgaben decken zu können. Auch wenn DeFi hier vielleicht eine Alternative für sonst wenig verfügbare Finanzdienstleister wäre, wurden DeFi-Anwendungen bereits bewusst zensiert und/oder blockiert. Ein Beispiel ist die geographische Blockierung von *Uniswap* (siehe Kapitel 7) im Dezember 2019. Damals aktualisierte und veröffentlichte das Uniswap-Team in aller Stille eine Änderung ihres Open-Source-Programmcodes auf Github, um Nutzern aus bestimmten Ländern (es handelte sich um Belarus, Kuba, Iran, Irak, Elfenbeinküste, Liberia, Nordkorea, Sudan, Syrien und Simbabwe) den Zugriff auf die Hauptwebsite www.uniswap.exchange zu verwehren. Das Ergebnis sieht wie folgt aus:

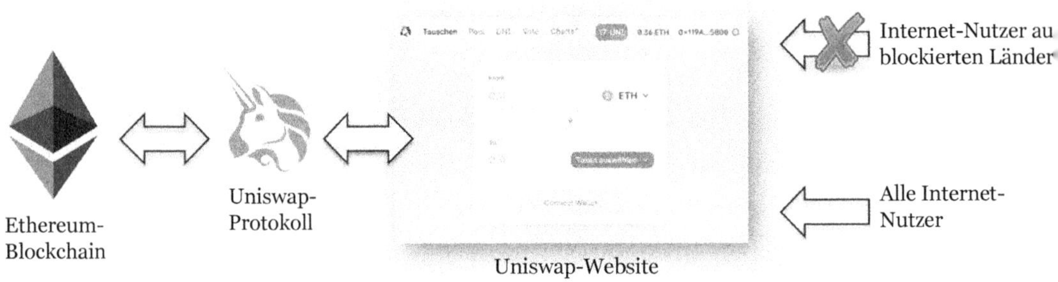

Bisher hat sich *Uniswap* hierzu nicht geäußert, aber man vermutet, dass das *Uniswap*-Team sich zu diesem Schritt gezwungen sah, um geltende US-Gesetze einzuhalten, da ein Großteil des Teams in New York ansässig ist und US-Investoren des DeFi-Projekts darauf drängten. Ungeachtet der Gründe würde eine solche Aktion dennoch gegen alles verstoßen, wofür das Konzept von DeFi steht – dass jeder überall Zugang zu DeFi-Angeboten haben kann, wenn er das möchte.

Das Verbot, welches das *Uniswap*-Team im Programmcode verhängte, hielt die Benutzer jedoch nicht davon ab, das *Uniswap*-Protokoll weiterhin über Umwege im Internet zu verwenden. Tatsächlich konnte man nicht so einfach, ein Angebot über die Blockchain für bestimmte Länder unzugänglich machen. Das *Uniswap*-Protokoll wird auf der

Ethereum-Blockchain (die weltweit für jeden zugänglich ist) aufgebaut und eingesetzt. Innerhalb weniger Stunden wurden mehrere Websites, die mit dem *Uniswap*-Protokoll verbunden waren, in Betrieb genommen, sodass Benutzer, welche zuvor gesperrt waren, weiterhin auf das *Uniswap*-Protokoll zugreifen konnten. Das *Uniswap*-Team hatte zwar die Kontrolle über das Frontend (der Websitezugang: www.uniswap.exchange), aber keine Kontrolle darüber, wer auf das Backend (das unter dem Frontend befindliche *Uniswap*-Protokoll, welches in der Ethereum-Blockchain integriert ist), zugreifen kann oder nicht.

Dies war eine sehr interessante Fallstudie, da sie die Stärken der DeFi-Protokolle hervorhob, etwas, was im traditionellen Finanzwesen nicht passieren würde. Ein Schritt, der ursprünglich unternommen wurde, um gegen das Kernethos der DeFi zu verstoßen, stellte schließlich eine ihrer Hauptstärken heraus. Dieser Vorfall wird bestimmt nicht der letzte gewesen sein, der die DeFi-Welt herausfordert, und genau deswegen möchten wir dir die generellen Gefahren und Risiken von DeFi auf den nächsten Seiten aufzeigen.

Kapitel 16: DeFi ist die Zukunft

Im vorangegangenen Kapitel wurden zwei Beispiele für DeFi in Aktion vorgestellt, als DeFi noch im Anfangsstadium war. Während DeFi weiter wächst, erleben wir bereits einen massiven Zustrom von institutionellen und privaten Anlegern. Viele Experten aus der traditionellen Finanzwelt haben bereits begonnen, den Wert von *Bitcoin* zu erkennen, der oft mit digitalem Gold gleichgesetzt wird. Wenn du jedoch dieses Buch gelesen hast, wirst du verstehen, dass *Bitcoin* nur an der Oberfläche dessen kratzt, was DeFi wirklich bietet.

Wir sehen bereits, wie traditionelle Finanzakteure (TradFi) in den DeFi-Markt einsteigen. So hat beispielsweise die *Siam Commercial Bank* in Alpha Finance Lab (decrypt.co/46585/siam-commercial-bank-in-thailand-delves-into-defi) investiert und arbeitet eng zusammen, um eine einzigartige Produktpalette zu entwickeln, die die Lücke zwischen dem traditionellen und dem dezentralen Finanzsektor schließt. Weitere Beispiele sind die *Yield.app* (yield.app/yld), die als Rendite-Aggregator (ähnlich wie ein Hedgefonds) fungiert und sowohl Portfoliomanager als auch *Smart-Contract*-Technologie einsetzt, damit die Nutzer in DeFi passives Einkommen erzielen können. Da sich Brücken zwischen TradFi und DeFi zu entwickeln beginnen, wird DeFi zunehmend als alternatives Finanzökosystem anerkannt.

Das übergreifende Thema ist, dass TradFi die lukrativen Möglichkeiten, die DeFi bietet, nicht ignorieren kann, da DeFi die Zukunft des Finanzwesens darstellt. Auch wenn dies kontrovers klingen mag, fassen wir hier zusammen, warum dies unserer Meinung nach der Fall ist.

Anfang 2020 wird der Gesamtwert, der in *DeFi-DApps* steckt, den bedeutenden Meilenstein von 1 Milliarde US-Dollar erreichen. Mit anderen Worten, das ist der Gesamtbetrag an programmierbarem Geld, der derzeit in *Smart Contracts* gespeichert ist, die als Bausteine eines völlig neuen dezentralen Finanzsystems im Internet dienen.

Obwohl 1 Milliarde Dollar, die in DeFi gespeichert sind, im Vergleich zu den traditionellen Finanzmärkten wie eine kleine Zahl erscheinen mag, ist das Wachstum atemberaubend. Hier eine kurze Zusammenfassung der Reise, die DeFi als Phänomen bereits hinter sich hat:

- 2018: eingebrachter Wert (Total Value Locked) stieg um das 5-fache von 50 Millionen US-Dollar auf 275 Millionen US-Dollar

- 2019: eingebrachter Wert (Total Value Locked) stieg um das 2,4-fache auf 667 Millionen US-Dollar

- 2020: eingebrachter Wert (Total Value Locked) steigt um das 23,5-fache auf 15,7 Milliarden US-Dollar

- 2021– Der gesicherte Gesamtwert erreicht 86,05 Mrd. $ (April 2021)

Lass uns dir ebenso kurz aufzählen, was uns DeFi ermöglichen kann:

- **Transparenz** – ein transparentes, nachvollziehbares Ökosystem einer Finanzwelt mit vielen unterschiedlichen Möglichkeiten

- **Zugänglichkeit** – ein freier Zugang zu DeFi-Anwendungen ohne Diskriminierung aufgrund von Rasse, Geschlecht, Religion, Nationalität oder geographischer Zugehörigkeit

- **Effizienz** – die Programmierung und Digitalisierung von Geld ermöglicht es uns, bisher existierende Mittelmänner zu umgehen und eine effizientere Finanzwelt zu erschaffen

- **Benutzerfreundlichkeit** – Geld kann nun überallhin, an jeden und zu jeder Zeit transferiert werden, der Zugang zu Kryptowährungen hat. Dies ist für jene möglich, die eine Wallet haben, und dafür sind nur eine kleine Gebühr und eine sehr kurze Wartezeit erforderlich.

All diese Punkte haben es Nutzern ermöglicht, einige der folgenden Dinge zu verwirklichen:

- Liquidität zur Verfügung zu stellen, um daraus Erträge erzielen zu können
- Kredite (mit Sicherheiten) ohne Überprüfung und Bürokratie aufzunehmen und jederzeit zurückzahlen zu können
- automatisierte Handelsstrategien ausführen zu können, ohne die Möglichkeiten und Kenntnisse eines Investmentbankers zu besitzen

Das Beste daran ist vielleicht, dass all die hier genannten Punkte für jedermann, überall und jederzeit zugänglich sind, solange man nur mit dem Internet verbunden ist. Das ist die Stärke von DeFi und wir stehen erst am Anfang dieser Entwicklung.

Wann wird DeFi wirklich benutzerfreundlich?

Abseits aller Risiken und Gefahren von DeFi ist wohl die Benutzererfahrung der ausschlaggebendste Punkt. Weltweit arbeiten derzeit unterschiedliche Teams daran, die Benutzerfreundlichkeit und das Erlebnis der Kunden beim Benutzen von DeFi-Produkten zu verbessern. Lass uns doch an dieser Stelle mal ein paar solcher Teams und deren Produkte aufzählen:

- **Wallet** – *Argent* arbeitet daran, ein besseres, benutzerorientiertes Erlebnis für die Benutzer ihrer Wallet zu schaffen. Auch andere *Wallet*-Anbieter haben erkannt, dass eine *Wallet* nicht nur der reinen Verwahrung und Verwaltung von Kryptowährungen dienen kann, sondern zusätzliche Angebote wie z. B. eine Integration des *Compound*-Protokolls oder andere DeFi-Angebote das Benutzererlebnis enorm verbessern können.

- **Übersicht von DeFi-Angeboten** – *Zapper.fi* nimmt mit seinem Angebot bereits einen Großteil an Komplexität aus der Handhabung und erlaubt es dir als Nutzer, verschiedene DeFi-Angebote zu nutzen und dabei die Transaktionen und den Zeitaufwand zu minimieren.

- **Benutzerfreundliche Entwicklung und Programmierung**

  Gelato Finance ist ein Anbieter von Programmierungshilfen für *Smart Contracts*. Dabei hat sich das Team darauf konzentriert, eine Art „Falls dies, dann das"-Regel für Kryptowährungen zu ermöglichen, was wiederum Menschen ohne Programmierkenntnisse den Einstieg in die Entwicklung von *Smart Contracts* ermöglicht. Versuche es doch selbst einmal und rede dir nicht ein, dass dies nur eine Sache für Nerds und Geeks wäre. Eine einfache Kondition für deine *Wallet* (z. B. „Kaufe *Ether*, wenn der Kurs bei 200 US-Dollar steht mit meinen Dai") kann dort schnell selbst und einfach programmiert werden.

- **Versicherung** – Finanzielle Transaktionen bergen immer ein gewisses Mindestrisiko. In einer dezentralen Welt von Kryptowährungen und programmierten Computer-Protokollen ist dieses Risiko noch einmal um einiges größer. Anbieter wie *Nexus Mutual* arbeiten daran, diese Unsicherheit und Gefahren aus dem Markt zu nehmen und dir allein durch den Verzicht eines kleinen Anteils deiner Rendite einen solchen Schutz zu bieten.

- **Liquidität** – Inzwischen gibt es viele dezentralisierte Kryptowährungsbörsen (*DEX*es) und dennoch ist es fraglich, ob jeder dieser Anbieter über genügend Liquidität verfügt, um deine Order ausführen zu können. Hier kommen inzwischen Liquiditäts-Aggregatoren hinzu, die dir dabei helfen, deine Aufträge bzw. Orders je nach Liquiditätslage der dezentralen Kryptowährungsbörsen richtig zu verteilen. Selbst eine Aufteilung deiner Order auf verschiedene *DEX*es zu den besten Preisen ist möglich. Anbieter hierfür sind z. B. 1inch.exchange, Paraswap und DEX.AG.

- **Rendite-Optimierung** – Erinnerst du dich noch an die Zeiten, in denen du nach dem besten Zinssatz für dein Tagesgeldkonto Ausschau hieltst und dein Kapital zwischen unterschiedlichen Anbietern hin und her transferieren musstest? Das gehört in der DeFi-Welt definitiv der Vergangenheit an. Anbieter wie *Yearn.finance*, idle.finance, und DeFiSaver allozieren und verwalten deine Kryptowährungen automatisiert und suchen ununterbrochen nach den besten Renditen bzw. Zinserträgen auf der Ethereum-Blockchain für dich.

Und ehrlich gesagt sind wir bei CoinGecko fest davon überzeugt, dass die „Killer-App", die alles verändern kann, schon bald kommen wird.

An dieser Stelle möchten wir dir danken, dass du dieses Buch bis hierhin aufmerksam gelesen hast, und wir hoffen, dass du dich in Sachen DeFi nun informiert genug fühlst, um mit deiner eigenen Reise in die DeFi-Welt beginnen zu können. Wir freuen uns, wenn du uns auf unserem Webportal www.coingecko.com besuchst, um in der DeFi-Welt weiterhin auf dem neuesten Stand zu bleiben, und wünschen dir alles Gute.

Appendix

Unsere empfohlenen Quellen für deinen Start in die DeFi-Welt

Mit Fiat-Geld deine ersten Kryptowährungen kaufen:

Unter einer Kryptowährungsbörse versteht man eine Plattform, auf der du gegen Fiatgeld (z. B. Euro oder US-Dollar) deine gewünschten Kryptowährungen dir kaufen kannst. Zu den größten bekanntesten Kryptowährungsbörsen gehören:

- Binance; www.binance.com
- Bitmex; www.bitmex.com
- Kraken; www.kraken.com

Diese genannten Kryptowährungsbörsen sind alle zentralisiert und auch leider nur in englischer Sprache nutzbar. Inzwischen gibt es aber auch für den Kauf von Kryptowährungen auch deutsche, regulierte Anlaufstellen, wie z. B.:

- **Börse Stuttgart Digital Exchange**; www.bsdex.de/de/
- **BISON App** (App-Handelsplattform der Börse Stuttgar); https://bisonapp.com/
- **Bitwala** (Eigenes Bankkonto mit Kryptowährungen); www.bitwala.com/de/

Um den Überblick zu behalten:

DeFi Prime www.defiprime.com
Der führende Blog für Neuerungen und aktuelle Ereignisse in der DeFi-Welt.

DeFi Pulse www.defipulse.com
Die führende Rangliste von allen relevanten DeFi-Projekten und deren derzeitige Marktkapitalisierung.

LoanScan: www.loanscan.io
Eine Rangliste der aktuellen Renditen und Zinsen, deiner Kryptowährugen.

Bankless www.bankless.substack.com

Eine interessante Mischung aus Blog, Meinungen und Tutorials, um dich über die Geschehnisse der DeFi-Welt immer auf dem Laufenden zu halten.

Da gibt's was auf die Ohren:

Podcasts über die DeFi-Welt, wie z. B.:

Into the Ether - Ethhub - https://podcast.ethhub.io/
PoV Crypto - https://povcryptopod.libsyn.com/
Wyre Podcast - https://blog.sendwyre.com/wyretalks/home

Das ist doch was fürs Auge:

Chris Blec - https://www.youtube.com/c/chrisblec

CoinBureau - https://www.youtube.com/c/CoinBureau

Projekte, die uns ebenso begeistern:

Dashboards	DeFi Prime Portfolio - http://portfolio.defiprime.com Frontier - https://frontierwallet.com/ InstaDApp - https://instadapp.io/ MyDeFi - https://mydefi.org/apps Zerion - https://zerion.io/
Dezentrale Börsen	Bancor - https://www.bancor.network/ Curve Finance - https://www.curve.fi/ Dex Blue https://dex.blue/ Kyber - https://kyberswap.com/swap
Aggregatoren	1inch - https://1inch.exchange/ Dex.ag - https://dex.ag/ Paraswap - https://paraswap.io/
Wetten auf zukünftige Ereignisse	Augur - https://www.augur.net/ Polymarket - https://polymarket.com/
Steuerliche Dokumentation	TokenTax - https://tokentax.co/
Wallets	GnosisSafe - https://safe.gnosis.io/ Monolith - https://monolith.xyz/ Monolith ist mehr als eine Wallet. Angeboten wird ebenso noch eine dazugehörige VISA-Kreditkarten, die du mit deiner Wallet verbinden kannst. In Zukunft ist ebenso die Verknüpfung mit einem Monolith-Girokonto (Mit europäischer IBAN) geplant, welche es dir ermöglichen wird, deine eingehende Gehaltszahlung von EURO direkt umgewandelt in DAI zu erhalten. Nüchtern betrachtet, wäre dies das erste DeFi-Girokonto.
Rendite-Optimierer	Iearn - https://iearn.finance/ RAY https://staked.us/v/robo-advisor-yield/

Glossar

A

Annual Percentage Yield (APY) Jährliche prozentuale Rendite	Hierbei handelt es sich um die Rendite, die innerhalb eines Jahres durch eine Investition erwirtschaftet wird. Man spricht hierbei von den realisierten Rendite innerhalb eines Jahres.
Admin Key Risk Verwaltungsschlüssel-Risiko	Das Risiko, durch das ein DeFi-Protokoll bewusst geschädigt oder manipuliert werden könnte.
Automated Market Maker (AMM) Automatisierte Marktpfleger oder Marktmacher	Eine automatisierte Funktion, die dafür sorgt, dass alle Teilnehmer/Kunden ihre Transaktionen zu marktgerechten Preisen durchführen können. Somit werden Geld- und Briefkurse durch einen Algorithmus erzeugt.
Airdrop umgangssprachliche Bezeichnung für eine Art **Incentive**, speziell im Krypto-Bereich	Bei einem Airdrop wird eine gewisse Menge von Kryptowährungen bzw. Token an Nutzer verschenkt. Die Zugabe wird direkt an die Wallets der Nutzer ausgezahlt. Das erfolgt in erster Linie, um Aufmerksamkeit zu generieren und weitere Benutzer anzulocken.
Audit Systematische Überprüfung / Begutachtung	Eine systematische Überprüfung der Aufzeichnungen und Hintergründe einer Organisation, um sicherzustellen, dass die Vorgänge fair und richtig sind. Im DeFi-Bereich bezieht sich diese Überprüfung auf die Funktionsweise von Smart Contracts und die Vermeidung von Schwachstellen der DeFi-Protokolle.
Application Programming Interface (API) Programmier-schnittstelle	Eine programmierte Schnittstelle, die als Überbrückung dient, die es zwei Anwendungen ermöglicht, miteinander zu interagieren. Beispielsweise kann man die API von CoinGecko verwenden, um den aktuellen Marktpreis von Kryptowährungen auf der eigenen Website abzurufen und darzustellen.

B

Buy and Hold Bezeichnung einer Anlagestrategie	»Buy and Hold« ist eine Anlagestrategie, bei der man in gewisse Werte investiert und davon ausgeht, dass deren Preis langfristig sich steigern wird. In der Krypto-Community wird hierbei scherzeshalber auch vom »HODLn« gesprochen. In unserem Buch ist dies z. B. auch eine Handelsstrategie bei Token Sets, die sich an ihrer Zielallokation orientiert, um eine Überbeanspruchung durch eine Kryptowährung zu verhindern und das Risiko auf mehrere Token zu verteilen.
Bonding Curve	Eine *Bonding-Kurve* ist eine mathematische Kurve, die eine dynamische Beziehung zwischen Preis eines Tokens und dem Token-Angebot definiert. Bonding-Kurven wirken wie ein automatisierter Market Maker, bei dem mit abnehmendem Angebot eines Tokens der Preis eines Tokens steigt. Sie ist nützlich, da sie Käufern und Verkäufern den Zugang zu einem sofortigen Markt ohne die Notwendigkeit von Zwischenhändlern erleichtert.

C

Cryptocurrency Exchange (Cryptoexchange) Kryptowährungs-börse	Unter einer Kryptowährungsbörse versteht man eine Plattform, auf der du gegen Fiatgeld (z. B. Euro oder US-Dollar) deine gewünschten Kryptowährungen dir kaufen kannst.
Custodian	Unter einem Custodian versteht man eine Art Depotbank, also eine dritte Partei, bei der deine Kryptowährungen aufbewahrt werden und der du auch die Kontrolle über deine Kryptowährungen anvertraust.

Fiat-collateralized stablecoin	Ein Stablecoin, der durch den Wert von Kryptowährungen besichert wird. Als Beispiel: Tether, der Wert von einem Tether entspricht immer den Wert eines US-Dollars.
Crypto-collateralized stablecoin	Eine Stablecoin, der durch eine andere Kryptowährung gestützt wird. Zum Beispiel ist DAI durch Ether zu einem vereinbarten Besicherungsverhältnis (collateral ratio) gesichert.
Centralized Exchange (CEX)	Eine zentralisierte Kryptowährungsbörse, die auf zentralisierte Weise arbeitet und die Gelder und Kryptowährungen ihrer Kunden verwahrt.
Collateral Sicherheit	Unter einem *Collateral* versteht man einen Vermögenswert, der als Sicherheit bei einem Kreditgeber hinterlegt wird. Mit dieser Sicherheit, wird dann einem erlaubt, sich einen anderen Vermögenswert auszuleihen. Das Risiko für den Kreditgeber ist hierdurch wesentlich geringer, denn im Falle einer Nicht-Rückzahlung des Kredits, hätte der Kreditgeber einen Zugriff auf die hinterlegten Vermögenswerte (den Collateral).
Collateral Ratio Sicherheits-Faktor	Unter dem Collateral Ratio versteht man das Besicherungsverhältnis. Das bezieht sich auf den maximalen Betrag eines Vermögenswerts, den du dir leihen könntest, nachdem du eine Sicherheit (Collateral) in eine dezentralisierte DeFi-Anwendung eingebracht hast.
cTokens	cToken dienen als eine Art Zertifikate, welche in deiner Wallet belegen, dass du dem Liquiditätspool von Compound deine entsprechenden Token zur Verfügung gestellt hast.
Cover Amount Deckungssumme	Unter einem Cover Amount versteht man eine Deckungssumme. Er bezieht sich auf den maximal von der Versicherungsgesellschaft zu zahlenden Betrag, wenn ein Anspruch geltend gemacht wird.

Claim Assessment process	Ein Claim Assessment Process ist ein Verfahren zur Bewertung einer Forderung. Es ist die Verpflichtung des Versicherers, die von einem Versicherer eingereichte Klage zu prüfen. Nach dem Verfahren erstattet die Versicherungsgesellschaft dem Versicherten das Geld auf der Grundlage des Deckungsbetrags zurück.
Composability Zusammen-setzbarkeit	Die Composability (Deutsch: Zusammensetzbarkeit) ist ein Systemdesignprinzip, dass es ermöglicht, Anwendungen aus unterschiedlichen Komponententeilen zu erstellen.

D

Decentralized Finance (DeFi)	DeFi ist ein Ökosystem, das die Nutzung von Finanzdienstleistungen wie Kreditaufnahme, Kreditvergabe, Handel, Zugang zu Versicherungen und mehr ermöglicht, ohne dass man sich auf eine zentralisierte Einheit verlassen muss.
Decentralized Applications (Dapps)	Anwendungen (Apps), welche auf dezentralisierten Peer-to-Peer-Netzwerken wie z. B. Ethereum laufen. Eine Übersicht aller DApps findest du auch unter www.dappradar.com/
Decentralized Autonomous Organization (DAO) Dezentrale autonome Organisation	Eine Dezentralisierte autonome Organisation (DAO) ist eine dezentrale Organisation, welche durch Regeln in *Smart Contracts* auf der Blockchain verankert sind. Die Regeln und der Umgang einer DAO sind transparent und die DAO, sowie deren Abstimmungen werden hierbei von Token-Inhabern kontrolliert und gesteuert.
Decentralized Exchange (DEX)	Eine dezentralisierte Kryptowährungsbörse (DEX) ermöglicht den Handel und den direkten Tausch von Token, ohne dass eine zentrale Börse hierfür benutzt werden muss.
Derivatives Derivate	Der Begriff »Derivat« kommt von dem Wort "ableiten", weil man hierunter einen Vertrag versteht, der seinen Wert von einer zugrundeliegenden Einheit order einem Basiswert ableitet. Einige der zugrundeliegenden Vermögenswerte können z. B. Rohstoffe, Währungen, Anleihen oder Kryptowährungen sein.

Dai Saving Rate (DSR)	Die Dai-Sparquote (DSR) ist ein Zins, der durch das Halten von DAI im Laufe der Zeit erwirtschaftet wird. Diese dient auch als monetäres Instrument, um die Nachfrage nach DAI zu beeinflussen.
Dashboard	Ein Dashboard ist eine einfache Plattform, die alle deine DeFi-Aktivitäten an einem Ort zusammenfasst. Es ist ein nützliches Werkzeug, um zu visualisieren und zu verfolgen, wo sich deine Assets in den verschiedenen DeFi-Protokollen befinden.

E

Ethereum	Ethereum ist eine Open-Source-basierte, programmierbare und dezentralisierte Plattform, welche auf der Blockchain-Technologie aufgebaut ist. Im Vergleich zu Bitcoin ermöglicht Ethereum Skriptsprachen, welche die Entwicklung von Anwendungen ermöglicht hat.
Ether	Ether ist die Kryptowährung, welche die Ethereum-Blockchain antreibt. Diese Kryptowährung ist ebenso der Treibstoff für die Apps im dezentralisierten Ethereum-Netzwerk.
ERC-20	ERC ist eine Abkürzung für ***E**thereum **R**equest for **C**omment* und die **20** steht für die Nummer des Antrags. Es handelt sich hierbei um ein offizielles Protokoll für Verbesserungsvorschläge im Ethereum-Netzwerk. ERC-20 bezieht sich auf den allgemein angenommenen Standard, der zur Erstellung von Token auf Ethereum-Blockchain verwendet wird.
Exposure	Das Risiko bezieht sich darauf, wie sehr du dem potenziellen Risiko des Verlusts deiner Investition "ausgesetzt" bist. Zum Beispiel bezieht sich das Kurs-Exposure auf das potenzielle Risiko, dass du deine Investition verlieren könntest, wenn sich der Kurs bewegt.

F

Future Contract Future	Es handelt sich um einen Vertrag, den du abschließt um einen bestimmten Vermögenswert zu einem bestimmten Preis, zu einem bestimmten Zeitpunkt, in der Zukunft zu kaufen oder zu verkaufen.
Factory Contract	Hierbei handelt es sich um einen *Smart Contract*, welcher die Fähigkeit besitzt, selbstständig weitere neue *Smart Contracts* zu erzeugen.

G

Gas	*Gas* bezieht sich auf die Maßeinheit für die Menge an Rechenaufwand, welcher für die Ausführung eines *Smart Contracts* auf der Ethereum-Blockchain erforderlich ist

H

HODL	Enstanden durch ein Foreneintrag eines Betrunkenen, der seine Kryptowährungen einfach weiter behalten wird und fest an deren Wertsteigerung glaubt. Statts "HOLD" schrieb er "HODL" und das ging in der Krypto-Community schnell in die Umgangssprache ein.

I

IMAP	*IMAP* steht für *Internet Message Access Protocol.* Es ist ein Internet-Protokoll, das E-Mail-Anwendungen den Zugriff auf E-Mails auf TCP/IP-Servern ermöglicht.
Index	Ein Index misst die Performance eines Korbes von unterschiedlichen Basiswerten, z. B. Kryptowährungen. Ein Index bewegt sich, wenn sich die gesamte Performance der zugrunde liegenden Vermögenswerte im Korb bewegt. Ein bekannter Index für deutsche Aktien ist z. B. der DAX.
Inverse	Diese Synthetix-Strategie ist für diejenigen gedacht, die einen von sinkenden Kursen profitieren wollen. Trader können diese kaufen, wenn sie der Meinung sind, dass eine Benchmark zu sinken droht.

J -

K -

Know-Your-Customer (KYC)	Know-Your-Customer (KYC) ist ein Compliance-Prozess für Kryptowährungsbörsen und sonstige Unternehmen zur Überprüfung und Bewertung ihrer Kunden. Der Kunde muss also hierbei seine Identität offenlegen. Dies versucht man in der DeFi-Welt zu umgehen, durch eine Anmeldung mit der Wallet.

L

Liquidation penalty Liquidationsstrafe	Hierbei handelt es sich um eine Art Strafgebühr, die ein Kreditnehmer zusammen mit seiner verwerteten Sicherheit zahlen muss, wenn der Wert seiner Sicherheit (Collateral) unter den Mindestsicherheitswert fallen würde.
Liquidity Pools Liquiditätspool	Unter einem Liqudïtätspool versteht man eine vorhandene Reserven an Token, welche sich auf Smart Contracts befinden und den Benutzern des Smart Contracts bei einem Tausch ihrer Token zur Verfügung stehen. Derzeit werden solche Liquiditätspools hauptsächlich zum Tausch, zur Kreditaufnahme, zum Verleihen und zur Versicherung verwendet.
Liquidity Risk Liquiditätsrisiko	Ein Risiko, bei dem ein dezentrales Protokoll, wie z. B. Compound, nicht mehr genügend Liquidität hätte. Dies könnte zum Zusammenbruch des Protokolls führen und fatale Auswirkungen haben.
Liquidity Providers Liquiditätsanbieter	Liquiditätsgeber bzw. -anbieter sind Personen, die ihre Vermögenswerte (Kryptowährungen) in den Liquiditätspool einbringen. Der Liquiditätspool wird sich hierdurch vergrößern, wenn es mehr Token gibt.
Liquidity Pool Aggregator Aggregator für Liquiditätspool	Es handelt sich um ein System, das die Liquiditätspools verschiedener Börsen aggregiert (sammelt) und in der Lage ist, alle verfügbaren Wechselkurse an einem Ort darzustellen und zu berücksichtigen. Es ermöglicht dir, die bestmöglichsten Kurse miteinander zu vergleichen.
Leverage Hebel-Effekt	Es handelt sich um eine Anlagestrategie, die darauf abzielt, durch den Einsatz von geliehenem Geld eine höhere potenzielle Rendite mit den eigenen Investition erzielen zu können. Ein Beispiel: Du besitzt 5.000 Euro in Kryptowährungen und leihst dir weitere 2.500 Euro hierauf zusätzlich. Somit kannst du nun Zinsen für 7.500 Euro bei einer Verleihung erwirtschaften.

M

MakerDAO	Die *MakerDAO* ist die Organisation hinter der Maker-Plattform und DAO steh hierbeit für die Organisationsform "Dezentralisierte Autonome Organisation". Der native Token von MakerDAO ist MKR und die Plattform von Maker DAO ist ebenso das erschaffende und verwaltende Protokoll für den Stablecoin DAI.
Market Maker Mechanisms Market Maker-Mechanismus	Ein Market-Maker-Mechanismus ist ein Algorithmus, der eine Bonding-Curve verwendet, um sowohl einen Kauf- als auch einen Verkaufspreis zu notieren. Im Krypto-Bereich wird der Market-Maker-Mechanismus hauptsächlich von den Plattformen Uniswap oder Kyber für das Tauschangebot von Token verwendet.
Margin Trading Margin-Handel	Hierunter versteht man eine Art der Investition, bei der man Geld von einem Makler leiht, um damit handeln zu können. Speziell im DeFi-Bereich ist es derzeit noch so, dass das Ausleihen von Kryptowährungen ebenso erfordert, dass du entsprechende Vermögenswerte (in Form von Kryptowährungen) hinterlegst.
MKR Der MKR-Token	Der *MKR-Token* ist eine Governance-Token der Maker-Plattform. Inhaber dieses Tokens können damit bei Verbesserungsvorschlägen zur Dezentralen Autonomen Organisation des Herstellers (DAO) abstimmen.
Mint Prägen	Mit dem "Minting" werden durch die Nutzung eines Protokolls, neue Token auf der Blockchain erschaffen.

N -

O

Order book Das Orderbuch	Er bezieht sich auf die Liste der Kauf- und Verkaufsaufträge für einen bestimmten Vermögenswert auf verschiedenen Preisniveaus. Das Orderbuch listet also alle Kaufs- und Verkaufsaufträge gegeneinander auf.
Over-collateralization Überbesicherung	Die Überbesicherung bezieht sich auf den Wert des besicherten Vermögenswertes, der höher sein muss als der Wert des geliehenen Vermögenswertes.
Option	Eine Option ist ein Recht, aber nicht eine Verpflichtung für jemanden, einen bestimmten Vermögenswert zu einem vereinbarten Preis an oder vor einem Verfallsdatum zu kaufen oder zu verkaufen.

P

Price discovery Preisfindung	Die Preisfindung bezieht sich auf den Akt der Bestimmung eines korrekten Preises von einem Vermögenswerts durch mehrere Faktoren, wie z. B. Angebot und Nachfrage.
Protocol	Ein Protokoll ist ein Basis Layer (=Fundament) von Codes, das etwas darüber aussagt, wie gewisse Programmierregeln hier zu funktionieren haben. Zum Beispiel haben die Bitcoin- und Ethereum-Blockchain voneinander unterschiedliche Protokolle.
Peer-to-Peer	In einer Blockchain bezieht sich "Peer" auf ein Computersystem oder Knoten in einem dezentralisierten Netzwerk. Peer-to-Peer (P2P) ist ein Netzwerk, in dem jeder Knoten die gleiche Berechtigung zur Validierung von Daten hat und in dem zwei Personen direkt miteinander interagieren können.

Q -

R

Range Bound Reichweite	Diese TokenSets-Strategie automatisiert den Kauf und Verkauf innerhalb eines festgelegten Bereichs und ist eher für bärische (fallende) oder neutrale Märkte geeignet.
Rebalancing Eine Anlagestrategie	Beim Rebalancing handelt es sich um einen Prozess der Aufrechterhaltung einer gewünschten Vermögensallokation in deinem Portfolio. Wenn du z. B. 50% Bitcoin, 40% Ether und 10% Stablecoins in deinem Portfolio halten möchtest und sich nun durch einen Investitionsgewinn der Anteil deiner Ether weiterhin erhöht, müsstest du neue Transaktionen (z. B. Wechsel von Ether in Bitcoin und Stablecoins) vornehmen, um deine gewünschte prozentuale Verteilung (Vermögensallokation) wiederherzustellen.
Risk Assessor	Jemand, der bei Nexus Mutual gegen bestimmte Smart Contracts und deren Sicherheit/Beständigkeit wettet. Er/sie wird dazu angeregt, dies zu tun, um Belohnungen in Form von NXM-Token zu erhalten, da andere Benutzer hierfür Versicherungen für die jeweiligen Smart Contracts kaufen.

S

Smart Contracts Intelligente (programmierte) Verträge	Ein Smart Contract ist ein programmierbarer Vertrag, der es zwei Gegenparteien ermöglicht, die Bedingungen einer Transaktion festzulegen, ohne dass sie für die Ausführung einer anderen dritten Partei vertrauen müssen.
Stablecoins Stabile Kryptowährungen	Eine Stablecoin ist eine Kryptowährung, die an einen anderen stabilen Vermögenswert, wie z. B. den US-Dollar und dessen Wert gebunden ist. Damit dient ein Stablecoin als stabiler Vermögenswert im Krypto-Portfolio.
Spot market	Unter einem Spot-Markt versteht man den Kauf und Verkauf von Vermögenswerten (z. B. Kryptowährungen), die unverzüglich nach deiner Transaktion dir auch ausgeliefert bzw. bereitgestellt werden.
Speculative activity Spekulation	Es handelt sich um einen Akt des Kaufens und Verkaufens mit der Erwartung, in absehbarer Zeit Gewinne erzielen zu können.
Spot market	Unter einem Spot-Markt versteht man den Kauf und Verkauf von Vermögenswerten (z. B. Kryptowährungen), die unverzüglich nach deiner Transaktion dir auch ausgeliefert bzw. bereitgestellt werden.
Stability Fee Stabilitäsgebühr	Er entspricht dem "Zinssatz", den du zusammen mit der Hauptschuld eines Tresors zahlen musst.
Slippage	Unter einem Slippage vesteht man die Differenz zwischen dem erwarteten und dem tatsächlichen Preis, zu dem eine Bestellung ausgeführt wurde. Solch ein Slippage entsteht im Allgemeinen durch eine zu geringe Liquidität.
Synths	Als Synths werden Synthetische Assets bezeichnet. Ein Synth ist ein Vermögenswert oder eine Mischung von Vermögenswerten, der/die denselben Wert oder dieselbe Wirkung hat/haben wie ein anderer Vermögenswert.
Smart Contract Cover	Ein Versicherungsangebot von Nexus Mutal zum Schutz der Benutzer bzgl. möglicher Hacks bei Smart Contracts, in die eigene Kryptowährungen eingezahlt bzw. investiert wurden.

T

TCP/IP	Die Bezeichnung steht für Transmission Control Protocol/Internet Protocol. Hiermit bezeichnet man ein Kommunikationsprotokoll zur Verbindung von Netzwerkgeräten im Internet.
Total Value Locked	Total Value Locked bezieht sich auf die kumulativen Sicherheiten, die insgesamt in alle DeFi-Produkte inzwischen eingezahlt wurden.
Technical Risk Technisches Risiko	Ein technisches Risiko bezieht sich auf die möglichen Fehler in Smart Contracts, welche von Hackern ausgenutzt werden und unbeabsichtigte Folgen haben können.
Trading Pairs Handelspaare	Ein Handelspaar ist ein Basisvermögenswert, der mit seinem Zielvermögenswert auf dem Handelsmarkt gepaart ist. Zum Beispiel ist für das Handelspaar ETH/DAI der Basiswert Ether und der Zielwert DAI.
Trend Trading	Bei dieser Strategie werden Indikatoren der Technischen Analyse verwendet, um auf der Grundlage der implementierten Strategie von 100% Zielanlage zu 100% stabilem Anlagevermögen zu wechseln.
Token Kryptowährung	Es ist eine Einheit eines digitalen Assets (Kryptowährung). Wortwörtlich sind es Wertmarken aber im Kryptobereich meint man hiermit Münzen (sog. Coins) , die auf bestehenden Blockchains ausgegeben werden. Im Deutschen spricht man hierbei eher von "Kryptowährungen" oder "Krypto-Werten".
Tokenize Tokenisierung	Es bezieht sich auf den Prozess der Umwandlung von Sachen (oder Werten) in digitale, handelbare Güter.

V

Value Staked	Diese Bezeichnung bezieht sich darauf, wie viel Wert ein Versicherer dem Zielrisiko gegenüberstellt. Ist der Wert, den der Versicherer abgesteckt hat, niedriger als das Zielrisiko, so ist es nicht deckungsfähig.

W

Wallet Dein Geldbeutel für Kryptowährungen	Eine Wallet ist eine benutzerfreundliche Schnittstelle zum Blockchain-Netzwerk, die als Speicher-, Transaktions- und Interaktionsbrücke zwischen dem Benutzer und der Blockchain verwendet werden kann.

Quellenverzeichnis

Kapitel 1: Traditional Financial Institutions

Bagnall, E. (2019, June 30). Top 1000 World Banks 2019 – The Banker International Press Release – for immediate release. Retrieved February 20, 2020, from https://www.thebanker.com/Top-1000-World-Banks/Top-1000-World-Banks-2019-The-Banker-International-Press-Release-for-immediate-release

Boehlke, J. (2019, September 18). How Long Does It Take to Have a Payment Post Online to Your Bank? Retrieved February 20, 2020, from https://www.gobankingrates.com/banking/checking-account/how-long-payment-posted-online-account/

Demirguc-Kunt, A., Klapper, L., Singer, D., Ansar, S., Hess, J. (2018).The Global Findex Database 2017: Measuring Financial Inclusion and the Fintech Revolution. https://doi.org/10.1596/978-1-4648-1259-0_ch2

How long does an Ethereum transaction really take? (2019, September 25). Retrieved February 20, 2020, from https://ethgasstation.info/blog/ethereum-transaction-how-long/

International Wire Transfers. (n.d.). Retrieved February 20, 2020, from https://www.bankofamerica.com/foreign-exchange/wire-transfer.go

Karlan, D., Ratan, A. L., & Zinman, J. (2014, March). Savings by and for the poor: a research review and agenda. Retrieved February 20, 2020, from https://www.ncbi.nlm.nih.gov/pmc/articles/PMC4358152/

Stably. (2019, September 20). Decentralized Finance vs. Traditional Finance: What You Need To Know. Retrieved from https://medium.com/stably-blog/decentralized-finance-vs-traditional-finance-what-you-need-to-know-3b57aed7a0c2

Kapitel 2: What is Decentralized Finance (DeFi)?

Campbell, L. (2020, January 6). DeFi Market Report for 2019 - Summary of DeFi Growth in 2019. Retrieved from https://defirate.com/market-report-2019/

Mitra, R. (n.d.). DeFi Use cases: The Best Examples of Decentralised Finance. Retrieved from https://blockgeeks.com/guides/defi-use-cases-the-best-examples-of-decentralised-finance/#_Tool_2_DeFi_Derivatives

Shawdagor, J. (2020, February 23). Sectors Realizing the Full Potential of DeFi Protocols In 2020. Retrieved from https://cointelegraph.com/news/sectors-realizing-the-full-potential-of-defi-protocols-in-2020

Thompson, P. (2020, January 5). Most Significant Hacks of 2019 - New Record of Twelve in One Year. Retrieved February 20, 2020, from https://cointelegraph.com/news/most-significant-hacks-of-2019-new-record-of-twelve-in-one-year

Kapitel 3: The Decentralized Layer: Ethereum

What is Ethereum? (2020, February 11). Retrieved from https://ethereum.org/what-is-ethereum/

Rosic, A. (2018). What is Ethereum Gas? [The Most Comprehensive Step-By-Step Guide!]. Retrieved from https://blockgeeks.com/guides/ethereum-gas/

Rosic, A. (2017). What Are Smart Contracts? [Ultimate Beginner's Guide to Smart Contracts]. Retrieved from https://blockgeeks.com/guides/smart-contracts/

Kapitel 4: Ethereum Wallets

Lee, I. (2018, June 22). A Complete Beginner's Guide to Using MetaMask. Retrieved from https://www.coingecko.com/buzz/complete-beginners-guide-to-metamask

Lesuisse, I. (2018, December 22). A new era for crypto security. Retrieved from https://medium.com/argenthq/a-new-era-for-crypto-security-57909a095ae3

Wright, M. (2020, February 13). Argent: The quick start guide. Retrieved from https://medium.com/argenthq/argent-the-quick-start-guide-13541ce2b1fb

Kapitel 5: Decentralized Stablecoins

The Maker Protocol: MakerDAO's Multi-Collateral Dai (MCD) System (n.d.). Retrieved February 20, 2020, from https://makerdao.com/whitepaper/

MKR Tools (n.d.). Retrieved February 20, 2020, from https://mkr.tools/governance/stabilityfee

Maker Governance Dashboard (n.d.). Retrieved February 20, 2020, from https://vote.makerdao.com/pollin

Currency Re-imagined for the World: Multi-Collateral Dai Is Live! (2019, November 18). Retrieved from https://blog.makerdao.com/multi-collateral-dai-is-live/

Dai is now live! (2017, December 19). Retrieved from https://blog.makerdao.com/dai-is-now-live/

DSR. (n.d.). Retrieved February 20, 2020, from https://community-development.makerdao.com/makerdao-mcd-faqs/faqs/dsr

John, J. (2019, December 4). Stable Coins In 2019. Retrieved from https://www.decentralised.co/what-is-going-on-with-stable-coins/

Tether: Fiat currencies on the Bitcoin blockchain. (n.d.). Tether Whitepaper. Retrieved from https://tether.to/wp-content/uploads/2016/06/TetherWhitePaper.pdf

Kapitel 6: Decentralized Borrowing and Lending
Kulechov, S. (2020). The Aave Protocol V2. Retrieved 28 January 2021, from https://medium.com/aave/the-aave-protocol-v2-f06f299cee04

Leshner, R. (2018, December 6). Compound FAQ. Retrieved from https://medium.com/compound-finance/faq-1a2636713b69

(2021). Retrieved 28 January 2021, from https://docs.aave.com/portal/

(2021). Retrieved 28 January 2021, from https://github.com/aave/governance-v2

Kapitel 7: Decentralized Exchange (DEX)
Connect to Uniswap. (n.d.). Retrieved from https://docs.uniswap.io/frontend-integration/connect-to-uniswap#factory-contract

Introducing 1inch v2. Retrieved 28 January 2021, from https://1inch-exchange.medium.com/introducing-1inch-v2-defis-fastest-and-most-advanced-aggregation-protocol-c42573dc3f85

Peaster, W. (2020). Initial DeFi Offering. Retrieved from https://defiprime.com/initial-defi-offering

Uniswap: Stats, Charts and Guide: DeFi Pulse. (n.d.). Retrieved from https://defipulse.com/uniswap

Uniswap Whitepaper. (n.d.). Retrieved from https://hackmd.io/@Uniswap/HJ9jLsfTz

Zhang, Y., Chen, X., & Park, D. (2018). Formal Specification of Constant Product (x x y = k) Market Maker Model and Implementation. Retrieved from https://github.com/runtimeverification/verified-smart-contracts/blob/uniswap/uniswap/x-y-k.pdf

Kapitel 8: Decentralized Derivatives
Tulip Mania (n.d.). Retrieved from https://penelope.uchicago.edu/~grout/encyclopaedia_romana/aconite/tulipomania.html

Chen, J. (2020, January 27). Derivative. Retrieved from https://www.investopedia.com/terms/d/derivative.asp

Decentralised synthetic assets. (n.d.). Retrieved from https://www.synthetix.io/products/exchange/

Synthetix.Exchange Overview. (2019, February 15). Retrieved from https://blog.synthetix.io/synthetix-exchange-overview/

Synthethix Litepaper v1.3. (2019). Retrieved from https://www.synthetix.io/uploads/synthetix_litepaper.pdf

Kapitel 9: Decentralized Fund Management

Making Sense of the Mutual Fund Scandal Everything you may not want to ask (but really should know) about the crisis that's rocking the investment world. (2003, November 24). Retrieved from https://money.cnn.com/magazines/fortune/fortune_archive/2003/11/24/353794/index.htm

The Editors of Encyclopaedia Britannica. (2020, February 26). Bernie Madoff. Retrieved from https://www.britannica.com/biography/Bernie-Madoff

Frequently Asked Questions on TokenSets. (n.d.). Retrieved from https://www.tokensets.com/faq

Liang, R. (2019, April 23). TokenSets is Live: Automate your Crypto Portfolio Now. Retrieved from https://medium.com/set-protocol/tokensets-is-live-automate-your-crypto-portfolio-now-50f88dcc928d

Sawinyh, N. (2019, June 17). Interview with TokenSets creators. Retrieved from https://defiprime.com/tokensets

Sassano, A. (2019, June 19). How Set Protocol Works Under the Hood. Retrieved from https://medium.com/@AnthonySassano/how-set-protocol-works-under-the-hood-74fcdae858e2

Sassano, A. (2020, January 22). Set Social Trading is Now Live on TokenSets. Retrieved from https://medium.com/set-protocol/set-social-trading-is-now-live-on-tokensets-c981b5e67c5f

Sassano, A. (2020). What To Expect With Set V2. Retrieved 28 January 2021, from https://medium.com/set-protocol/what-to-expect-with-set-v2-15459581c6d4

Kapitel 10: Decentralized Lottery

Cusack, L. (2020, February 3). PoolTogether raises $1 Million to Expand Prize Linked Savings Protocol. Retrieved from https://medium.com/pooltogether/pooltogether-raises-1-million-to-expand-prize-linked-savings-protocol-eb51a1f88ed8

Guillén, M.F., Tschoegl, A.E. Banking on Gambling: Banks and Lottery-Linked Deposit Accounts. Journal of Financial Services Research 21, 219–231 (2002). https://doi.org/10.1023/A:1015081427038

H.148. (2019). Retrieved from https://legislature.vermont.gov/bill/status/2020/H.148

Lemke, T. (2019, February 21). What Are Prize-Linked Savings Accounts? Retrieved from https://www.thebalance.com/what-are-prize-linked-savings-accounts-4587608

LLC, P. T. (n.d.). PoolTogether. Retrieved from https://www.pooltogether.com/#stats

Markets. (n.d.). Retrieved from https://compound.finance/markets

PoolTogether. (2020, February 8). Wow! The winner of the largest prize ever only 10 Dai deposited! They won $1,648 Dai A 1 in 69,738 chance of winning. Congrats to the little fish! pic.twitter.com/oDSFkSdbIE. Retrieved from https://twitter.com/PoolTogether_/status/1225875154019979265

Texas Proposition 7, Financial Institutions to Offer Prizes to Promote Savings Amendment (2017). (2017). Retrieved from Texas Proposition 7, Financial Institutions to Offer Prizes to Promote Savings Amendment (2017)

Kapitel 11: Decentralized Payment

Bramanathan, R. (2020, February 1). What I learned from tokenizing myself. Retrieved from https://medium.com/@bramanathan/what-i-learned-from-tokenizing-myself-bb222da07906

Kapitel 12: Decentralized Insurance

Blockchain, F. (2019, December 4). The Potential for Bonding Curves and Nexus Mutual. Retrieved from https://tokentuesdays.substack.com/p/the-potential-for-bonding-curves

Blockchain, F. (2019, October 2). Nexus Mutual. Retrieved from https://tokentuesdays.substack.com/p/nexus-mutual

Codefi Data. (n.d.). Retrieved from https://defiscore.io/

defidad.eth, D. F. D.-. (2020, February 11). @NexusMutual is a decentralized alternative to insurance, providing the #Ethereum community protection against hacks. Here's why it should be on your radar: ➕ Anyone can buy smart contract insurance ➕ Being a backer (staker) can earn up to 50% ROI ➕ It's powered by #Ethereum. Retrieved from https://twitter.com/DeFi_Dad/status/1227165545608335360?s=09

Docs. (n.d.). Retrieved from https://nexusmutual.gitbook.io/docs/docs#pricing

Karp, H. (2019, May 22). Nexus Mutual Audit Report. Retrieved from https://medium.com/nexus-mutual/nexus-mutual-audit-report-57f1438d653b

Karp, H. (2019, June 5). Nexus Mutual NXM Token Explainer. Retrieved from https://medium.com/nexus-mutual/nexus-mutual-nxm-token-explainer-b468bc537543

Russo, C. (2020, February 19). Arbs made ~$900K in seconds by exploiting DeFi. It's mind-blowing stuff. Here's The Defiant post w/ exploits' twisted steps (in pics), qs raised about decentralization and price oracles, and consequences so far. What's your take on the blame game? Retrieved from https://twitter.com/CamiRusso/status/1229849049471373312

Token Model. (n.d.). Nexus Mutual: A decentralised alternative to insurance. Retrieved from https://nexusmutual.io/token-model

Welcome to the Nexus Mutual Gitbook. (n.d.). Retrieved from https://nexusmutual.gitbook.io/docs/

Coingecko. (2019). CoinGecko Quarterly Report for Q3 2019. Retrieved from https://assets.coingecko.com/reports/2019-Q3-Report/CoinGecko-2019-Q3-Report.pdf

Defiprime. (2020, February 13). what's the key difference vs. @NexusMutual ? Retrieved from https://twitter.com/defiprime/status/1227720835898560513

Karp, H. (2019, November 15). Comparing Insurance Like Solutions in DeFi. Retrieved from https://medium.com/@hugh_karp/comparing-insurance-like-solutions-in-defi-a804a6be6d48

OpenZeppelin Security. (2020, February 10). Opyn Contracts Audit. Retrieved from https://blog.openzeppelin.com/opyn-contracts-audit/

Kapitel 13: Governance

(2020, March 6). Aragon (ANT) Economics. Retrieved from https://www.placeholder.vc/blog/2020/3/6/aragon-ant-economics

(2020, October 20). Proposal: 3 Ideas to Improve Court Security. Retrieved from https://forum.aragon.org/t/proposal-3-ideas-to-improve-court-security/2377

(n.d.). Welcome to Snapshot! Retrieved from https://docs.snapshot.page/

Kapitel 14: DeFi Dashboard

Dashboard for DeFi. (n.d.). Retrieved from https://www.defisnap.io/#/dashboard

Kapitel 15: DeFi in Action

(n.d.). Retrieved October 19, 2019, from https://slideslive.com/38920018/living-on-defi-how-i-survive-argentinas-50-inflation

Gundiuc, C. (2019, September 29). Argentina Central Bank Exposed 800 Citizens' Sensitive Information. Retrieved from https://beincrypto.com/argentina-central-bank-exposed-sensitive-information-of-800-citizens/

Lopez, J. M. S. (2020, February 5). Argentina's 'little trees' blossom as forex controls fuel black market. Retrieved from https://www.reuters.com/article/us-argentina-currency-blackmarket/argentinas-little-trees-blossom-as-forex-controls-fuel-black-market-idUSKBN1ZZ1H1

Russo, C. (2019, December 9). Uniswap Website Geo-Ban Can't Stop DeFi. Retrieved from https://thedefiant.substack.com/p/uniswap-website-geo-ban-cant-stop-370

Stichwortverzeichnis